本书为国家社科基金重大项目"中国经济走势的马克思主义政治经济学研究"（项目批准号：17ZDA036）、国家社科基金一般项目"中国特色的新型城镇化道路研究"（项目批准号：13BJY055）和中共中央党校（国家行政学院）重点科研项目"乡村振兴战略与新型城镇化协调推进研究"（项目编号：18ZBZD003）阶段性成果

中共中央党校（国家行政学院）
马克思主义理论研究丛书

新时代中国特色新型城镇化道路

NEW URBANIZATION ROAD WITH CHINESE CHARACTERISTICS IN THE NEW ERA

黄锟◎著

社会科学文献出版社
SOCIAL SCIENCES ACADEMIC PRESS (CHINA)

代序一

在中央党校马克思主义学院
成立大会上的讲话
（2015 年 12 月 26 日）

何毅亭

今天是中央党校一个值得纪念的日子，因为中央党校马克思主义学院正式成立了。我代表刘云山校长、代表中央党校校委会，对中央党校马克思主义学院成立表示热烈的祝贺！对前来参加马克思主义学院成立大会的各位领导和嘉宾表示衷心的感谢！对在马克思主义理论教学和研究中辛勤耕耘和默默奉献的校内外老领导老同志和广大教职员工表示诚挚的敬意！

《共产党宣言》发表以来，马克思主义在一个多世纪里实现了广泛的传播，唤起了普遍的觉醒，指导和引发了世界范围深刻的社会变革。马克思主义的传入给近代中国带来了革命性变化，中华民族由此开启了全新历程。如今，世界上越来越多的人认识到：中国道路深刻改变了当代中国面貌，中国理论使马克思主义焕发生机，中国经验对世界的影响日益凸显。回过头看，世界上还没有哪种思想理论像马克思主义这样对人类社会发展产生如此巨大的作用和如此深远的影响。

成立中央党校马克思主义学院，是中央党校校委会作出的重大决策，得到刘云山校长的大力支持和党中央批准同意。在前不久召

何毅亭，中共中央党校（国家行政学院）分管日常工作的副校（院）长。

开的全国党校工作会议上，习近平总书记在讲话中强调坚持党校姓党首先要坚持姓"马"姓"共"时特别指出："中央批准中央党校成立马克思主义学院，就是坚持党校姓'马'姓'共'之举。"在如此重要的场合，习近平总书记把中央党校成立马克思主义学院提到这样的高度来强调，充分体现了党中央对发挥好党校作用这个党的独特优势的重视和期望，是对中央党校马克思主义学院乃至全国所有马克思主义学院的最大鼓舞和鞭策。

中央党校的前身就是 1933 年在江西瑞金建立的"马克思共产主义学校"，一开始就姓"马"。新中国成立前后一段时间，中央党校曾更名为"马列学院"，也公开姓"马"。长期以来，中央党校的教学和科研坚持以马克思主义为中心，各个教研部围绕马克思主义理论学科建设来设置，2009 年又专门增设马克思主义理论教研部。就是说，中央党校从整体上就是一所马克思主义学院。那么，为什么还要单独成立马克思主义学院呢？

我们知道，中央党校是党的最高学府，是党的思想理论建设的重要阵地和意识形态工作的重要部门，讲授马克思主义、研究马克思主义、宣传马克思主义，既天经地义更责无旁贷，中央党校马克思主义基本理论学科齐全，除国务院学位委员会第一批批准的马克思主义理论一级学科外，还拥有马克思主义哲学、政治经济学、政治学等学科博士学位授权点，其中哲学、理论经济学、科学社会主义、党史党建是国家重点学科。在多年理论教学和研究工作中，中央党校聚集和培养了一批政治立场坚定、马克思主义学养深厚、在相关学科领域有影响的专家学者。在中央党校马克思主义理论教研部基础上成立马克思主义学院，可以搭起一个新的更大的平台，更好整合校内马克思主义理论学科资源，更好聚集党校系统马克思主义理论学科建设优势，更好发挥中央党校乃至整个党校系统在马克思主义理论教学、研究、宣传和人才培养方面的重要作用。特别是党的十八大以来，以习近平同志为核心的党中央更加重视马克思主义理论研究和建设工程，明确提出要大力推进包括马克思主义学院建设在内的理论工作"四大平台"建设。中央党校成立马克思主义学院，是贯彻党中央要求的重要举措，很有必要、意义重大。

刚才，几位兄弟单位的领导发表了热情洋溢的讲话，你们在讲授、研究、宣传马克思主义理论方面卓有成效的工作，对我们有很大启发和帮助。中国社会科学院自2005年成立马克思主义研究院至今已经十年，取得的成就和产生的影响有目共睹。北京大学今年10月举办首届"世界马克思主义大会"，来自五大洲的400余位中外学者参加会议，120余位专家学者在论坛发言，规模空前、成果丰厚。目前，全国已有200多所高校成立了马克思主义学院，大家各具特色和优势，发展态势可喜可贺。中央党校马克思主义学院要学习借鉴兄弟单位的成功做法，进一步彰显自己的特色和优势，努力建成一流的马克思主义教学基地、一流的马克思主义研究高地、一流的马克思主义思想阵地。

建成一流的马克思主义教学基地，最根本的是干好党的理论教育和党性教育这个主业主课，在用马克思主义理论教学育人方面走在前列。党校是我们党教育培训党员领导干部的主渠道主阵地。旗帜鲜明、大张旗鼓地讲马克思主义、讲中国特色社会主义、讲共产主义，用马克思主义理论武装学员头脑，推动学员提升看家本领，帮助学员补钙壮骨、立根固本，是党校办学的中心工作，更是马克思主义学院必须重点抓好的第一位任务。马克思主义学院讲授马克思主义，要更加注重学员对马克思主义经典著作的学习研究，引导学员努力掌握辩证唯物主义和历史唯物主义基本原理和方法论。特别要把马克思主义中国化最新成果作为中心内容，深入解读阐释习近平总书记系列重要讲话精神，引导学员以"四个全面"战略布局和"五大发展理念"为主线，进一步深化对习近平总书记系列重要讲话的系统学习和深入理解，做到学而信、学而用、学而行。还要强化问题导向，注重回答普遍关注的问题，注重消除学员思想上的疙瘩，防止空对空、两张皮，增强马克思主义理论教学的针对性和实效性。

　　建成一流的马克思主义研究高地，最根本的是以马克思主义眼光纵观天下大势，在研究阐释21世纪马克思主义、当代中国马克思主义方面走在前列。马克思主义是在提出问题和分析问题过程中产生的，也要在提出、分析和解决问题中不断丰富和发展。21世纪的世界，各种问题矛盾风险层出不穷、不确定因素大量增多，马克思主义为分析和应对这些问题矛盾风险以及不确定因素提供了根本的思想指南。21世纪的中国，我们党带领人民为实现"两个一百年"目标和中华民族伟大复兴的中国梦而不懈奋斗，在这个进程中也会遇到各种矛盾风险挑战，会面临一些需要研究解决的深层次问题。比如，如何在经济社会发展中更好体现社会主义本质，实现效率与公平、人与自然的统一；如何在坚持和完善中国特色社会主义政治制度中更好发展社会主义民主、健全社会主义法治，充分实现人民当家作主；如何在推进社会主义精神文明建设中培育和践行社会主义核心价值观，实现人的自由全面发展，在借鉴世界优秀文明成果基础上实现中华文明的复兴。凡此等等，都需要以马克思主义为指导进行深入探索和研究，从理论和实践结合上作出有说服力的回答。马克思主义学院开展这方面的研究，开展哲学社会科学研究，不能坐而论道，而要突出问题意识和实践导向，积极参加马克思主义理论研究和建设工程，深入实施马克思主义理论骨干人才计划，加强对重大现实问题和突出矛盾的对策性研究，努力成为出思想、出成果、出人才的研究高地。

　　建成一流的马克思主义思想阵地，最根本的是在加强思想理论引领、构建中国特色话语体系方面走在前列。当今时代，社会思想观念和价值取向日趋多元，社会思潮纷纭激荡。党校不是世外桃源，意识形态领域的许多重大问题都会在党校汇聚。这就给党校、给中央党校马克思主义学院提出了提升思想引领力和话语主导权的任务。现在，世界范围话语权上"西强我弱"的格局还没有根本改变，我们的话语体系还没有建立起来，声音偏小偏弱，不少方面处于"失语"或"无语"状态，我国发展优势和综合实力还没有转化为话语优势。你没有，西方话语体系就乘虚而入，就大肆兜售和贩卖。如果我们饥不择食，沿用人家的逻辑和思路来做，就会进人家的套。习近平总书记在全国党校工作会议上明确提出：失语就要挨骂。争取国际话语权是我们必须解决好的一个重大问题。他要求党校在这方面发挥重要作用。马克思主义学院要认真贯彻习近平总书记这一要求，发挥好中央党校和党校系统的学科优势、人才优势和整体优势，加强力量协调，加强资源整合，弘扬主旋律、传播正能量，及时发出中国声音、鲜明展现中国思想、响亮提出中国主张。要加强对各种社会思潮的辨析和引导，坚持在重大政治原则和大是大非问题上净化"噪音""杂音"，敢于发声亮剑，善于解疑释惑，为坚持和巩固党在意识形态工作的领导、巩固马克思主义在意识形态领域的指导地位作出积极贡献。

这里需要特别指出的是，中央党校成立马克思主义学院，绝不是简单的名称改换，绝不是追求形式上的好看中听，而是要以学院成立为新起点和重大契机，着力提振全校的精神状态，以新的思路和得力举措全面提升马克思主义学院的教学科研水平，全方位提升马克思主义学院的影响力和核心竞争力。

马克思主义学院要坚持政治建院，始终唱响姓"马"姓"共"主旋律。马克思主义学院因加强马克思主义理论教学和科研而办，坚持政治建院是应有之义。要始终把握正确的政治方向，严守党的政治纪律和政治规矩，向以习近平同志为核心的党中央看齐，把姓"马"姓"共"贯穿于办院全过程，做到党中央要求干什么就坚定干什么，党中央禁止什么就坚决反对什么，以实际行动维护党中央的权威。马克思主义学院一切工作都要围绕党和国家的中心工作来进行，无论是制定教学和科研规划、确定教学和科研任务，还是设置教学和科研内容、创新教学和科研方法，都要自觉从党和国家工作大局去把握、去落实。在这个问题上，脑子要特别清醒、眼睛要特别明亮、立场要特别坚定。要把握好政治立场坚定性和科学探索创新性的有机统一，处理好学术研究和理论宣传的关系，处理好言论自由和政治纪律的关系，做到学术研究无禁区、课堂讲授有纪律、公开言论守规矩，决不允许公开发表违背党中央精神的错误观点，决不能信口开河、毫无顾忌。

马克思主义学院要坚持人才强院，多举措打造高端理论人才队伍。办好学院，关键在人才，尤其是领军人才和拔尖人才。缺乏马克思主义理论名师名家，缺乏一流的理论人才队伍，马克思主义学院是一流不起来的。习近平总书记在全国党校工作会议上对党校师资队伍和人才队伍建设提出明确要求，强调党校要办好必须有一批理论大家和教学名师，强调要充分利用各方资源，不求所有、但为所用，强调只要能够提高党校师资水平和教学水平，可以"八仙过海，各显神通"，各种办法都可以用。这些重要思想，给办好党校、办好学院提供了科学的人才方法论。中央党校将围绕打造马克思主义理论高端人才队伍，抓紧实施"名师工程"和"高端人才引进计划"。一方面，通过访学深造、挂职锻炼、教研实践、蹲点调研、外出培训以及优秀教师传帮带等方式，着力提高学院现有教研人员的政治素养、专业水平、科研能力。另一方面，打开选人用人视野，以调入、聘任、兼职、合作研究等多种方式网罗人才，确保引得来、留得住、用得好。要通过坚持不懈努力，造就理论功底深、学术造诣高、教学科研成绩大、在学术界有影响的马克思主义理论名师名家；引进学术功底扎实、具有创新能力、在相关领域作出突出贡献的马克思主义理论高端人才；培养专业知识丰富、具有较大发展潜力的马克思主义青年才俊，从而形成自己的人才高地，以人才高地建设增强学院的实力、提振学院的影响力。

马克思主义学院要坚持管理兴院，全方位提升办学水平。办好一流的马克思主义学院，必须有一流的管理。政治建院、人才强院要落到实处都要依靠管理，通过管理形成风清气正、充满活力，富有效率、有利于出思想出人才出成果的政治生态和人文环境。学院的领导和中层干部要有责任意识和管理才能，处理好治院与治学的关系，既要当好学问家、学术带头人，还要当好管理者、组织者，善于抓执行、抓落实，积极探索和遵循办学规律，把马克思主义学院办出水平。一要坚持开放办院、开拓办院。要加大与先进同行的战略联盟，互联互通，共赢互进，共谋发展。尤其要加大与国内外先进同行在重大活动开展、议题设置、学科建设，平台建设、人才培养等方面的交流与合作，取长补短，博采众长，联合国内外优秀马克思主义研究者，引领马克思主义研究方向，提升话语权和软实力。二要抓好协同。把学院办好不仅仅是学院本身的事，党校各个单位都有责任，都要尽心尽力、协同作战。目前已经成立了囊括我校马克思主义理论研究和建设工程专家的专家委员会，还把中国马克思主义研究基金会也放了进去，下一步还要根据需要继续做好整合协调工作，像教研部门、刊物、学会、网站、数据库等都要协同起来，共同发挥最大作用。三要抓好保障。当前首要的是抓紧实施中央党校教学和智库建设创新工程，切实在用人制度创新、机构设置创新、教研组织方式创新、教研评价机制创新、教学科研资源配置方式创新上下功夫，最大限度地解放和发展教研生产力，调动教研人员积极性和创造性，为建成一流马克思主义学院提供坚强保障。要通过改革创新建立完善办学体制机制，鼓励学术立身，鼓励拔尖冒尖，鼓励集体攻关，让马克思主义理论人才感到有尊严、有盼头、有奔头，让马克思主义理论领军人才和青年才俊茁壮成长，让马克思主义理论名师名家脱颖而出。

中央党校马克思主义学院的成立，是中央党校的光荣，更是学院教职员工的光荣。希望学院全体同志牢记使命、振奋精神、鼓足干劲，全身心投入到马克思主义学院建设上来，尽快找准定位、理清思路，确保开局顺利，早日实现建院目标。

代序二

在"马克思主义理论创新与新中国70年成功实践暨第四届全国党校系统马克思主义学院教学科研座谈会"上的讲话
（2019年7月20日）

甄占民

今年是中华人民共和国成立70周年，深入总结我们党治国理政的经验无疑是庆祝新中国70岁华诞的重要内容。目前全党正在开展"不忘初心、牢记使命"主题教育，深入研究守初心、担使命的深刻内涵和实践要求无疑是理论工作者的重要责任。在这样的背景下，我们召开这次座谈会，以习近平新时代中国特色社会主义思想为指导，围绕新中国70年成功实践，探讨马克思主义理论创新问题，有助于我们深化对共产党执政规律的认识，把握初心初衷和使命担当，进一步回答中国共产党为什么"能"；有助于我们深化对马克思主义中国化历程的认识，深刻理解马克思主义深刻改变中国的生动实践，进一步回答马克思主义为什么"行"；有助于我们深化对改革开放和中国特色社会主义道路非凡意义的认识，更好地探讨"中国经验""中国奇迹"，进一步回答中国特色社会主义为什么"好"。可以说，这次座谈会时机特殊、意义特殊，展现了党校人、马院人对坚持和发展马克思主义的深厚情怀；展现了我们对党校姓党、思想建党、

甄占民，中共中央党校（国家行政学院）副校（院）长。

理论强党的不懈追求；展现了我们对坚持和发展中国特色社会主义、实现"两个一百年"奋斗目标和中华民族伟大复兴中国梦的责任担当。

在理论创新与实践创新的紧密互动中坚持和发展马克思主义，不断用发展着的马克思主义指导新的实践，是我们党带领人民进行革命、建设和改革的鲜明主题，也是新中国成立 70 年来最为宝贵的历史经验。70 年来，我们党始终坚持解放思想、实事求是、与时俱进，始终坚持把马克思主义基本原理同中国具体实际和时代特征相结合，不断赋予马克思主义以新的时代内涵和新的实践特色，又不断从新的历史实践和历史经验中丰富和发展马克思主义。从坚持和发展毛泽东思想，再到创立邓小平理论，到形成"三个代表"重要思想，到形成以人为本、全面协调可持续的科学发展观，都是如此。历史也充分表明，理论创新与实践创新的紧密互动，成就了我们党，成就了中国特色社会主义，成就了马克思主义的新境界。也可以说，正是靠着不懈的理论创新和实践创造，我们党一次次在回答"时代之问"上达到了新的高度，一次次在"从哪里来、向何处去"的问题上产生了新的思想飞跃，一次次在推动历史进步上掀开了新的历史篇章。

越是波澜壮阔的实践，越是呼唤新的思想引领，也越能孕育新的伟大思想。党的十八大以来，面对具有许多新的历史特点的伟大斗争，以习近平同志为核心的党中央顺应时代发展大势，勇于回答"新的时代之问"，创立了习近平新时代中国特色社会主义思想，开辟了马克思主义的新境界。如果我们仔细分析这一思想的创立过程，就会清晰感到，一系列新的重大思想观点的提出、一系列新的重大战略举措的确立，都是在理论创新和实践创新的紧密联系中不断深化和完善的；如果我们深深领悟这一思想的鲜明特质，也会深深感到，贯穿其中的就是习近平总书记马克思主义政治家、思想家、战略家的非凡理论勇气、卓越政治智慧、强烈使命担当，"我将无我，不负人民"的赤子情怀，应时代之变迁、领时代之先声、立时代之潮流的领袖气度。应该说，植根于中国特色社会主义新时代，坚持理论创新和实践探索相统一，彰显了习近平新时代中国特色社会主义思想的独特思想魅力和强大实践引领力。

在理论创新与实践创新的紧密互动中坚持和发展马克思主义，是推动马克思主义中国化时代化大众化的基本规律；从理论与实践的紧密结合上学好、用好、讲好习近平新时代中国特色社会主义思想，是我们坚持和发展当代中国马克思主义、21世纪马克思主义的重要遵循。近年来，全国党校（行政学院）系统把学习研究宣传习近平新时代中国特色社会主义思想作为重中之重，在推进这一思想"进教材、进课堂、进头脑"上做了卓有成效的努力，得到了广大学员和社会各方面的普遍好评。如何往"深"里钻、往"透"里讲，引导党员干部在学懂、弄通、做实上再往前迈进一步？一个重要方面，还是要从理论与实践相结合上多努力、下功夫。从当前看，有两个方面的问题特别值得我们重视。

第一个问题，深入研究习近平新时代中国特色社会主义思想重大历史意义，特别是原创性贡献。

理论的价值在于原创性，原创性贡献越大则历史作用就会越深远。这对于我们深入学习贯彻习近平新时代中国特色社会主义思想，是一个至关重要的问题。

我们说，形成党的理论创新成果，实现了党的指导思想的与时俱进，重要的体现是什么？就是在紧跟时代中实现了理论上的创新创造；我们说，要充分认识这一思想的时代意义、理论意义、实践意义、世界意义，意义在哪里？关键是有理论上创新创造价值；我们说，增强贯彻落实创新理论的政治自觉、思想自觉、行动自觉，前提也是要真正弄清这一思想的原创性贡献。

"善学者尽其理，善行者究其难。"理论的原创性，不是指一般的看法、办法和措施，更多的是指对事物发展变化的规律性或本质性的新揭示，是指具有长远和全局意义的思想理念和战略举措的新创造，从而在社会历史进程中发挥引领作用。习近平新时代中国特色社会主义思想，贯穿着许多新视角、新范畴、新的分析框架，打破了惯常的视野局限、思维局限与理论局限，既有对马克思主义基本原理的进一步揭示，又有关于当今时代问题的新思想新观点，既有对社会主义理论基本范畴的丰富，又有对一些重要思想观点内涵的拓展，说出了很多前人没有说过的"新话"，阐明了很多前人没有阐明的道理，提出了许多前人没有提出的战略之举。

对习近平新时代中国特色社会主义思想的原创性贡献，思想理论界作了不少研究阐释。有的从马克思主义三大组成部分角度来阐述，即阐明对马克思主义哲学、政治经济学、科学社会主义方面的贡献；有的从中国特色社会主义理论体系的基本框架角度来阐述，即阐明这一思想在揭示社会主义本质特征、目标追求、发展动力等方面的贡献；有的从现代化发展战略的角度来阐述，包括阐明在战略目标、战略路径、战略布局等方面的贡献。所有这些，都对我们有重要的启示意义。

如果从政治与学理的结合上把握这一思想的原创性贡献，"三大规律"是很好的切入视角。为什么是一个好视角？从字面上讲容易理解：共产党执政规律、社会主义建设规律、人类社会发展规律，是一个层层递进、逐步深入的思路；从更深层面来思考，在坚持和发展中国特色社会主义的过程中，无论是在理论上，还是在实践上，我们党遇到的最经常、最集中的问题，就是这"三大规律"的问题。党的十九大报告也指出，"以全新的视野"深化了对"三大规律"的认识，在此基础上形成了习近平新时代中国特色社会主义思想。

第二个问题，深入研究习近平新时代中国特色社会主义思想的基本内涵，特别是系统化的理论体系。

任何一种思想学说都有一定的系统性。作为马克思主义中国化最新成果的习近平新时代中国特色社会主义思想，同样具有系统化的鲜明特征。从党的历史进程看，每一次重大理论创新成果的确立，每一次指导思想的与时俱进，都是在系统回答时代课题中实现的，也是以系统化的思想观点来呈现的。

比如，关于毛泽东思想，党的历史上有两次集中的阐述。第一次，是党的七大上刘少奇在修改党章的报告中的阐述，强调毛泽东思想是"中国人民完整的革命建国理论"。第二次，是1981年6月党的十一届六中全会审议通过《关于建国以来党的若干历史问题的决议》，对毛泽东思想独创性贡献作出集中概括，强调"它在土地革命战争后期和抗日战争时期得到系统总结和多方面展开而达到成熟，在解放战争时期和中华人民共和国成立以后继续得到发展"，同时系统阐述了其"6个关于"和"3个灵魂"的内涵。

比如，关于邓小平理论，实际上也有两次集中的阐述。第一次是党的十四大，当时的提法是"建设有中国特色社会主义的理论"，指出这个理论第一次比较系统地初步回答了如何建设社会主义、如何巩固和发展社会主义的一系列基本问题。第二次是党的十五大，把"建设有中国特色社会主义的理论"明确概括为"邓小平理论"，又一次强调这一理论抓住"什么是社会主义、怎样建设社会主义"这个根本问题，"第一次比较系统地初步回答了中国社会主义"的一系列基本问题。

习近平新时代中国特色社会主义思想，作为马克思主义中国化的最新成果，也有其内在的系统性。党中央印发的《习近平新时代中国特色社会主义思想学习纲要》（以下简称《学习纲要》）不仅强调习近平新时代中国特色社会主义思想"体系严整、逻辑严密、内涵丰富、博大精深"，而且围绕党的十九大报告特别是"八个明确""十四个坚持"的核心内容进行了更为逻辑化、系统化的阐述，这也是《学习纲要》的一个突出贡献。

我们可以结合研读《学习纲要》，对习近平新时代中国特色社会主义思想的科学体系做进一步的研究，包括这一思想的历史方位；包括坚持和发展中国特色社会主义的方向目标；包括坚持和发展中国特色社会主义的根本立场和领导力量；包括坚持和发展中国特色社会主义的总体布局、战略布局和战略安排；包括坚持和发展中国特色社会主义各个领域的理念思路和大政方针；包括贯穿这一思想的马克思主义世界观和方法论等，都值得我们深入研究探讨。

这次会议，同时是第四届全国党校系统马克思主义学院教学科研座谈会。前三届，各位专家、代表围绕马克思主义学院教学科研提出了一些真知灼见，很好地推动了工作的展开。这里，我想从工作层面，就进一步做好马克思主义学院教学科研工作提几点要求。

第一，切实加强党校系统马克思主义学院（学科）建设。2016年12月，我们在第二届全国党校系统马克思主义理论教学科研座谈会上说过，如果要说党校工作的"四梁八柱"，那么马克思主义理论教学科研就是"第一根梁，第一根柱"。加强马克思主义学院工作，就是要加强马克思主义学科建设，围绕"马克思主义"这条主线搞好教学科研，将"源头"和"潮头"结合起来。我们既要加强对马克思主义基本原理、马克思恩格斯等经典作家思想即"源头"的研究，又要加强对马克思主义中国化尤其是最新理论成果——习近平新时代中国特色社会主义思想即"潮头"的研究。我们既要坚持"老祖宗"，又要发展"老祖宗"，还要讲"老祖宗"没有讲过的新话。

第二，深入推进党校系统马克思主义学院（学科）的协同创新。我们要广泛交流，集思广益，探讨马院之间的交流平台、合作机制。比如，搭建教学擂台。大家可以围绕马院承担的经典著作导读或专题课程进行集体备课和集体评课，共同推进教学管理与教学方法创新；可以围绕打造精品课程进行集体攻关。比如，搭建传播平台。党校系统马院要进一步加强学术互动，形成有特色的学术交流平台和品牌；集体合作撰写发表具有全局性和战略性意义的马克思主义研究报告，打造马克思主义研究权威的理论发布平台。再如，搭建交流合作舞台。加强党校系统马院教师的交流互访以及共同合作，更好地为教师提供各种舞台，提升教师在全国马克思主义理论界的能见度、知名度、美誉度。2015年12月，习近平总书记在全国党校工作会议讲话中明确提出："要在研究上多下功夫，多搞'集成'和'总装'，多搞'自主创新'和'综合创新'，为建设具有中国特色、中国风格、中国气派的哲学社会科学体系作出贡献。"党校系统马院要进一步推进资源整合，强化力量协同，形成相得益彰、共生多赢的良好发展态势，不断提升党校系统马克思主义理论教学科研工作的学科引领力、社会影响力和学术团队凝聚力。

第三，充分发挥党校马克思主义学院（学科）在思想理论领域的引领作用。何毅亭同志曾在中央党校马克思主义学院成立大会上讲过"三个一流"和"三个走在前列"。这实际上就是马院的目标、使命。"一流的马克思主义思想阵地"、"在加强思想理论引领、构建中国特色话语体系方面走在前列"，是这一目标、使命的重要内容。马院的各位专家学者要走出书斋、走出课堂，积极主动关注思想理论领域的重大问题，在重大事件重大节点上发出声音，在坚守重大政治原则和大是大非等重大问题上亮出观点，在守住思想舆论领域红色主阵地，压缩负面黑色地带，争取灰色地带重大时段上体现担当、敢于发声。只有这样，我们才能不断提升马院的学术引领力、社会影响力、平台辐射力。

第四，注重培养壮大党校系统马克思主义理论人才队伍。我们要牢固树立人才强院意识，切实尊重学术发展规律和人才成长规律，打造一支忠诚党的事业、坚守人民立场、有学术影响力的人才队伍。我们要坚持德才兼备原则和生产力标准，创造有利于人才成长的环境和氛围。我们要加大人才培养和引进力度，通过培养与引进相结合的方式，着力培养具有全国影响、在马克思主义理论研究方面有深厚造诣的学术名师和学科带头人。我们还要加大青年教师培养力度，注重资源向青年教师倾斜，注重加强名师大家、学科负责人与青年教师的结对，注重扶持青年教师研究团队，尽快让青年教师脱颖而出、担当大任。

丛书出版前言

马克思主义深刻改变了世界，也深刻改变了中国。在马克思主义指导下，中国共产党人带领中国人民历经艰苦卓绝的奋斗，创建了中华人民共和国。新中国成立70年来，中华民族历经站起来、富起来到强起来的伟大飞跃，我们比历史上任何时期都更接近、更有信心和能力实现中华民族伟大复兴的目标，比历史上任何时期都更具坚定走中国特色社会主义的道路自信、理论自信、制度自信、文化自信。

新组建的中共中央党校（国家行政学院）是党中央培训全国高中级领导干部和优秀中青年干部的学校，是研究宣传习近平新时代中国特色社会主义思想、推进党的思想理论建设的重要阵地，是党和国家哲学社会科学研究机构和中国特色新型高端智库，是党中央直属事业单位。站在新的历史起点，分管日常工作的副校（院）长何毅亭同志提出，经过五年左右乃至再长一些时间的努力，把中共中央党校（国家行政学院）建设成为党内外公认的、具有相当国际影响力的中国共产党名副其实的最高学府，建设成为在党的思想理论建设特别是研究宣传习近平新时代中国特色社会主义思想上不断开拓创新、走在前列的思想理论高地，建设成为英才荟萃、名师辈出、"马"字号和"党"字号学科乃至其他一些学科的学术水准在全国明显处于领先地位的社科学术殿堂，建设成为对党和国家重大问题研究和决策提供高质量咨询参考作用的国家知名高端智库。中共中央党校（国家行政学院）马克思主义学院是党中央批准成立的。2015年12月14日，习近平总书记在全国党校工作会议上强调："中央批准中央党校成立马克思主义学院，就是坚持党校姓'马'姓'共'之举。"习近平总书记的重要讲话和中共中央党校（国家行政学院）"四个建成"目标的提出，为我们建设好马克思主义学院指明了方向。

为了向新中国 70 华诞献礼，展示中共中央党校（国家行政学院）马克思主义学院政治过硬、理论自觉、本领高强、作风优良、建功立业党校人的学术风范和最新研究成果，学好用好习近平新时代中国特色社会主义思想，推动中共中央党校（国家行政学院）马克思主义学院建成一流的马克思主义教学基地、一流的马克思主义研究高地、一流的马克思主义思想阵地，努力在国内乃至国际上产生重要的政治影响力、学术影响力和社会影响力，我们编辑出版了"马克思主义理论研究丛书"。首批丛书共 11 册，包括《探求中国道路密码》《对外开放与中国经济发展》《国家治理现代化的唯物史观基础》《中国道路的哲学自觉》《历史唯物主义的"名"与"实"》《马克思主义中国化的理论逻辑》《发展：在人与自然之间》《马克思主义基本原理若干问题研究》《马克思人学的存在论阐释》《新时代中国特色新型城镇化道路》《比较视野下的中国道路》。以后，我们还会陆续编辑，择时分批出版。

本丛书的编辑出版得到中共中央党校（国家行政学院）分管日常工作的副校（院）长何毅亭和副校（院）长甄占民的大力支持，并同意将他们在"中央党校马克思主义学院成立大会"上的讲话和在"马克思主义理论创新与新中国 70 年成功实践暨第四届全国党校系统马克思主义学院教学科研座谈会"上的讲话作为丛书的序言。社会科学文献出版社社长谢寿光、该社社会政法分社总编辑曹义恒及各本书的编辑也为丛书出版做出了重要贡献。在此一并感谢。由于我们的水平有限，错误之处在所难免，请广大读者批评指正。

丛书编委会

2019 年 7 月 28 日

目　录

第一章

中国城镇化的发展历程和基本经验

中国城镇化的历程，以 1978 年为界，分为两个时期：改革开放以前（1949～1978 年）是计划经济体制下的城镇化发展时期；改革开放以后（1979 年至今）是市场经济取向下的城镇化发展时期。在这两个时期，由于经济发展阶段不同，尤其是面临的体制和制度迥异，城镇化经历了不同的历程，呈现出不同的特征。本章分析和总结了中国城镇化历程中的主要特征和基本经验，对于走中国特色的新型城镇化道路，推进城镇化健康发展具有重要的参考价值。

第一节 1978 年以前城镇化的主要特征

1949～1978 年，中国城镇化发展表现出反复性、曲折性和总体水平缓慢上升的态势。按照这一发展态势，可以将这一阶段的城镇化划分为三个阶段，即起步发展阶段（1949～1957 年）、不稳定发展阶段（1958～1965 年）和停滞发展阶段（1966～1978 年），但整体而言，呈现出以下几个特征。

一 从发展起点看，城镇化起步晚，起点低

关于城镇化历史起点的确定，学术界一般认为，主要考虑两个因素：一是从静态上，城市人口占总人口比重必须达到一定比例，

通常在 10% 以上；二是从动态上，进入现代工业和城市持续增长时期。按照这种确定标准，中国城镇化的起点应确定在 1950 年前后。虽然中国近代社会城市人口比重就已达 9% ~10%，但是一直到新中国成立的近百年时间里，城市数量既没有发生显著的持续增长，也没有出现以工业人口增长为主的质的变化。只有到了 1950 年，中国开始大规模的工业化建设，以工业化为起始动力的城镇化进程才开始。按这一起点比较，我国城镇化大约比发达国家晚了 100 年，比发展中国家晚了 20 年，而且在同一时点上，城镇化水平也是相当低的，1950 年我国城镇人口比重为 11.2%，比世界城市人口比重低 17.2 个百分点，比发达国家低 40.6 个百分点，比发展中国家低 5 个百分点。[①]

二 从发展水平上看，城镇化表现出反复性、曲折性和总体水平缓慢上升的态势

前面的数据和分析已经充分反映了 1978 年之前城镇化的这一趋势特征。这里将上述三个阶段历年的城镇化率的数据绘制成图 1 - 1，便能更直观地反映城镇化发展水平和变化趋势。

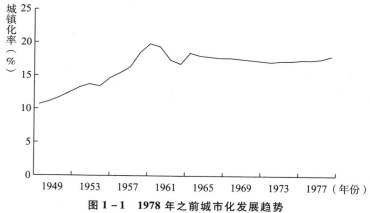

图 1 - 1 1978 年之前城市化发展趋势

资料来源：国家统计局国民经济综合统计司编《新中国五十年统计资料汇编》，中国统计出版社，1999。

[①] 高佩义：《中国城市化的特点和趋势》，《中国农村观察》1991 年第 2 期。

三 从空间结构或空间布局上看，城市布局不断西移

为了改变城市在空间东密西疏的不平衡的历史局面，也由于对国际形势的错误判断，国家做出了一线（沿海地区）要搬家、二线（中部地区）要加强，特别是要大搞三线建设的战略决策，城市布局不断西移。从表 1 - 1 可以看出，1949 ~ 1978 年，东部地区城市数量占全国的比重，1949 年为 51.1%，1957 年下降到 40.9%，1978 年仅为 35.8%。而中部和西部地区的城市数量占比则分别有不同程度的上升。例如，1949 年，中西部地区城市个数的比重分别为 39.3% 和 9.6%，二者合计占 48.9%，低于东部地区 2.2 个百分点。但是到了 1978 年，中西部地区分别上升到 43.5% 和 20.7%，二者合计占 64.2%，高出东部地区 28.4 个百分点，其中中部地区明显高出东部地区。

表 1 - 1 1949 ~ 1978 年三大地区①的城市布局

年份	全国城市数量（个）	东部		中部		西部	
		城市数量（个）	比重（%）	城市数量（个）	比重（%）	城市数量（个）	比重（%）
1949	135	69	51.1	53	39.3	13	9.6
1957	176	72	40.9	73	41.5	31	17.6
1978	193	69	35.8	84	43.5	40	20.7

资料来源：国家统计局国民经济综合统计司编《新中国五十年统计资料汇编》，中国统计出版社，1999。

四 从城市人口的增长方式来看，在这一时期内的绝大部分时间里，城市人口的增长方式主要是城市人口的自然增长

城市人口的增长有依靠城市人口的自然增长和通过人口在城乡

---

① 三大地区是指东部、中部和西部，其中东部地区包括北京、天津、河北、辽宁、上海、江苏、浙江、福建、山东、广东、广西、海南 12 个省份，中部地区包括山西、内蒙古、吉林、黑龙江、安徽、江西、河南、湖北、湖南 9 个省份，西部地区包括重庆、四川、贵州、云南、西藏、陕西、甘肃、宁夏、青海、新疆 10 个省份。下同。

范围内的流动而形成的机械增长两种方式。新中国成立初期，在城镇化健康发展的短暂时期内，城市人口的增长主要依靠机械增长方式。而 1960 年以后，农村人口进入城市受到严格的限制，城市人口中自然增长的比重逐渐提高，城市人口的自然增长超过了迁移增长。据估算，1949～1957 年城市人口自然增长人数为 864.75 万，迁移或机械增长人数是 3319.25 万，二者之比为 1∶3.84；1960～1978 年，城市人口的自然增长人数为 5229.2 万，迁移增长人数为 -1057.2 万。① 因此，从增长人口总量上来说，不仅城市人口的增长全部依赖于自然增长，而且部分城市人口倒流。到农村改革开放之前，城市人口以自然增长为主是其显著特征。

五　从运行机制来看，城镇化进程总是与政治运动和政府行为相伴，而与经济发展进程缺乏紧密的联系

在上述关于城镇化历程的介绍中，我们可以很清晰地看到中国改革开放前变幻莫测的政治经济形势对城镇化的重要影响。政治稳定则城镇化就能够顺利发展，反之城镇化的进程就受到阻碍。在这种背景下，城镇化没有明确的方向和目标，其重要性没有引起足够的重视；政府行为是城市发展的主要动力，城镇化只是政府用来整顿经济社会的工具或结果之一。城镇化与经济发展严重脱节。从整个阶段看，中国城镇化水平除了与工业化率 I 的相关系数稍高，为 0.73，与工业化率 II 和人均 GDP 增长率的相关系数都很小，分别为 0.30 和 -0.41，这说明中国城镇化水平与工业化进程和经济增长之间的联系并不强。由图 1-2 也可以直观地看出，1949～1978 年，除了有限的几个年份，中国城镇化水平并没有随 GDP 增长、工业化推进而相应提高。

---

① 汪冬梅：《中国城市化问题研究》，山东农业大学博士学位论文，农业经济管理专业，2003。

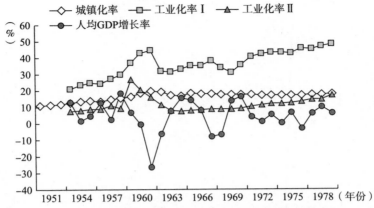

图 1-2 1949~1978 年中国城镇化水平与经济发展的对应关系

注：城镇化率按城镇人口占总人口的比重计算，工业化率 I 按第二产业的产值占 GDP 的比重计算，工业化率 II 按第二产业的就业人数占总就业人数的比重计算。

资料来源：国家统计局编《中国统计年鉴（1996）》，中国统计出版社，1996。

第二节 1979 年以来城镇化的主要特征

1979 年以来，随着改革开放进程的深化，中国城镇化也步入稳定发展并逐渐加速的阶段，开始真正走上了城镇化的道路。在这一阶段，改革开放是城镇化的主要推动力。这一阶段，改革主要经历了以农村体制改革为主的阶段，以城市体制改革为主的阶段和市场经济体制的明确、深化和完善阶段。与改革的进程相对应，1979 年以来的城镇化也呈现出明显的阶段性特征。

一 从发展水平上看，这一阶段的城镇化进程呈现平缓上升的态势

从图 1-3 可以看出，就这一时期内各年份的城镇化水平而言，除了 1983 年、1991 年和 2000 年分别由于第三次、第四次和第五次人口普查中统计口径的变化导致了稍大的变化幅度外，其余年份的城镇化的发展是很平稳的，城镇化水平从 1978 年的 17.92% 上升到 2018 年的

59.58%，共上升了 41.66 个百分点，年均增长 1.02 个百分点，与 1949～1978 年年均增长 0.25 个百分点相比，提高了 0.77 个百分点。

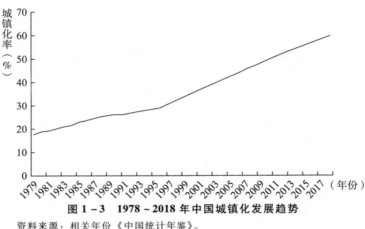

图 1－3　1978～2018 年中国城镇化发展趋势

资料来源：相关年份《中国统计年鉴》。

二　从空间布局来看，城镇化的主战场在东部地区

改革开放之初，受到改革开放之前各种政策及发展惯性的影响，中西部地区城市发展速度较快，东部地区城市所占比重曾一度有所下降。例如，1978～1985 年，全国城市由 193 个增至 324 个，其中东部城市由 69 个增至 113 个，所占比重由 35.8% 降为 34.9%；中部城市由 84 个增至 133 个，所占比重由 43.5% 降为 41.0%；西部城市由 40 个增至 78 个，所占比重由 20.7% 上升到 24.1%。但是，1985 年之后，东部地区在改革开放、经济发展等方面均走在全国前列，城市的发展随之加速。1985～1998 年，全国城市由 324 个增至 668 个，其中东部城市由 113 个增至 300 个，所占比重由 34.9% 上升到 44.9%；中部城市由 133 个增至 247 个，所占比重由 41.0% 降为 37.0%；西部城市由 78 个增至 121 个，所占比重由 24.1% 降为 18.1%。由于 1997～2016 年国家停止了县改市申请，城市数量不升反降，尤其是东部地区县改区步伐加快，导致东部城市数量有所减少，城市比重有所降低，2017 年东部城市数量为 264 个，比重仍接近 40%。对于广大西部来说，虽然 1999 年国家开始实施西部大开发

战略，在县改市上给予了特殊政策，使西部城市数量在 1998～2017 年由 121 个增加到 150 个，成为全国三个区域中唯一实现城市数量增长的地区，但并未改变全国城镇化的地区分布格局。全国 1978～2017 年三大地区的城市布局情况见表 1-2。

表 1-2 1978～2017 年三大地区的城市布局

年份	全国城市数量（个）	东部		中部		西部	
		城市数量（个）	比重（%）	城市数量（个）	比重（%）	城市数量（个）	比重（%）
1978	193	69	35.8	84	43.5	40	20.7
1985	324	113	34.9	133	41.0	78	24.1
1998	668	300	44.9	247	37.0	121	18.1
2006	656	284	43.3	246	37.5	126	19.2
2017	661	264	39.9	247	37.4	150	22.7

资料来源：相关年份《中国城市统计年鉴》。

三 从城镇人口增长方式来看，机械增长成为城市人口增长的主要方式

由图 1-4 可见，1978～2017 年，除了个别年份城镇人口增长率的异动（主要是由城镇人口统计口径的变化造成的）之外，城镇人

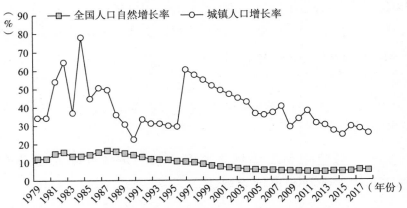

图 1-4 1978～2017 年城镇人口增长率和全国人口自然增长率比较

资料来源：国家统计局编《中国统计年鉴（2018）》，中国统计出版社，2018。

口增长率远远高于全国人口自然增长率。但是，由于在城市中计划
生育政策执行得更好一些，城市人口的自然增长率要远低于全国人
口的增长率。因此，城市人口的增长主要来源于机械增长，而不是
自然增长，即机械增长是城市人口增长的主要方式。

四 从运行机制来看，城镇化受市场机制和政府政策力量的双重驱动，而且市场机制的影响力正在增强

1978 年以后，随着市场取向的经济体制改革的逐步展开和深化、
完善，市场机制在社会经济生活中的影响力越来越强，在城镇化进
程中的地位和作用也越来越明显。在城镇化空间区位确定机制、城
市主导产业选择机制、城镇化的投融资机制、城乡间的要素流动机
制、城市基础设施建设机制等城镇化运营机制中，无不存在市场的
力量。同时，政府政策的作用也不可轻视，但与改革开放之前不同
的是，政策顺应了市场机制调节的方向，它主要是为市场机制发挥
作用扫除障碍、提供保障。政府作用的变化具体表现在三个方面：
一是由过去实行城乡分隔、限制人口流动的政策逐渐转为放松管制，
允许农民进入城市就业，适时推进城乡一体化改革，加快城镇化进
程；二是确立了大中小城市和小城镇协调发展的方针，积极发展小
城镇，统筹做好区域规划、城市规划和城市管理；三是确立了新型
城镇化道路、新的区域发展战略、乡村振兴战略，以人为本，促进
城镇化加快发展和城乡融合发展。

第三节 70 年城镇化发展历程的基本经验

一 城镇化和工业化要协调发展，城镇化滞后或超前都不利于工业化和经济发展

工业化是城镇化的发动机，城镇化又是工业化的促进器。机器
大工业引起了大规模的集中生产，而工业的集聚必然导致人口的集

中居住，产生大规模的城市；农村落后、农业收入低形成推力，城市先进、工业收入高形成拉力，推动农民向城市流动迁移，实现非农化、城镇化。正是产业革命加速了城镇化的进程，使现代城市成为世界的主宰。城市的根本特点是集中，是市场中心、金融中心、信息中心、服务中心、文化教育中心等，具有多种功能，城镇化正好适应了工业化的要求，能够产生集聚效益、规模效益和分工协作效益，形成发达的城市文明，为工业化创造重要的有利条件，极大地推动了工业化和整个社会经济的发展。因此，城镇化必须与工业化和经济发展保持适度同步，超前城镇化和滞后城镇化都不利于工业化和经济发展。发达工业化国家基本上比较成功地做到了城镇化与工业化的同步发展，城镇化的发展是适度的、成功的。以巴西、阿根廷、墨西哥为代表的拉美国家的城镇化发展是超前的，城镇化率大大超过了工业化率和经济发展水平，结果造成了严重的“城市病”，产生了一系列严重的社会经济问题，反过来又阻碍了工业化进程，损害了经济发展。自1949年以来，由于城乡二元制度的阻隔、农村人口的过快增长以及第三产业发展滞后等，中国的城镇化严重滞后于工业化和经济发展水平，呈现第三种城镇化模式——滞后城镇化的现象。长期滞后的城镇化，存在许多弊端[1]，同样不利于工业化和经济发展。例如，城镇化滞后使市场和工业发展受到限制，不利于工业化的推进；不利于数量庞大的农业剩余劳动力向城镇转移，妨碍了农业现代化的实现；严重制约了第三产业的发展，极不利于产业结构的现代化和就业问题的解决；不利于市场经济的发展，限制了市场有效配置资源的作用；不利于投资和消费需求的扩大，严重制约了中国经济的进一步增长；阻碍了城市功能发挥和城市文明普及；使城镇化在实现可持续发展方面的有利因素不能充分发挥，难以实现可持续发展。

---

[1]　简新华主编《发展经济学研究（第四辑）：中国工业化和城镇化专题》，经济科学出版社，2007，第107～108页。

二　城镇化是一个历史的演进过程，其动力机制在不同的发展时期有着不同的表现形式

城镇化的动力机制是随着生产力的发展水平而不断变化的，不同时代及不同发展阶段的地区具有不同的动力结构。改革开放以来，中国的城镇化动力逐渐开始以多元替代过去单一的或以"二元"为主的城镇化动力，表现出新的特征。不同的城镇化进程促使动力机制不同的演进进程，使得城镇化的动力呈现不同的力度和空间分布，最后导致了不同的城镇化水平。

改革开放以前，推动我国城镇化的动力主要来自国家的政策、宏观经济布局、大型项目建设等政府行为，即"自上而下"的一元化动力机制。随着农村家庭联产承包责任制的实施，乡镇企业迅速发展，成为促进我国小城镇发展的重要力量，形成了"自上而下"与"自下而上"并存的二元化动力机制。同时，由于我国社会处于经济转型之中，经济转型影响到社会的方方面面，其对城镇化的影响也不可避免。之后，我国市场机制逐步完善，在城市建设中企业和居民发挥着越来越大的作用，城镇化的动力机制逐步由二元转向多元化。特别是我国参与世界经济的程度日益提高，许多国际因素也将影响着我国的城镇化的进程，这些因素主要包括：国际贸易的迅速扩大、国际劳动地域分工的加深、跨国公司的扩展、信息技术与产业的发展、金融业务的扩大、外国直接投资的委托加工贸易的增加、信息经济一体化。① 就产业动力的顺序而言，一般来说，城镇化的动力来自三个方面：农业发展是城镇化的初始动力、工业化是城镇化的根本动力、第三产业是城镇化的后续动力，也即城镇化的动力具有阶段性规律。②

---

① 顾朝林、张勤、蔡建明等：《经济全球化与中国城市发展——跨世纪中国城市发展战略研究》，商务印书馆，1999，第35～41页。
② 孙超英：《发展中国家城市化道路及其借鉴》，《四川行政学院学报》2002年第5期。

未来我国城镇化的动力机制仍将是多元化的，但随着市场功能的日益强化，企业和个人的作用将进一步加强，政府的作用则相对弱化。随着知识经济、信息社会的来临，第三产业对城镇化的推动作用将日益突出。同时，随着我国经济运行质量的提高，其运行模式由粗放转为集约，特别是进入 21 世纪以来，经济全球化、信息化的特征日益显现，在现代化的生产过程中，新的科技和管理经验越来越普及，对劳动力素质的要求越来越高。这就要求在城镇化过程中注重人口素质的提高，不只是人口户籍的改变，而人口素质的提高关键在于教育，教育对我国 21 世纪城镇化的动力效应将日益突出。

三 正确处理政府与市场在城镇化中的作用

几乎所有研究城镇化进程中政府行为的学者都认为，在我国的城镇化过程中，政府起着决定性的作用，我国的城镇化就是在政府强有力的推动下一步一步向前发展的。陈甬军等认为，无论是原先限制城市发展，还是现在推动城镇化进程，中国城镇化的进程中政府的作用都是重要因素。在市场经济体制下，政府在城镇化中的最大作用是生成、催化与提升市场力量，政府在城镇化中的作用只能建立在充分尊重和发挥市场作用的基础上。[1] 周加来、黎永生认为，在目前城镇化快速发展阶段，政府的干预、指导与调控仍是推动我国城镇化进程的重要手段。[2] 张永亮、刘峰认为，在我国的城镇化过程中，政府起着决定性的作用，我国的城镇化就是在政府强有力的推动下一步一步向前发展的。[3] 而几乎所有研究城镇化进程中市场行为的学者都认为，应该把中国经济增长的重心放在城市市场化的推

---

[1] 陈甬军等：《政府在城市化进程中的作用分析》，《福建论坛》（经济社会版）2001 年第 9 期。

[2] 周加来、黎永生：《我国城市化进程中的政策取向》，《中国宏观经济》1998 年第 8 期。

[3] 张永亮、刘峰：《论政府在城市化中的职能转变》，《湖南社会科学》2005 年第 1 期。

进上，市场化是城镇化的第一推动力，这个原则在任何时候都不能动摇。刘福坦认为，在正常的城镇化进程中，要让市场去选择，要充分发挥市场机制的作用。[①]

对于究竟应该怎样发挥政府和市场在城镇化中的作用的问题，实际上国内外城镇化实践已经给出了答案。中国过去曾经走过由政府包办、排斥市场作用、忽视民间力量的城镇化道路，存在严重弊端，造成城镇化滞后；而西方发达国家在实现城镇化的过程中，主要依靠民间力量，基本上由市场机制推进，也曾经出现过许多严重的社会经济问题；部分发展中国家的完全由市场推动的城镇化道路，导致过度城镇化，产生严重的"城市病"。

改革开放以后，中国逐渐形成了政府主导、市场推动的城镇化道路，推动了城镇化的快速发展。但是，从目前的城镇化发展情况来看，市场化推动下的城镇化遇到的最大障碍，不是简单的城市建设规模的扩展问题，而是城市的市场化发展程度不够的问题。[②] 在市场经济体制下，政府在城镇化中的最大作用是生成、催化与提升市场力量，政府在城镇化中的作用只能建立在充分尊重和发挥市场作用的基础上。因此，今后还需进一步研究和摆正政府和市场的关系，以及各自作用的领域。政府需从市场能发挥好作用的领域中退出，减少政府对市场运行的过度干预，把投资决策权和生产经营权等资源配置的自主权交给企业。凡是通过市场机制能够解决的问题，应当由市场机制去解决；凡是通过中介机构能够解决的，应当通过中介机构去解决。政府应当解决和弥补市场失灵问题，在城镇化进程中提供公共物品，制定市场规则，提高行政效率和服务质量，在城市布局和规划、社会公平、保护环境、基础设施建设、增加就业、产业规划、法制建设、制度创新方面履行自己的责任，重点提高提供公共服务和宏观调控能力。

---

① 刘福坦：《加速城市化：政府该做些啥》，《今日浙江》2001 年第 5 期。
② 张孝德、钱书法：《中国城市化过程中的"政府悖论"》，《国家行政学院学报》2002 年第 5 期。

四　改革是城镇化的推动力，通过改革推进城镇化进程

如前所述，中国的城镇化进程经历了两个阶段，这两个阶段也是城镇化的两次改革和探索的阶段。在第一阶段，面对一穷二白的国内环境和以美国为首的西方阵营的经济封锁，中国选择了以计划经济为基础，以国家为主导，以工业化推进和农业发展为前提，以重点建设为突破口的具有中国特色的城镇化道路。[①] 这是一条不同于旧中国和西方发达国家的以市场为主导、政府无为而治的新型城镇化道路。这是对中国城镇化道路的第一次改革和创新。

应该说，这是一条能够在短期内集中全国资源、调动一切积极因素、独立自主、自力更生的城镇化道路。从 20 世纪 50 年代中国城镇化的发展成就来看，这条城镇化道路是合乎国情和时代特征的。但是，随着社会需求的增加，经济总量的扩大，产业结构的分化，这种动力和运行机制单一的城镇化道路，出现了动力不足、计划失灵、信息滞后失真、缺乏竞争和效率的严重不足，加上政治运动的影响，这种没有与时俱进、不断创新的城镇化道路使中国城镇化进程遭遇了严重的挫折，在长达近 20 年的时期内徘徊不前，错失了发展良机。

改革开放后，中国城镇化进入第二阶段。在这一阶段，经历了三次重要的改革历程，即农村经济体制改革，城市经济体制改革和 1992 年明确提出的坚持和推进市场经济体制改革。伴随着每一次改革历程，中国城镇化进程都大大向前推进了一步（见表 1 - 3）。例如，1978 年的城镇化率为 17.92%，比改革的前一年提高了 0.37 个百分点，而 1966 ~ 1978 年年均仅提高 0.05 个百分点，前者是后者的 7.4 倍。1984 年的城镇化率比 1983 年提高了 1.39 个百分点，是 1979 ~ 1984 年年均提高 0.85 个百分点的 1.6 倍。而同样是改革年的 1992 年，城镇化率比 1991 年提高了 1.26 个百分点，是 1985 ~ 1992

① 王茂林主编《新中国城市经济 50 年》，经济管理出版社，2000，第 44 ~ 45 页。

年年均提高 0.48 个百分点的 2.6 倍。虽然 1984 年和 1992 年城镇人口统计口径的改变对该年城镇化率的提高产生了重要的影响,但这也从另一个侧面反映了改革对城镇化进程和对社会对待城镇化的态度的重大影响。因此,改革对中国城镇化的推动作用是相当明显的。

表 1 - 3　重要改革年份的城镇化水平的变化情况

1978 年	
城镇化率 (1)	17.92%
前一年城镇化率 (2)	17.55%
比前一年提高的百分点数 (3) = (1) - (2)	+ 0.37
1966 ~ 1978 年年均提高的百分点数 (4)	+ 0.05
1978 年提高幅度是 1966 ~ 1978 年年均提高幅度的倍数 (5) = (3) ÷ (4)	7.4
1984 年	
城镇化率 (1)	23.01%
前一年城镇化率 (2)	21.62%
比前一年提高的百分点数 (3) = (1) - (2)	+ 1.39
1979 ~ 1984 年年均提高的百分点数 (4)	+ 0.85
1984 年提高幅度是 1979 ~ 1984 年年均提高幅度的倍数 (5) = (3) ÷ (4)	1.6
1992 年	
城镇化率 (1)	27.63%
前一年城镇化率 (2)	17.55%
比前一年提高的百分点数 (3) = (1) - (2)	+ 1.26
1985 ~ 1992 年年均提高的百分点数 (4)	+ 0.48
1992 年提高幅度是 1985 ~ 1992 年年均提高幅度的倍数 (5) = (3) ÷ (4)	2.6

资料来源:根据《中国统计年鉴 (2018)》计算。

　　综观中国改革历程和城镇化进程,完全可以得出一条结论:中国的城镇化进程是和改革历程密切相关的,改革是中国城镇化的巨大推动力,城镇化的每一次提速和快速发展,都离不开改革的推动。通过改革推进城镇化进程,也是中国城镇化历程的成功经验。

五 城镇化和农村城镇化并举，是中国特色城镇化的重要内容，也是城镇化快速发展的重要因素

城镇化指人口向城市的集中过程，农村城镇化指农村人口向县域范围内城镇集中的过程。与当时自上而下的产业和人口向城市集中不同，中国农村城镇化基本上是农村社区、乡镇企业、农民家庭或个人等民间力量发动的一种由市场力量诱导的自下而上的诱致性制度变迁模式。农村城镇化是在城市门槛过高、进城务工受到限制的背景下，由农业剩余的压力（数量庞大的劳动力剩余及资本和农产品剩余）和农民追求收益最大化的动力综合作用的结果。在市场机制作用下，农村城镇化的过程主要由农村经济利益主体在响应产业非农化获利机会时自发倡导、组织促成的。因此，农村城镇化一般都是从乡村工业（或乡镇企业）开始，通过发展乡村工业，让农民直接享受到工业、非农化的利益，进而逐步实现城镇化。在这一过程中，市场化始终是农村城镇化的内在推动力。在 1984 年以前，农村城镇化经历了多次曲折和反复，发展十分缓慢。1984 年，小城镇发展问题第一次受到中央政策的肯定与支持，其标志是该年 1 月的《中共中央关于一九八四年农村工作的通知》和 10 月的《国务院关于农民进入集镇落户问题的通知》，与乡镇企业发展相匹配的城镇化战略开始浮现。农村城镇化的发展有过两个高峰时期：一是从 1984～1986 年的"撤社建乡"，修改建制镇标准时期，3 年增加 7750 个；二是从 1992～1994 年的乡镇"撤、扩、并"时期，3 年增加 4247 个。这 6 年里建制镇共增加 11997 个，平均每年增加 1998 个，相当于 1979～1999 年净增加数的 71%。[①] 1998 年 10 月，《中共中央关于农业和农村工作若干重大问题的决定》进一步明确提出了"小城镇、大战略"。2000 年 6 月，"小城镇、大战略"被《中共中

---

① 朱守银：《中国农村城镇化进程中的改革问题研究》，《经济研究参考》2001 年第 6 期。

央、国务院关于促进小城镇健康发展的若干意见》进一步具体化，中国的城镇化迈入一个新的发展阶段。无论是后来颁布实施的《国家新型城镇化规划（2014—2020年）》，还是《国家乡村振兴战略规划（2018—2022年）》，都明确了小城镇在城乡统筹发展和城乡融合发展中的重要地位。

在中国，农村城镇化不仅是中国城镇化的重要内容，也是城镇化快速发展的重要因素。首先，农村城镇化有利于缓解城镇化进程中城市的压力，保证城镇化平稳发展。城镇化进程不可避免地导致旧的农业体系的转变和乡城社会的变迁，不仅对农民造成了巨大的经济和心理压力，而且对城市造成了巨大的就业压力和社会负担。通过农村城镇化的实施，在农村和城市架起了一座桥梁，可以有效地使占中国人口大多数的农业人口在经济上和心理上做好准备，从而有效地缓解城镇化进程中社会对抗的激烈程度。而且农村城镇化可以有效地发挥农村地区的市场中心、货物中心、信息中心和社会公共服务中心的作用，有效地承担起城镇化前现有农村地区可能转移到城市的社会负担，从而有利于缓解城市已有的压力，为城镇化的进一步发展创造宽松有利的环境。其次，在发展大中小城市的同时发展农村城镇化，等于拓宽了城镇化的途径，保证了整个城镇化水平的快速提高。

第二章

中国城镇化的最新进展和理念转变

经过改革开放，中国城镇化取得了令人瞩目的成就，城镇化率由 1978 年的 17.92% 增长到 2018 年的 59.58%，略高于世界城镇化水平，城市数量、城市规模、城市经济总量和经济结构也有了较快的发展，开启了乡村中国向城市中国的转变。但与此同时，城镇化也积累了许多问题，半城镇化、滞后城镇化、被城镇化、房地产化、城镇化低密度发展、城镇化规模结构和空间结构不尽合理等弊端日趋严重，旧的城镇化亟须转型升级。在城镇化发展的关键阶段，需要厘清城镇化发展历程，尤其是改革开放以来城镇化的新进展和存在的新问题，认真思考在人口负担重、资源相对短缺、生态环境比较脆弱、城乡区域发展很不平衡、世界经济局势日趋复杂的背景下，未来城镇化的目标模式是什么，如何积极稳妥推进城镇化进程，提升城镇化质量，兴利除弊，积极引导城镇化健康发展。

第一节 改革开放以来中国城镇化的新进展

改革开放以来，中国城镇化经过短暂的恢复性发展（1979 ~ 1984 年），就步入稳定发展（1995 ~ 1995 年）并逐渐加速（1996 年至今）的发展阶段，开始真正走上了城镇化的道路。在这一阶段，改革开放成为城镇化的最重要推动力①，城镇化建设也由此取得了许多突破性的成就。

一 城镇数量增长较快，城市规模进一步扩大

1978 年，中国有城市 193 个，1998 年发展到 668 个，以后相对稳定，2018 年为 672 个，比 1978 年净增 481 个，年均增加 12 个，是 1949～1978 年年均增加量的 3 倍多。建制镇数量也以每年 478 个的速度快速增长，由 1978 年的 2173 个，发展到 2018 年的 21297 个，净增 19124 个。② 在城镇数量快速增长的同时，城市规模也在迅速扩大。尽管在改革开放以来的相当长的一段时间里，国家仍在延续控制大城市、特大城市人口规模的政策，但随着经济的发展，大城市、特大城市仍然保持了较快的发展速度。随着城市人口的快速增加，城市区域扩张也十分迅速。1984 年，全国城市市区土地面积占全国面积的比重仅为 7.6%，到 2017 年这一比重增长到 22.9%，北京、上海、广州、深圳、天津、武汉、南京、哈尔滨等特大城市周围的许多县区都已建成城市新区，城市区域不断扩大（见表 2－1）。这一时期，我国大城市数量在世界上居于前列，而且增长速度大大高于世界平均水平，上海、北京等城市规模已经进入世界十大城市行列。

表 2－1 2017 年代表性大城市的规模比较

城市	市区面积（平方公里）	城区面积（平方公里）	市区人口（万人）	城区人口（万人）
北京	16410.0	16410.00	2293.7	1876.60
上海	6340.5	6340.50	2418.3	2418.33
广州	7434.4	2099.20	897.9	644.89

---

① 黄锟：《中国城镇化的基本经验和启示》，《经济要参》2013 年第 5 期。
② 数据来源于相关年份《中国统计年鉴》和国家统计局网站的年度数据。

城市	市区面积 （平方公里）	城区面积 （平方公里）	市区人口 （万人）	城区人口 （万人）
深圳	1997.5	1997.47	1252.8	1252.83
天津	11760.3	2585.18	1050.0	684.80
哈尔滨	10198.3	463.74	550.8	425.64
沈阳	5116.0	1610.00	590.6	432.46
南京	6588.5	4226.41	682.7	608.62
武汉	8569.2	1452.00	853.7	576.96
郑州	1010.3	572.56	506.0	373.58
西安	5440.7	808.66	733.7	493.12
成都	3639.8	1277.19	811.6	664.78
重庆	43263.1	7440.00	2489.9	1121.62
杭州	8006.2	1726.96	600.3	370.91

资料来源：国家统计局城市社会经济调查司编《中国城市统计年鉴（2017）》，中国统计出版社，2017。

二 城镇人口迅速增加，城镇化进程加快发展

改革开放以来，城镇人口经过 1979～1984 年的短暂恢复发展阶段，就迅速进入稳定发展和快速发展阶段。1978～2018 年，城镇人口由 17245 万人增加到 83137 万人，净增 65891 万人，每年平均增加 1647 万人，是 1949～1978 年城镇人口每年净增数量的 4.58 倍。其中，1996～2018 年，城镇人口更以每年 2083 万人的速度递增，是 1949～1978 年城镇人口每年净增数量的 5.2 倍。随着城镇人口的迅速增加，中国城镇化水平从 1978 年的 17.92% 上升到 2018 年的 59.58%，共提高了 41.66 个百分点，年均增长 1.04 个百分点，与 1949～1978 年年均增长 0.25 个百分点相比，提高了 0.79 个百分点，城镇化速度明显加快。

三 城市空间形态从城市单体发展向城市群体发展转变

改革开放以来，中国城市发展，尤其是大城市发展，逐步迈入

城市群、城市圈、城市带和城市网的发展时期。目前，中国已形成了京津冀、长江三角洲、珠江三角洲、长江中游城市群、成渝城市群五大国家级城市群，在铁路沿线、长江沿线逐步形成了连带状态的城市带。其中，京津冀、长江三角洲、珠江三角洲三大城市群已经成为中国经济发展的增长极，是经济社会进步最明显的地区。三大城市群区域面积为 27.37 万平方公里，占全国的 2.85%，2016 年却集聚了全国 22% 的人口，创造了 42% 的国内生产总值。这些城市群、城市带的形成，不仅使该地区的城镇化水平大大提高，而且使中国城镇化的空间结构呈现出新的特征。

四　城市发展方式从单纯的规模扩张向规模和质量并举转变

改革开放以来，是中国城市特别是大城市发展最重要的时期。进入 21 世纪以来，由于环境、资源，特别是土地等方面的压力和影响，城市开始从规模扩张为主进入规模与质量同时增进的新发展时期，城市的经济结构和功能特征逐步趋向优化。首先，中国城市经济持续高速增长。1988~1996 年，中国城市国内生产总值年均增幅为 18%。2002~2011 年，地级及以上城市（不包括市辖县）地区生产总值由 64292 亿元增加到 293026 亿元，增长了 3.56 倍，年均增长 20%，2011 年占全国 GDP 的比重由 53% 上升到 62%，提高了 9 个百分点。其次，同国家经济转轨、社会转型相适应，大城市注重经济增长方式的转变，进行了经济结构特别是产业结构的战略性调整。一些大城市从原来以工业特别是重工业为主导产业，开始转向以高新技术产业、现代服务业和文化创意产业等为主导产业的新的经济结构和产业体系。最后，城市基础设施的现代化程度显著提高，新技术、新手段得到大量应用，基础设施功能日益增加，承载能力、系统性和效率都有了显著进步，改善了城市经济发展和居民生活的条件。

五 城乡隔离局面逐步被打破，城乡关系进一步改善

随着城乡经济体制的改革和市场经济的发展，城乡分割和隔离的二元体制逐渐被打破，城乡之间劳动力、人口、资本、人才和技术的流动日益增多，城乡商品流通关系和市场结构不断发生变化，城乡经济发展出现了某种融合的态势。城市社会福利和保障制度的改革，使城市居民在计划经济经济时代享有的"特权"不断减少，城市户口的"含金量"下降，户籍制度的约束力降低，市民和农民在社会身份上的差别不再像改革前那么突出，在一些经济发达地区，甚至出现了城里人向乡下流动的现象。在沿海经济发达地区，农村的农民在收入水平、消费水平、生活方式、生活环境、福利保障等方面都已经都市化了。对于数量庞大的农民工——城市新市民来说，虽然他们的户籍仍在农村，但部分城市已经开始给予他们市民身份和市民待遇。

第二节 中国城镇化面临的主要问题

一 城市平均规模过小、集中度偏低

美国布朗大学的两位经济学家发现，城市的净集聚效应首先随着城市规模扩大而急剧上升，在达到峰值之后缓慢下降，最大集聚效应的峰值处在 250 万 ~380 万人的规模。[①] 改革开放以来，中国各种规模等级的城市都有所发展，大城市数量增多。2017 年，100 万人以上的大城市和特大城市的数量为 161 座，比 2001 年增加了 68 座，增长了 74.19%，与中小城市和小城镇相比，提高的比例都是最高的。随着大城市和特大城市的扩张，其占全国城镇人口的比重也由 2001 年的 24.7% 增长到 2017 年的 38%，提高了 13.3 个百分点。

---

① Au, C. and V. Henderson, "Are Chinese Cities too Small?", *Review of Economic Studies*, 2006, 73（2），pp. 549 – 576.

从总体上看，中国城镇规模结构呈现出大城市数量不足，小城市和小城镇数量过多，城市集中度偏低，少数大城市规模又过大的特征。2018 年，我国 100 万人以上的大城市和特大城市数量仅为 161 座，中小城市数量则多达 396 座，平均人口不足 1 万人的小城镇超过10000 个。不同规模城市数量结构的不合理直接导致了城市平均规模过小、集中度偏低。

二　城市群紧凑度不高

城市密集地区的出现和都市区的形成与快速发展，即城市群的形成，是城镇化速度、水平的提升和城镇数量、规模的增长在空间上的突出表现。当前，中国的城市群主要包括 23 个城市密集地区和都市区。方创琳等采用聚类分析法，从产业、空间和交通三个视角研究了上述 23 个城市群的综合紧凑度，将中国城市群划分为高度紧凑、紧凑、中度紧凑、低度紧凑和不紧凑（分散）5 个等级，结果发现，中国城市群紧凑度总体不高，且空间差异性大，总体呈现出由东向西、由南向北逐渐降低的分异态势（见表 2 - 2）。[1]

表 2 - 2　中国城市群综合紧凑度 U_c 的聚类分级

紧凑等级	U_c	城市群名称
高度紧凑	$U_c \geqslant 1.00$	无
紧凑	$0.50 \leqslant U_c \leqslant 1.00$	长江三角洲城市群、珠江三角洲城市群、京津冀都市圈
中度紧凑	$0.35 \leqslant U_c \leqslant 0.50$	中原城市群、长株潭城市群、武汉城市群、山东半岛城市群、辽东半岛城市群、关中城市群
低度紧凑	$0.15 \leqslant U_c \leqslant 0.35$	皖中城市群、闽南金三角城市群、济宁城市群、晋中城市群、成渝城市群、银川平原城市群、南北钦防城市群
不紧凑	$0 \leqslant U_c \leqslant 0.15$	黔中城市群、赣北鄱阳湖城市群、滇中城市群、兰白西城市群、哈大长城市群、酒嘉玉城市群、呼包鄂城市群

---

[1]　方创琳等：《中国城市群紧凑度的综合测度分析》，《地理学报》2008 年第 10 期。

三　城镇化地区差异显著

从三大地区①来看，如表 2－3 所示，2011 年东部地区城镇化水平为 61.07%，中部为 46.99%，西部为 42.99%，东部比中部高14.08 个百分点，比西部高 18.08 个百分点，中部比西部高 4.00 个百分点，城镇化水平的发展明显表现出梯度状态。与 2007 年相比，东部与中西部的城镇化水平之间差距进一步扩大，但中西部之间的差距呈现缩小趋势。不过，2013 年之后，由于"一带一路"倡议的提出、三大区域城镇化重点的调整，中西部城镇化加快发展。与 2011 年相比，2017 年，东中差距、东西差距缩小明显，中西差距也进一步缩小，但中西部地区与东部地区的城镇化率仍超过 10 个百分点。

表 2－3　三大地区城镇化率差异

单位：%

年份	全国	东部地区	中部地区	西部地区	东中差距	东西差距	中西差距
2017	58.52	67.44	55.67	52.74	11.77	14.70	2.87
2011	51.27	61.07	46.99	42.99	14.08	18.08	4.00
2007	44.94	53.74	42.10	35.99	11.64	17.75	6.11

资料来源：根据 2008 年、2012 年、2018 年《中国统计年鉴》计算。

从各省份看，按照 2017 年城镇化率的高低（见表 2－4），可以把我国 31 个省份划分为五类地区：①城镇化水平在 80% 以上者，包括北京、上海和天津 3 个直辖市；②城镇化水平为 60%～80% 者，包括广东、江苏、浙江、辽宁、福建、重庆、内蒙古、山东 8 个省份；③城镇化水平为 55%～60% 者，包括黑龙江、湖北、海南、宁夏、山西、陕西、吉林、河北 8 个省份；④城镇化水平为 50%～55% 者，包括湖南、江西、安徽、青海、四川、河南 6 个省份；

---

① 东部地区包括北京、天津、河北、辽宁、上海、江苏、浙江、福建、山东、广东、海南 11 个省份；中部地区包括山西、吉林、黑龙江、安徽、江西、河南、湖北、湖南 8 个省份；西部地区包括内蒙古、广西、重庆、四川、贵州、云南、西藏、陕西、甘肃、青海、宁夏、新疆 12 个省份。

⑤城镇化水平小于 50% 者，包括新疆、广西、云南、甘肃、贵州、西藏 6 个省份。城市化水平最高的上海市与最低的西藏之间相差约为 57 个百分点。

表 2 - 4 2017 年各省份城镇化水平排名

单位：%

省份	城镇化率	排名	省份	城镇化率	排名	省份	城镇化率	排名
上海	87.70	1	黑龙江	59.40	12	青海	53.07	23
北京	86.50	2	湖北	59.30	13	四川	50.79	24
天津	82.93	3	海南	58.04	14	河南	50.16	25
广东	69.85	4	宁夏	57.98	15	新疆	49.38	26
江苏	68.76	5	山西	57.34	16	广西	49.21	27
浙江	68.00	6	陕西	56.79	17	云南	46.69	28
辽宁	67.49	7	吉林	56.65	18	甘肃	46.39	29
福建	64.80	8	河北	55.01	19	贵州	46.02	30
重庆	64.08	9	湖南	54.62	20	西藏	30.89	31
内蒙古	62.02	10	江西	54.60	21			
山东	60.58	11	安徽	53.49	22			

资料来源：国家统计局编《中国统计年鉴（2018）》，中国统计出版社，2018。

四 农业剩余劳动力转移不彻底，"半城镇化"现象突出

中国农村剩余劳动力向城镇的转移并不像欧美等发达国家那样是一次性完成的，而是经过了一个曲折的过程，即农民的非农化与市民化不是同步实现的，而是先由农民转变为农民工，实现非农化，再由农民工转变为市民，实现城市化，这是一种具有中国特色的城镇化过程（见图 2 - 1）。一些学者将这种城镇化称为"隐性城市化"或"半城市化"。

"隐性城市化"或"半城市化"的结果，不仅在客观上具有明显的反城市化效应①，导致了"伪城镇化"、虚假的城镇化，而且必

———————

① 徐林清：《我国农村劳动力转移方式的特征及其反城市化效应》，《乡镇经济》2002 年第 9 期。

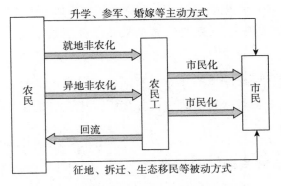

图 2 - 1　农业剩余劳动力两阶段转移示意图

然造成农村剩余劳动力转移的不彻底性，产生了严峻的农民工问题，造成了城市的新二元结构，进一步加剧了中国城镇化进程的复杂性和艰巨性。2018 年底，全国农民工数量达到 2.63 亿人之多。2018 年，按常住人口统计的城镇化率（常住人口城镇化率）虽然达到了 59.58%，但按户籍统计的城镇化率（户籍人口城镇化率）仅为 43.37%，二者相差高达 16.21 个百分点。

五　盲目建造新城新区

不少地区片面追求城镇化率，将城镇化简单片面地理解为征地拆迁、拆村并户、大建新城新区，不仅使农民"被上楼"、被动地实现城镇化，而且把城镇化搞成造城运动、房地产化，在产业和经济没有相应发展的情况下，盲目追求城镇规模扩大、城镇数量和人口增加，结果一方面造成进城农民缺乏就业保证，也完全不能享有城镇的社会保障，难以在城镇扎根，甚至可能沦为"三无农民"，在城镇形成棚户区；另一方面又出现了大量闲置房屋、烂尾楼、被称为"鬼城"或"鬼域"的荒芜的新区或开发区。2013 年 8 月，国家发改委城市和小城镇改革发展中心课题组对 12 个省份的调查显示，12 个省会城市全部提出要建设新城新区，共规划建设了 55 个新城新区，平均每个城市要建 4.6 个新城新区；在 144 个地级城市中，有 133 个提出要建设新城新区，共规划建造 200 余个新城新区，平均

1.5 个；在 161 个县级城市中，也有 67 个提出要进行新城新区建设。① "被城镇化" "大跃进" 式的城镇化都不是工业化和经济发展的自然结果，而是揠苗助长，容易导致 "过度城镇化"，是不可能持续的、严重不健康的城镇化发展模式，会造成大量的资源浪费、生态破坏、就业困难、加剧政府债务危机，甚至会激化社会矛盾、引发社会危机。

六 "城市病" 日趋严峻

"城市病" 是困扰各国的世界性难题。随着城市化的快速推进和城市人口的迅速增长，城市中的大气污染、垃圾污染、噪声污染、水污染与水资源短缺、能源紧张、人口膨胀、交通拥挤、住宅短缺、土地紧张、失业严重、社会治安恶化、贫民窟惨不忍睹等问题日渐显著。② 城市病与城市化发展阶段密切相关（参见第四章相关内容）。2010 年，中国城镇化率超过 50%，应该说是在城市病的显性化和发作阶段。从中国城镇化的实际情况来看，也不同程度地出现了各种城市问题，存在一定程度的 "城市病"，且有愈益严峻的发展态势，如环境污染、基础设施不足、交通堵塞、棚户区、房价虚高、烂尾楼、广场高楼热、形象面子工程、贫富差距拉大、严峻的就业形势、犯罪率的上升、比较严重的农民工问题等，错综复杂，彼此交织，考验着中国城镇化的可持续健康发展。

七 农民 "被上楼"，部分地区存在 "被城镇化" 现象

这是指农民在城镇没有稳定的就业、被动地成为城镇居民的现象。现在有的地区为了追求高城镇化率、取得农民的土地、开发房地产、实现农业规模经营等，采用行政手段，"拆村并户"，给农民

---

① 陈仁泽：《地方新城新区建设数量多规模大 造城盛宴风险大》，《人民日报》2013 年 8 月 19 日。

② Hezri, A. A., Dovers, S. R., "Sustainability Indicators, Policy and Governance: Issues for Ecological Economics", *Ecological Economics*, 2006, 60 (1), pp. 86 - 99.

城镇户口、廉价住房和一定的经济补偿，使农民"被上楼"、被动地实现城镇化。这种城镇化，即使农民最初是愿意的，但由于不是工业化和经济发展的结果，不是水到渠成，而是揠苗助长，容易产生"城市病"，导致"过度城镇化"，是不稳定的病态城镇化。进城农民虽然有房住，但就业没有保证，也不能享受城镇的社会保障，不仅不能在城镇真正安居乐业，而且难以在城镇扎根，甚至可能沦为"三无农民"。①

八 部分地区存在"大跃进"城镇化现象，城镇化速度过快、过急

农民过多、过快进入城市，城市数量和空间范围、人口规模的超速扩大，缺乏产业支撑，会发生严重的"城市病"和"农村病"。过度的城镇化会超过经济社会的承受力，恶化生态环境，过多占用资金和资源，牺牲农村和农业发展，加大城镇就业压力，形成大面积的贫民窟，危害社会治安，难以保持社会和谐稳定。虽然中国城镇化总体上不是"过快、过猛、过急"，但并不排除部分地区存在"大跃进"城镇化的现象。比如，部分地区把城镇化简单片面地理解为大征地、大拆迁、建新城，把城镇化搞成"房地产化""造城运动"，在产业和经济没有相应发展的情况下，盲目追求城镇规模扩大、城镇数量和人口增加，结果城镇一方面存在棚户区，另一方面又出现了大量闲置房屋、烂尾楼、被称为"鬼城"或"鬼域"的荒芜的新区或开发区。还有的地方只是在公路两边盖起几排楼房，就宣布建成了一个小城镇，没有产业和市场支撑，有城无"市"，有镇无"产"，实际上是"唱空城计"。这种"空壳化"的城镇化，不可能持续发展。

九 城镇化存在"贵族化"倾向，基本公共服务不足

城镇化的"贵族化"，是着眼于满足少数富裕阶层的高档需求，

---

① 舒圣祥：《农民岂能"被城市化"》，《中国产经新闻报》2010 年 9 月 16 日。

不顾广大普通市民的需求和承受能力，片面追求高楼、广场、新奇、高档、宏大、气派、奢侈、豪华、洋化、现代、超前的城镇化现象，豪华别墅积压过剩，普通住房严重短缺，不惜工本和不顾资源环境的承载力，大搞"人造景观"、刮"造景风"，不仅造成资源大量占用和浪费，导致房价居高不下，使得中低收入城镇居民买不起、租不起住房，而且让普通老百姓在城镇生活不是更加快捷、方便、舒适，而是更加拥堵、不方便、难受，有的城市甚至使普通市民出现了"乘车难""看病难""子女入托难""上学难""理发难""修鞋难"的现象，城镇基本公共服务供给明显不足。

十　城镇化和农业现代化不同步，城乡发展亟须统筹

农业机械化程度、农业劳动力比重、城乡收入差距是衡量农业现代化的重要指标。发达工业化国家的农业机械化率在90%左右，农业劳动力比重不到10%，城乡差别基本消失。2017年，中国的综合农业机械化率为66%，农业劳动力占全社会从业人员比重依然高达27%左右，城镇居民人均可支配收入为36396元，农村居民人均纯收入为13432元，前者是后者的2.71倍。这些情况表明，中国现在的农业现代化落后于工业化和城镇化，存在另一种类型的"半城镇化"，极不利于城镇化的健康发展，更需要加快农业现代化的步伐。

第三节　中国城镇化亟须转变理念

一　中国经济社会进入新的发展阶段

中国经济社会进入一个新的发展阶段，这已经成为社会的共识。例如，胡鞍钢认为，我国的发展正处于一个新的历史起点上。[①] 刘世

[①]　胡鞍钢：《论新时期的"十大关系"》，《清华大学学报》2012年第2期。

锦认为，我国经济已经触顶，进入了增长阶段转换期。[①] 刘树成认为，我国经济发展开始进入潜在经济增长率下降的新阶段。[②] 未来5～10年，我国经济将从过去30余年的"结构性增速"逐步转向"结构性减速"轨道。[③] 这一阶段，既是比较艰难的爬坡阶段，也是中国历史上最伟大最关键的起飞阶段。蔡昉认为，我国已经进入"刘易斯拐点"，经济增长需要转向全要素生产率驱动型。[④] 迟福林认为，我国已经由生存型阶段进入发展型阶段，需要着眼于构建消费大国，推进以发展方式转型为主线的第二次转型，实现公平与可持续发展。[⑤]

然而，我国经济发展新阶段具有多元特征。余斌认为，我国处于由工业化中后期迈向工业化后期、由中等收入国家迈向中上等国家的阶段。厉以宁指出，当前中国经济处在双重转型阶段，首先是农业社会向工业社会转型，其次是计划经济向市场经济转型，两者目前交叠一起，这在全世界上是没有的。[⑥] 林毅夫认为，中国目前有两种转型：一是从计划经济向市场经济的转型，二是从一个低收入国家向中等收入国家继续往高收入国家的转型。[⑦] 曾培炎将我国经济社会发展进入新阶段的主要特征概括为，经济进入"转型期"、社会进入"矛盾凸显期"、改革进入"攻坚期"、增长进入"换挡期"。[⑧] 段炳德认为，我国经济发展新阶段具有五个特征，即从注重速度向注重质量转化、从投资拉动型向全面拉动型转化、从工业引领向四

① 刘世锦：《中国经济进入增长阶段转换期》，《中国经济时报》2013年3月24日。
② 刘树成：《中国经济进入中高速增长阶段》，《人民日报》2013年10月14日。
③ 李扬：《中国经济发展将进入一个新阶段》，《经济参考报》2013年1月4日。
④ 蔡昉：《如何转向全要素生产率驱动型》，《中国社会科学》2013年第1期。
⑤ 迟福林：《第二次转型——处在十字路口的发展方式转变》，中国经济出版社出版，2010，第1～2页。
⑥ 厉以宁：《中国经济双重转型之路》，中国人民大学出版社，2013，第24～25页。
⑦ 林毅夫：《中国目前处于两个重要转变的阶段》，http://business.sohu.com/20101106/n277191212.shtml。
⑧ 曾培炎：《经济增长进入"换挡期"》，《经济参考报》2013年1月28日。

化并举转化、从中国制造向中国创造转化、从引进来向走出去转化。①

总体而言，我国经济发展新阶段可以用典型的中等收入阶段来表述。中国在 2001 年成功摆脱了"贫困陷阱"，走出了人均 1000 美元的低收入阶段，实现了第一次飞跃，达到中下等收入水平；到 2010 年，中国人均 GDP 超过 4260 美元，实现了第二次飞跃，成功进入中上等收入国家行列。然而，要发展成为高等收入国家，实现第三次飞跃，我们还有很长的一段路要走。

二　城镇化在经济发展新阶段的特殊意义

在中等收入阶段，面临着中等收入陷阱的难题。胡鞍钢将"中等收入陷阱"的表象概括为经济增长回落或停滞、民主乱象、贫富分化、腐败多发、过度城市化、社会公共服务短缺、就业困难、社会动荡、信仰缺失、金融体系脆弱 10 个方面。② 郑秉文认为，在中等收入阶段会面临转型陷阱、拉美陷阱、福利陷阱、城市化陷阱、资产泡沫陷阱、金融陷阱、捧杀陷阱等。③ 现有文献以中等收入陷阱的形成原因与解决机制为核心形成两种基本视角：一是以制度经济学为代表从突破制度约束刚性的视角指出，中等收入陷阱的解决需要形成与经济发展阶段相匹配的高品质制度体系；二是以经济增长理论为代表从摆脱增长机制锁定的视角，寻找增长与跨越的内在驱动。④ 由于城镇化是扩大内需的最大潜力，是统筹城乡发展的基本前提，是产业结构调整升级的重要依托，是转变经济发展方式的重要条件，是提高中等收入者比重的重要途径，对于经济增长、产业结构升级、经济发展方式转变都有明显的推动作用，对于高品质制度

①　段炳德：《中国经济发展新阶段的特点、目标与战略需求》，《人民日报》2013 年 8 月 5 日。

②　胡鞍钢：《中国如何跨越"中等收入陷阱"》，《当代经济》2010 年第 15 期。

③　郑秉文：《转型发展中警惕中等收入陷阱》，《杭州》2012 年第 8 期。

④　李月、周密：《跨越中等收入陷阱研究的文献综述》，《经济理论与经济管理》2012 年第 9 期。

体系的形成也具有倒逼和诱致作用，因而对于跨越中等收入陷阱具有重要意义。

　　田雪原认为，要想跨越"中等收入陷阱"，首先必须避开"人口城市化陷阱"。要把握好人口城市化的方向、速度、结构和质量，一要把握好人口城市化的速度和节奏；二要把握好人口城市化的规模和结构；三要把握好城市发展方式转变和相关体制改革，要从过去片面重视城市发展转变为统筹城乡协调发展，逐步实现城乡经济社会发展一体化。① 刘伟认为，潜在的城市化空间是支持我国经济持续增长的重要因素。② 我国现阶段城市化的进程已经进入了加速期，城市化规模提升和城市化质量改善空间巨大，不仅使更多的农村人口生活方式转变为城市现代生活，创造出更大的需求以推动增长，而且使经济资源在更大程度上从传统方式转入现代市场体系和产业结构体系，这本身就是资源配置效率提升的过程。刘志彪分析了城镇化对于产业升级的重要作用。他认为，产业转型升级道路选择的基本原则就是要把发展与调整、升级有机结合起来，即在发展中实现产业转型升级。解决这个问题的关键在于选择以进一步城市化来推动产业转型升级的道路。进一步城市化的任务给了中国一个协调增长、消化过剩产能和安置剩余劳动力矛盾的巨大机遇，即中国既可以在这个过程中完成城市化任务、实现持续的高增长和安排就业人口，也可以顺势实现产业的转型升级。③ 在迟福林看来，跨越中等收入陷阱的关键在于促进人口城镇化改革，能不能在农民工市民化、户籍制度、土地制度等方面的改革尽快取得重大进展等。④

　　然而，城镇化既可能是跨越"中等收入陷阱"重大的战略空间和发展机遇所在，也可能形成新的困难和矛盾。"过度城镇化""超

---

① 田雪原：《"中等收入陷阱"的人口城市化视角》，《人民日报》2011 年 5 月 5 日。

② 刘伟：《突破"中等收入陷阱"的关键在于转变发展方式》，《上海行政学院学报》2011 年第 1 期。

③ 刘志彪：《以城市化推动产业转型升级》，《学术月刊》2010 年第 10 期。

④ 纪睿坤：《跨越"中等收入陷阱"的关键：人口城镇化改革亟待破题》，《21 世纪经济报道》2013 年 2 月 22 日。

常城市化"不仅不会帮助中国跨越中等收入陷阱，反而可能使中国陷入中等收入陷阱。这是因为，片面追求高城市化率及人口城市化的畸形发展，不仅不会给城市发展注入活力，不会给农村经济发展带来机遇，反而成为城乡经济发展的绊脚石。此外，随着城镇化快速提高，政府转向福利支出目标，福利刚性不断加大，政企目标冲突，政企在新的发展阶段都面临转型，转型失败可能会落入"中等收入陷阱"。

三　未来城镇化亟须转变理念

城镇化虽然是任何国家由贫穷落后走向繁荣发达的必由之路，在现代化进程中具有不可缺少的重要作用，但并不是所有的城镇化都有益无害，都有利于经济的发展和社会的进步。城市化存在超前城镇化、滞后城镇化和适度城镇化、病态城镇化和新型城镇化等多种不同的类型，超前城镇化、滞后城镇化、病态城镇化，会造成严重的"城市病"和"农村病"，产生城乡差别扩大、城市剥削农村、城乡对立等经济社会问题，极不利于工业化和经济社会的发展。只有适度城镇化、新型城镇化，才有利于工业化、现代化的顺利实现和经济社会的发展。

在纯粹的市场经济中，城镇化完全是经济发展和工业化的必然伴侣和自然结果，是对工业化进程中人口集聚和经济集聚现象的一个概括。从这个意义上看，城镇化作为工业化和经济发展"自然而然"的结果，有其自身的内在发展规律，并不存在政府的干预或引导，因而无所谓正确还是错误，完全是一个中性的概念。

而在混合经济和社会主义市场经济中，存在政府对市场的干预或引导，甚至政府这只"看得见的手"对市场这只"看不见的手"的替代，在这种发展模式中，城镇化就不再纯粹是经济发展的自然结果，而是政府与市场这两只"看得见的手"和"看不见的手"共同作用的结果，政府完全可以通过干预资源配置的方式来干预经济运行的方式、轨迹和结果，从而改变城镇化的道路、方式、进程和结果。发达国家的城镇化成就也是"看得见的手"和"看不见的手"两手并用的结果。

当前，不仅我国经济社会发展进入新的阶段，我国城镇化也进入新的发展阶段，即城镇化进入城镇化加速发展阶段和城市病发作阶段的叠加期，城镇化自身也面临着转型升级。如前所述，改革开放以来，我国城镇化取得了很大成就，但也确实出现了很多问题，甚至存在一定程度的"城市病"。因此，面临着经济社会发展新阶段下保增长、调结构、转方式、惠民生的多重任务和跨越中等收入陷阱的巨大挑战，积极稳妥地推进城镇化不仅意义重大，而且要求更高，即要求走出一条不同于旧的城镇化道路、符合经济发展新阶段要求的、具有中国特色的新型城镇化路子。但是，与城镇化概念一样，新型城镇化概念也是中性的，只是凸显了城镇化的某些新内容、新要求。

城镇化本身没有对错，只要是符合城镇化规律的城镇化，都是我们所需要的城镇化。为了走更加符合中国国情和城镇化自身规律，我们还是需要人为地为城镇化设置一个标准，来评判城镇化的对错。这个标准就是新型城镇化。或者说，新型城镇化在大多数情况下指的是城镇化道路，而新型城镇化则是新型城镇化的目标和方向，是走新型城镇化道路所要追求的理想和结果。

因此，作为城镇化的一种新理念、新目标、新要求，新型城镇化是与病态城镇化相对的一个概念，是速度、水平与质量相统一、具有较高质量和效益的城镇化发展形态。

为了克服病态城镇化的种种弊端，避免和解决城市病，需要按照新型城镇化的理念和要求，实现城镇化目标、机制、模式、发展方式、结构、布局等方面的转变，促进城镇化健康发展，即发展目标上从以物为本到以人为本，从片面追求城镇化速度到以城镇化质量为中心，着力提高城镇化质量的转变；动力机制从政府过度干预向遵循城镇化自身规律转变；发展方式从粗放型向集约型转变；发展模式从滞后城镇化或超前城镇化向适度城镇化转变；城镇结构从不合理到趋于合理；城镇化布局从不均衡发展到均衡发展转变。

第三章

新型城镇化的理论基础和基本特征

在中国特色社会主义进入新时代，中国经济发展进入新常态之际，针对城镇化的历史进程和历史任务，中央城镇化工作会议提出要走中国特色的新型城镇化道路，随后，《国家新型城镇化规划（2014—2020 年）》颁布实施。为什么要走中国特色的新型城镇化道路？其理论依据是什么？如何走中国特色的新型城镇化道路，其基本内核是什么？中国特色的新型城镇化道路有哪些基本要求和特征？这些都是必须回答的重大理论问题和实践问题。

第一节　新型城镇化的理论基础

一　城镇化发展阶段理论

1979 年，美国城市地理学家诺瑟姆（R. M. Northam）发现城镇化发展过程近似一条"S 型"曲线，并且可以相应划分为三个发展阶段：城镇化水平较低且发展缓慢的初始阶段（Initial Stage），城镇化水平急剧上升的加速阶段（Acceleration Stage）和城镇化水平较高且发展平缓的最终阶段（Terminal Stage）。由于需要保留一定的农村居民来满足城镇居民的需求，城镇化水平必定有一个上限。① 但是，诺瑟姆没有给出"S

① Northam, R. M., *Urban Geography*. New York: John Wiley & Sons, 1979, pp. 65 – 67.

型"曲线的数学模型，而且各个阶段的分界点指标也不甚明确。

比利时学者沃赫斯特（Verhulst）在 1838 年将马尔萨斯人口指数增长方程改进到有限资源环境中，提出了 Logistic 增长模型，并模拟了一种事物在资源限制状态下呈现"S 型"增长的发展过程（见图 3 - 1）。因此，研究城镇化的学者开始尝试用 Logistic 增长模型模拟城镇化过程。① 1987 年，焦秀琦运用固定城乡人口增长率差的方法，计算出英国等八个国家的城镇化发展"S 型"曲线的回归方程，建议将城镇化三个阶段的分界点定为 30% 和 70%。② 1988 年，卡美树（Karme-shu）从城乡人口替代假设出发得出了相似的结论。③ 1988 年，联合国开始采用基于 Logistic 方法的模型估算和预测世界各国城镇化水平。④

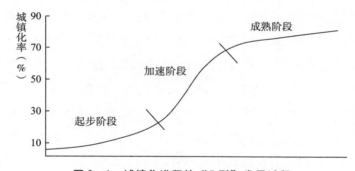

图 3 - 1　城镇化进程的"S 型"发展过程

二　"城市病"发展阶段理论

"城市病"是指人口过于向大城市过度集中而引起的一系列社会问题，表现为人口膨胀、交通拥堵、环境恶化、住房紧张、就业困难等，并进而加剧城市负担、制约城市化发展以及引发市民身心疾

①　Mulligan G F., "Logistic Population Growth in the World's Largest Cities", *Geographical Analysis*, 2006, 38, pp. 344 - 370.

②　焦秀琦：《世界城市化发展的 S 型曲线》，《城市规划》1987 年第 2 期。

③　Karmeshu, "Demographic models of urbanization", *Environment and Planning B：Planning and Design*, 1988, 15（1）：47 - 54.

④　United Nations, *World Urbanization Prospects：The 2005 Revision*. United Nations, New York, 2004.

病等。"城市病"的根源在于人与自然、人与人、精神与物质之间各种关系的失调而导致的各种负面效应，是快速膨胀的人口与城市资源不协调的必然结果。"城市病"是几乎所有国家正在或曾经面临的问题，但"城市病"的轻重会因政府重视程度和管理方法的差异而有所不同。拉美国家的"城市病"比发达国家更为严重。

"城市病"与城市规模密切相关。通常常住人口超过 1000 万人的城市或多或少地都患有"城市病"，而且还有向中小城市蔓延的趋势；常住人口超过 1600 万人的城市大多会有严重的"城市病"。另外，当城市群（200 公里范围内）常住总人口超过 3000 万人时，也会或多或少地患有"城市群病"；当城市群（200 公里范围内）常住总人口超过 5000 万人时，也会产生严重的"城市群病"，尤其是环境问题（城市废弃物难以就近消纳）和交通问题等。同时，如果人口集聚超过工业化和城市经济社会发展水平，就会发生某些发展中国家出现的过度城市化现象，从而也会产生"城市病"。

"城市病"是城市发展过程中的必然现象，与城镇化率高度相关。根据"城市病"发展的四阶段论①，城市化率在 10%～30% 是"城市病"的隐性阶段，城市化率在 30%～50% 是"城市病"的显性阶段，城市化率在 50%～70% 是"城市病"的发作阶段，城市化率达到 70% 以上，则进入"城市病"的康复阶段（见图 3－2）。

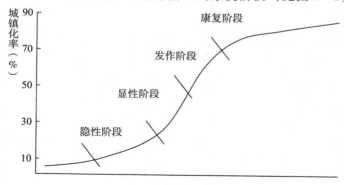

图 3－2　城市病发展阶段

① 周家来：《"城市病"的界定、规律与防治》，《中国城市经济》2004 年第 2 期。

三 城市可持续发展理论

随着城市化进程的加快，城市土地规模不断扩张，城市人口规模日渐增长，加重了对资源环境的压力，资源短缺、环境污染、生态失衡等问题相伴而生，人们开始对原有城市化发展模式进行反思。1972 年，斯德哥尔摩世界环境大会正式提出了可持续发展的概念。1981 年，美国世界观察研究所所长莱斯特·R. 布朗出版了《建设一个持续发展的社会》一书，对可持续发展理论做了系统阐述。1987 年，世界环境与发展委员会发表了《我们的共同未来》（*Our Common Future*），认为可持续发展应"既满足当代人的需要，又不对后代人满足其需要的能力构成危害"。

随着全球工业化和城市化的迅速发展，20 世纪头 10 年，已有超过 1/2 以上的人口居住在城市，城市成为可持续发展的主要载体，可持续性成为城市发展的基本特征，保持生态平衡，维护优良适宜的城市环境，成为城市可持续发展的核心内容及基本条件。时任联合国人居署执行主任安娜·卡朱穆洛·蒂巴伊朱卡（Anna Kajumulo Tibaijuka）在 2003 年中国威海可持续发展城市化战略国际研讨会上指出："没有可持续的城市化，就没有可持续的发展。"美国学者斯科特·坎贝尔（Scott Cambell）指出，城市可持续发展是在绿色（环境）、效率（经济）、公平（社会）之间寻找一个相互协调的平衡点。因此，可持续城市化是一个动态的、多维的过程，涉及经济、社会、环境和政治制度的可持续性，是城市化过程中环境、生态、社会和经济效益的动态平衡，它超越了单纯由农村向城市进行人口转移的狭义范畴，追求区域协调发展、城乡良性互动。但是，城市可持续发展没有固定的模式，不同的国家、不同的发展阶段的城市都可以根据自己的情况实施可持续发展战略。

四 城市生态学

尽管城市生态学是生态学领域较年轻的分支，但城市生态学的思想自城市问题一出现就产生了，从古希腊柏拉图的"理想国"，到16 世纪美国托马斯·莫尔（Thomas More）的"乌托邦"，再到 19世纪末英国学者霍华德（E. Howard）的"田园城市"，都蕴含着一定的城市生态学哲理，但真正运用生态学的原理和方法对城市环境问题进行系统研究，还是 20 世纪以来的事情。而英国生物学家帕特里克·盖迪斯（Patrick Geddes）从一般生态学进入人类生态学的研究在 1904 年所写的《城市开发》和《进化中的城市》中，将生态学的原理和方法应用于城市研究，把卫生、环境、住宅、市政工程、城镇规划等结合起来研究，则开创了城市与人类生态学的新纪元。①

　　城市生态学将城市看作一个以人类生活和生产为中心，由居民和城市环境组成的自然、社会、经济复合生态系统以人类活动为中心的社会－经济－自然复合生态系统，注意城市居民变动及其空间分布特征，城市物质和能量代谢功能及其与城市环境质量之间的关系（城市物流、能流及经济特征），城市自然系统的变化对城市环境的影响，城市生态的管理方法和有关交通、供水、废物处理等，城市自然生态的指标及其合理容量，以及城市的经济生产、社会生活及自然调节功能的强弱和活力等，就是要按照生态学原理把城市建设成为一个人流、物流、能量流、信息流、经济活动流、交通运输流等畅通有序，文化、体育、学校、医疗等服务行为齐全文明公正，与自然环境和谐协调、洁净的生态体系。

　　当前，城市生态学围绕生态资产、生态健康和生态服务功能，正逐渐形成几门应用生态学分支：一是产业生态学（Industrial ecology），研究产业及流通、消费活动中资源、产品及废物的代谢规律和耦合方法，促进资源的有效利用和环境正面影响的生态建设方法。二是人居生态学（Built ecology），研究按生态学原理将城市住宅、交通、基础设施及消费过程与自然生态系统融为一体，为城市居民提供适宜的人居环境（包括居室环境、交通环境和社区环境）并最

---

① 　参见 Geddes P. , *City in Evolution*, N. Y. : Howard Forting, 1915。

大限度减少环境影响的生态学措施。三是城镇生命支持系统生态学（Life Support System Ecology），研究城镇发展的区域生命支持系统的网络关联、景观格局、风水过程、生态秩序、生态基础设施及生态服务功能等。①

五　最优城市规模理论

从经济效益的角度来看，由于城市的聚集效应，城市经济具有规模经济递增的特点。城市可以提供良好的基础设施条件，较完善的生产、金融、信息、技术服务，集中而有规模的市场，并且会由于企业和人口的集中而在技术、知识、信息传递、人力资本贡献等方面形成溢出效应，因而会产生较高的规模经济效益。但同时，随着城市规模的扩大，其外部成本也会上升，包括由于人口密集导致的居住、交通、生产成本和管理成本增加，生产环境恶化等，为此需要付出巨额的公共基础设施投资以及环境治理成本。在多数情况下，这些外部成本不能抵消城市带来的收益。但是，当城市规模足够大时，外部成本就会超过城市集聚经济效应。同样，当城市规模过小时，也会由于城市集聚经济效应太小而导致城市不经济。因此，城市规模应该有一个合理的区间，只有在这个区间，城市集聚经济效应才会大于外部成本。巴顿（Button）在其《城市经济学》一书中汇总了20世纪70年代以前不同学者从城市行政管理角度得出的城市最优规模，发现最优城市规模表现为一个区间值，不同学者、不同协会以及不同年份的研究结论也有较大的差异。②

城市经济学的早期学者对最优城市规模的研究角度比较单一。比如，古普塔（Gupta）和赫顿（Hutton）仅从如何最小化政府的平均服务成本来研究最优城市规模问题，伊万（Evan）则仅从如何最

---

① 参见王如松《转型期城市生态学前沿研究进展》，《生态学报》2000年第5期。
② 〔英〕巴顿：《城市经济学》，上海社会科学院部门经济研究所城市经济研究室译，商务印书馆，1984，第17～22页。

小化城市内部生产成本来解释最优城市规模问题。[1] 20 世纪 70 年代中后期，最优城市规模的研究呈现出多样化的倾向。例如，亨德森（Henderson）更多地强调理性经济人的行为影响，将最优城市规模归结为经济参与者最大化自身潜在福利的结果。他构建了城市规模扩张路径的分析框架，特别强调了规模经济收益率与土地产出率是影响最优城市规模的关键因素[2]。20 世纪 80 年代，最优城市规模的研究更加注重对影响最优城市规模因素的综合分析。例如，蒙哥马利（Montgomery）认为，最优城市规模依赖于工业生产函数和聚集函数中参数的设置以及对消费者偏好的假定，名义工资水平、城市房屋价格和城市舒适度是决定最优城市规模的关键因素。杨小凯和霍格宾在新兴古典经济学的分析框架中探讨了最优城市规模和城市层级问题，认为交易效率的提高会促使城市规模不断增加，但中心市场的收益与去遥远市场路费之间的矛盾也会促进次城市中心的产生。[3] 因此，城市数量会随城市层次数目的增加而增加，最优的城市规模应该是在一定分工水平下随分工效率演进而变动的最优集合。克鲁格曼（Krugman）则更多地关注聚集效应对最优城市规模的影响。他认为，地区间的聚集具有内生性，当运输成本和收益递增的作用都强到足以引起多重均衡聚集时，这些聚集体往往是相互远离的。由此他认为，城市的最优规模具有区域性且不唯一。[4] 卡佩罗（Capello）和卡姆格尼（Camgni）提出了"有效城市规模"的概念，把单个城市视为整个城市分工网络上的节点，进一步充实和完善了对城市效益和城市成本的定义，强调了城市分工和城市间的网络效

① Evans, A. W. , "A Pure Theory of City Size in an Industrial Economy", *Urban Studies*, 1972, Vol. 9, pp. 49 – 77.

② Henderson, J. V. , "The Sizes and Types of Cities", *American Economic Review*, 1974, Vol. 64, pp. 640 – 656.

③ Yang, X. , "Development, Structural Changes and Urbanization", *Journal of Development Economics*, 1990, Vol. 34, pp. 199 – 222; Yang, X. , Hogbin, G. . "The Optimum Hierarchy", *China Economic Review*, 1990 (2), pp. 125 – 140.

④ Krugman, P. , "On the Number and Location of Cities", *European Economic Review*, 1993, Vol. 37, pp. 293 – 289.

应对最优解的影响。① 显然，由于各国、各地区自然资源、环境状况、人口密度、城际交通、产业结构和经济发展水平不同，以及由此决定的城市承载力和生产要素相对价格水平的差异，并不存在一个适用于所有国家和所有发展阶段的不变的最优城市规模。

六　宜居城市理论

宜居城市是城市发展水平进入高质量阶段的一种必然结果，伴随着经济发展和世界范围城市化发展浪潮而出现，旨在解决工业化对城市居住空间带来的巨大压力和一系列环境问题，建设一个功能完整的城市和有机的城乡动态平衡体，使人们能够生活在既有良好的社会经济环境又有美好的自然环境的新型城市之中。

宜居城市研究起源于对居住环境问题的研究。英国工业革命后，大量农村人口流入城市，有限的城市居住容量带来了一系列居住环境问题和社会问题。"田园城市"理念引导了田园都市运动，追求城市舒适、便利等职能的住宅开发方式逐渐发展起来。第二次世界大战后，随着城市规划的发展，对舒适和宜人的居住环境的追求，在城市规划中的地位得到确立。《雅典宪章》将居住与游憩、工作、交通并列为城市的四大功能。戴维·史密斯（David L. Smith）出版了《宜人与城市规划》，倡导宜居的重要性，进一步明确了其概念。1961年，世界卫生组织提出了四个居住环境的基本理念。20世纪70年代，城市发展强调提高居民生活质量，人本主义理念主导下的城市规划被称作为解决这些问题的重要理论。例如，1976年，联合国在第一次人类住区国际会议上接受了人类聚居的概念。约翰斯顿等在研究人们对居住区的舒适度评价时指出，有以下三大影响因素：人之外的环境要素、人与人之间的环境要素和居住区位置。90年代，伴随着可持续发展理念发展，可持续发展成为宜居城市发展的重要内容。例如，国际住房及规划联盟（IFHP）提出了"健康城市"

---

① Capello, Roberta and Camagni, Roberto, "Beyond Optimal City Size: An Evaluation of Alternative Urban Growth Patterns", *Urban Studies*, 2000 (9), pp. 1479 - 1496.

（Healthy Cities）的 9 项标准。随着可持续发展理念的深入，特别是
1996 年联合国第二次人居大会明确提出"人人享有适当的住房"和
"城市化进程中人类住区可持续发展"的理念后，居住环境的可持续
发展与宜居性被提上了全新议程。自 2000 年以来，宜居城市规划开
始关注公平性，温哥华在《大温哥华地区 100 年远景规划》中明确
将"公平"作为宜居城市关键原则之一。2001 年的《巴黎城市化的
地方规划》提出，将城市生活质量作为巴黎规划和建设的重要内容，
确保城市功能的多样性和居民的社会融合。2003 年的《大温哥华地
区长期规划》更是将宜居城市建设作为一个重要目标，强调为了实
现这一目标，必须坚持社会公平、个人尊严保障、公共设施的无差
别共享、和谐的城市氛围、公众参与和管理授权等相关原则。

七　城乡统筹发展理论

马克思主义经典作家认为，城乡关系的发展分为城乡分离、城
乡对立和城乡融合三个阶段，经济社会发展到一定阶段后城乡对立
将逐步消除，进入城乡融合的发展阶段，这为城乡一体化理论指明
了方向。社会分工引起工商业劳动和农业劳动的分离，从而引起城
乡的分离和城乡利益的对立。但是，城乡分离对立不是永恒的，随
着社会生产力的发展，城乡关系会在更高的层次上实现融合。

霍华德（Ebenezer Howard）等不少研究西方城镇化和城乡关系
的学者继承了马克思的城乡融合观点。霍华德的"田园城市"就是
一种兼具城市和乡村优点的理想城市，它包括城市和乡村两个部分，
是城市和乡村"愉快联姻"的产物，其规模能足以提供丰富的社会
生活，但不应超过这一程度；四周要有永久性农业地带围绕，人们
迁居到城市的动力是对幸福生活的追求。加拿大地理学家麦吉
（J. G. Megee）基于东南亚城市化大量实证研究发现，在亚洲一些国
家或地区的城乡交接区域内，存在劳动密集型工业、服务业和其他
非农产业迅速增长的城乡混杂的地区空间。这种新型城乡一体化区
域的出现使传统的城乡结构在实际运行过程中发生了重大变化，产

生了一种在城乡混合发展基础上的城市化模式——Desakota[①] 模式（亦称城乡一体化区域理论）。[②] 可见，麦吉的城乡一体化区域（或灰色区域）是一种独特的城乡联系模式，其实质就是城乡之间要统筹协调和一体化发展。

第二节 新型城镇化的基本内核

新型城镇化不再是过去的要素简单集聚和经济增长，片面强调城镇的生产功能，而是要更加重视城镇的生活和消费功能，是要素城镇化和人的城镇化双核驱动，协调并举。要素城镇化和人的城镇化是新型城镇化的两个基本内核。

一 要素城镇化：由增长型向发展型转变

要素城镇化是发展型城镇化，强调的是城镇的生产功能。新型城镇化同样离不开人口、产业、资金、技术等要素的集聚，首要目标仍然是要解决发展问题。尽管经历改革开放以来经济持续高速增长，我国在城镇化和经济社会发展方面取得了举世瞩目的成就，但现阶段，发展仍然是我们的核心任务和解决诸多问题的根本途径，也是城镇化的重要目标和任务，城镇化和城镇经济发展越来越成为我国经济发展最重要的引擎和途径。因此，新型城镇化并非否认和取消城镇化的要素集聚和生产功能，但面对我国跨越中等收入陷阱和经济转型升级的新形势、新要求，将更加强调要素的高效、集约使用，强调城镇化对调结构、转方式的重要作用。

过去，由于片面强调城镇的生产功能，忽视城镇的消费功能，加上在计划经济体制和不彻底的市场经济体制下，土地、劳动力、资本等生产要素市场尚未完全建立，土地、劳动力、资本等生产要

---

① 印尼语"Desakota"是一个复合词，Desa 指乡村，Kota 指城镇。

② McGee，T. G.，*The Emergence of Desakota Regions in Asia*：*Expanding a Hypothesis.* University of Hawaii，1991，pp. 3 – 26.

素价格长期偏离、低于价值，使得我国城镇化选择了一条粗放式的数量型、增长型的城镇化道路。例如，由于土地的廉价供应，土地城镇化速度大大快于人口城镇化。改革开放以来，我国城市建成区面积扩大了 8 倍多，但城镇常住人口增加不到 3 倍。2001～2011 年，城镇征地面积年增长率基本都超过城镇人口年增长率 5 个百分点以上（见图 3-3）。再如，由于农民工工资长期大幅低于城镇职工工资，城市大量使用农民工，使得城市聚集了大量农民工，造成我国常住人口城镇化率大大高于户籍人口城镇化率。

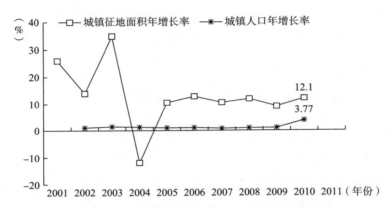

**图 3-3　我国 2001～2011 年城镇征地面积年增长率
与城镇人口年增长率比较**

资料来源：根据相关年份《中国统计年鉴》整理。

近年来，尤其是 2012 年以来，经济增速明显放缓，我国经济发展进入新常态，保持在合理区间平稳运行、淘汰落后产能、优化升级产业结构、转变经济发展方式、缩小城乡差距、促进经济转型升级成为未来经济发展的主要挑战和艰巨任务。在这种背景下，2013年底召开的中央城镇化工作会议着重指出，城镇化是现代化的必由之路，推进城镇化是解决农业、农村、农民问题的重要途径，是推动区域协调发展的有力支撑，是扩大内需和促进产业升级的重要抓手，对全面建成小康社会、加快推进社会主义现代化具有重大现实意义和深远历史意义。

因此，在经济社会转型发展和全面深化改革阶段，城镇化需要由增长型向发展型转变。在保持一定发展速度的同时，尤其重视生产要素的合理配置和使用效率，科学规划，合理布局，遵循城镇化自身发展规律，处理好市场和政府的关系，既坚持使市场在资源配置中起决定性作用，又更好发挥政府在创造制度环境、编制发展规划、建设基础设施、提供公共服务、加强社会治理等方面的职能。根据经济社会转型发展需要，全面深化改革，积极推进户籍制度、土地制度、城乡基本社会保障制度、利率市场化等方面的改革，最大化地释放改革红利，在城镇化转型发展中实现保增长、调结构、转方式、惠民生的发展目标。

二　人的城镇化：新型城镇化的实质和根本要求

人的城镇化是民生型城镇化，强调城镇的消费、生活功能。人的城镇化是新型城镇化的实质和根本要求，是检验城镇化健康状况的重要标准，也是城镇化科学发展的根本保证。发展固然是新型城镇化的重要目标，但绝不是唯一目标，满足城镇居民需要、提高居民生活质量才是城镇化的终极目标。

因此，城镇化不是"房地产化""造城运动"，不能"见物不见人"，而必须以人为核心，让更多城乡居民享受城市现代物质文明和精神文明，促进社会和谐进步。人们来到城镇，是为了生活得更美好，能在城镇工作和生活是中国绝大多数人的愿望，也是他们的权利。随着城镇化的发展，大量农村富余劳动力进城务工，但长期以来，不少城镇更多的是购买他们的劳动力，仅仅把他们看成劳动者，而不是城市里平等的一员。如果城镇化不能给老百姓带来实实在在的利益，不能创造更加公平的社会环境，甚至导致更多不公平，城镇化就失去了意义，也不可能持续发展。以人为核心的城镇化，就是要推进城乡要素平等交换和公共资源均衡配置，努力破解城乡二元体制和城镇内部的二元结构，使城乡居民平等参与城镇化进程，共同分享城镇化发展成果，过上更加美好幸福的生活。

新型城镇化以人的城镇化为实质和根本要求，就是要使更多居民享受现代文明生活方式，促进社会和谐进步。促进人的城镇化，要以人的城镇化为核心，合理引导人口流动，有序推进农业转移人口市民化，努力实现就业、教育、医疗卫生、社会保障等基本公共服务均等化；要加强城镇"五位一体"建设，实现城镇经济、社会、政治、文化、生态等领域的均衡发展，优先解决城镇人口的就业、安居、教育、医疗、交通等问题，提高城镇居民生活质量，建设和谐宜居的现代城市；要适当降低城镇门槛，消除歧视性制度障碍，实现城镇居民发展权利的同质均等性，使广大居民共享发展成果和城市文明，建设开放、公平、共享的包容性城市。

第三节　新型城镇化的基本特征

新型城镇化区别于过去城镇化的根本特征是，新型城镇化不再因为片面追求城镇化的数量指标而忽视质量方面的要求，它以城镇化质量为核心，是量与质的统一，是内在结构的和谐一致。根据发达国家城市化的经验教训、城镇化的发展规律和新型城镇化的内涵要求，作为一种新的城镇化理念，新型城镇化需要在发展速度、水平、布局、城市功能、乡城关系、可持续性等方面具有自身独特而科学的规定性。因此，新型城镇化健康发展的基本特征应该包括速度适中、水平适当、布局合理、城乡协调、发展可持续五个方面。

一　水平适当

新型城镇化是适度城镇化，要求城镇化水平与经济社会发展水平相适宜，既不能过度超前，也不能过于滞后。城镇化既是工业化、非农化和经济发展的结果，又是工业化、非农化、经济发展的促进器，也是社会发展的根本动力。国民经济健康发展、社会进步要求城镇化必须与经济社会发展保持一定量的对应关系，适度同步、协调发展，过度城镇化和滞后城镇化都是不健康的。

因此，判断城镇化率是超前、滞后，还是适当，需要从不同的角度、采用不同的方法，既要看城镇化与工业化和经济发展的相互关系，又要进行国际比较，考察同类国家或不同国家在同样发展阶段的城市化情况。霍利斯·钱纳里（Hollis Chenery）等通过对世界上 100 多个国家的综合分析，得出常态发展型式下城镇化的平均水平。[①] 由表 3 - 1 可见，城镇化率随经济发展而逐渐提高，并保持适度同步的对应关系；城镇化率与非农化和工业化也有一个适当的数量对应关系。在国际一般模式中，在工业化初期和中期，城镇化随工业化加速推进，且城镇化的水平大大超过工业化的水平，在很多情况下达到 20 个百分点以上。非农化既可以在城市进行，也可以在农村进行。如果农村非农化形成高潮，就会出现非农就业人口比率大大超过城镇人口比率的状况。在"钱纳里发展模型"中，城镇化率虽然低于非农就业比率，但二者的偏差值基本在 10 个百分点左右，二者的比值基本上在 1.2 以内。

表 3 - 1　"钱纳里发展模型"中城镇化与经济发展、非农化、工业化的对应关系

城镇化水平（%）	人均GNP（美元）	非农化率及偏差			工业化率及偏差			
		非农就业比例（%）（N）	偏差N - U	偏差N/U	工业份额（工业占GNP比例，%）	偏差 I	工业份额（工业占总劳动力比例,%）	偏差 II
22.0	100	34.2	12.20	1.55	14.9	7.1	9.1	12.9
36.2	200	44.3	8.10	1.22	21.5	14.7	16.4	19.8
43.9	300	51.0	7.10	1.16	25.1	18.8	20.6	23.3
49.0	400	56.2	7.20	1.15	27.6	21.4	23.5	25.5
52.7	500	60.5	7.80	1.15	29.4	23.3	25.8	26.9
60.1	800	69.9	9.80	1.16	33.1	27.0	30.3	29.8
63.4	1000	74.8	11.40	1.18	34.7	28.7	32.5	30.9

资料来源：〔美〕霍利斯·钱纳里等：《发展的型式：1950—1970》，李新华等译，经济科学出版社，1988，第 32 页。

---

① 〔美〕霍利斯·钱纳里等：《发展的型式：1950—1970》，李新华等译，经济科学出版社，1988，第 32 页。

二　速度适中

新型城镇化是速度适中的城镇化，强调速度与质量相协调，即城镇化速度要与经济发展、城市基础设施建设、人民生活水平提高等反映城镇发展质量的指标相协调，既不能太快，也不能太慢，更不能以牺牲城镇化质量片面追求城镇化速度。

城镇化是否健康不能单纯从城镇化速度来判断。原因有两个，一是城镇化不是匀速发展的，城镇化发展具有阶段性。城镇化发展阶段理论揭示了不同阶段城镇化的发展速度。一般来说，在城镇化初期（如城镇化率小于30%）和后期（如城镇化率大于70%），城镇化速度比较缓慢甚至停滞不前；在城镇化中期（城镇化率为30%～70%），城镇化速度很快。目前，中国城镇化发展速度很快，发达国家的城镇化速度很慢，但不能由此判断这些国家的城镇化是健康的还是不健康的。所以，要判断城镇化速度是否适中，必须结合城镇化所处的发展阶段，在不同的发展阶段要保持相应的发展速度，该快的时候快，该慢的时候慢，不能错位发展。二是判断城镇化速度是否适中，必须结合城镇化质量，只有有质量的城镇化才是新型城镇化。城镇化的实质和核心是人的城镇化，是经济、社会、人口、生态发展的综合体，这些也是反映城镇化质量的要素。所以，判断城镇化速度是否适中，关键是要看城镇化速度与这些反映城镇化质量的要素是否协调。

城镇化速度和水平本来是两个密切相关的概念，速度是因，水平是果，即水平是速度在一定时间段累积的结果，但是，二者又不是亦步亦趋、完全同向的，即在某个时点上城镇化水平高并不必然意味着该时点上城镇化速度也高，城镇化水平高只是说明该时点之前的城镇化经历了较快的发展速度，或出现了良好的发展状况，而城镇化的速度可能并不快速，如城镇化速度很慢，但一直在向前发展，如西欧等国；相反，城镇化水平低也并不必然意味着该时点上城镇化速度也低，如中国目前的城镇化水平较低，但城镇化速度却很快。此外，城镇化水平和速度有两个更为重要的区别：一是两者的考量目的不同，考量水平适当是要更加明确城镇化自身的发展程度，它偏重于城镇化自身的发展水平，而速度适中更偏重于城镇化速度与质量的协调性，其目的则是要明确城镇化的发展速度是否与城镇化发展的质量相协调；二是两者所选择的参照系就不同，水平适当是以工业化率、非农化率等经济方面的数量指标为参照系，而速度适中主要是以经济和社会发展、人民生活质量、城市基础设施建设以及城市环境保护等多个方面的质量指标为参照系。

三　布局合理

新型城镇化是布局合理的城镇化，强调城镇化要科学规划、因地制宜、合理布局、协调有序，即要根据资源环境承载能力、发展基础和潜力，是以城市群为主体形态、城镇体系合理布局、东中西地区因地制宜、大中小城市和小城镇协调发展，优化城镇化空间布局和城镇规模结构。

从国际上看，在特定的发展阶段，人口过度集聚和规模过大的特大城市都不同程度地存在"大城市病"，如伦敦的"雾都"、纽约的交通拥堵、拉美特大城市普遍存在的贫民窟等。我国虽然地域广阔，但人多地少，人地矛盾十分尖锐。我国基本国情决定了城镇化既不能是大城市化，也不能是小城镇化，既不能是集中型城镇化，也不能是分散型城镇化，而必须优化城镇规模结构、集中型城镇化与分散型城镇化相结合、城镇空间布局合理、地区城镇化协调平衡。当前，出于各方面的原因，人口过度向少数特大城市集中的势头越来越明显，不仅会产生大量的经济问题，而且会产生大量的社会、政治和生态问题。目前，我国日益严峻的交通拥堵、雾霾天气等问题就是"大城市病"的集中体现。另外，我国近 2 万个建制镇平均人口仅 7000 多人，相当多的镇不足 5000 人，小城镇数量多但规模小，不少中小城市发展缓慢、发育不够，集聚产业和人口的能力十分有限。在城镇化地区分布上，我国东部地区城镇化率已达到

62.2%，中西部地区分别只有 48.5% 和 44.8%，地区发展很不平衡，中西部地区城市发育明显不足，这导致人口长距离大规模流动、资源大跨度调运，极大增加了经济社会运行和发展的成本。而且，我国有 960 万平方公里的陆地面积，有 56 个民族，中西部地区城镇化发育不足，不仅不利于全面推进现代化建设，也不利于维护民族团结、保障国家安全。

城镇化合理布局，就是要以主体功能区规划为指导，优化提升东部地区城市群，加快培育中西部地区城市群，形成新的增长极，着力构建"两横三纵"为主体的城镇化战略格局，促进人口分布、经济布局与资源环境相协调；要按照统筹规划、合理布局、分工协作、以大带小的原则，发展集聚效率高、辐射作用大、城镇体系优、功能互补强的城市群，以城市群为主体形态，增强城市群的辐射带动作用；要合理确定大中小城市和小城镇的功能定位、产业布局、开发边界，加强中小城市和小城镇建设，强化中小城市产业功能，增强小城镇公共服务和居住功能，提高中小城市和小城镇对人口的吸引力，使大中小城市和小城镇均衡分布、协调发展。

四　城乡协调

新型城镇化是城乡协调发展的城镇化，强调城镇化和新农村建设"双轮驱动"，形成城乡一体、良性互动的协同发展态势。城镇化过程就是城乡关系演进、发展的过程。自城市产生后，城乡关系即随之产生。城乡关系的实质是城乡之间资源、经济、社会诸要素的自由流动，而流量和速率取决于城乡之间的联系程度。[①] 城乡协调发展是促进城镇化健康发展，缩小城乡差距，改变城乡二元结构，从根本上解决"三农"问题的根本途径，是我国实现现代化和科学发展的必由之路。

城乡协调包括城乡政治协调、经济协调、生态环境协调、人口

---

①　曾磊、雷军、鲁奇：《我国城乡关联度评价指标体系构建及区域比较分析》，《地理研究》2002 年第 6 期。

协调、文化协调、空间协调等方面，在观念上城乡差别消除，发展模式上在城市发展的同时实现农村现代化，在功能上强调城乡的一体化职能，空间和景观生态上城乡紧密联系、相互依存。从历史上看，在城镇化进程中，城乡区域发展要经历由不平衡到平衡的过程，城乡关系也相应经历由不协调到协调的转变。中国独特的城乡二元制度加剧了城乡区域发展的不平衡性和城乡关系的对立、分割和不平等。目前，阻碍我国城乡协调发展的体制性因素还未完全清除，农村发展滞后、城乡差距悬殊、城市对农村的辐射作用有限等问题长期困扰城乡协调发展。因此，城乡协调发展的难点在农村，关键是尽快改革城乡二元制度，根本途径是促进城镇化健康发展，当前紧要的是要坚持大中小城市和小城镇化合理布局、协调并举，发挥大城市和城市群的辐射带动作用和对农村的支持力度，高度重视新农村建设，注重城乡统筹发展，形成以工促农、以城带乡、工农互惠、城乡一体的新型工农、城乡关系。

五　发展可持续

新型城镇化是可持续发展的城镇化，强调城镇化发展要与人口、资源、环境相协调，即新型城镇化必须将生态文明融入全过程，实现人口、经济、资源和环境相协调，建设生态文明的美丽中国，实现中华民族永续发展。

人口多、资源不足、环境承载能力脆弱是我国的一个基本国情。当前，我国正处于城镇化快速发展阶段，随着城市人口的急剧增长及城市规模的迅速扩张，城镇化可持续发展备受考验。近年来，我国资源和环境约束压力显著增大，是资源禀赋、发展阶段、发展方式以及体制原因共同作用的结果。我国虽然地大物博但人口众多，许多重要资源、矿产人均占有量远低于世界平均水平，经济发展受到的资源环境约束相对较大，30多年比较粗放的发展方式也造成了资源的浪费和环境破坏，而体制机制的不顺和制度的缺失也导致了"唯 GDP 主义"盛行，不少地方发展经济是以浪费资源和牺牲环境做代价的。一些城市"十面霾伏"，垃圾围城，给我们敲响了警钟。这就迫切要求我们转变经济发展方式，使城镇化与生态文明深度耦合，处理好城镇化发展和资源环境的关系。

促进城镇化可持续发展，既要"做减法"，加强低碳技术开发应用，强化节能降耗，推广绿色建筑，发展绿色交通，构建绿色生产方式、生活方式和消费模式，减少资源消耗，降低污染排放；又要"做加法"，增加环保投入，补偿生态欠账，重视实施重大生态修复工程，加强环境保护。要在城镇化规划布局、产业发展、基础设施建设和城市管理等环节引入绿色低碳的发展理念和发展模式，建设资源节约、环境友好的绿色低碳城镇。

第四章

中国新型城镇化健康状况的实证分析

经过 40 多年的改革开放，中国城镇化取得了令人瞩目的成就，但也累积了许多矛盾和问题。走中国特色的新型城镇化道路具有明确的目标导向，就是要实现城镇化的健康发展。为了更好地发挥城镇化的积极作用，促进城镇化健康发展，需要正确判断和着力改善我国城镇化的健康状况，以适应经济发展新常态和跨越中等收入陷阱的新形势、新要求。本章将根据前面所讨论的新型城镇化的内涵、基本要求和基本特征，构建新型城镇化健康发展的评价指标体系，实证分析当前 288 个地级及以上城市的城镇化健康状况，并得出促进城镇化健康发展的政策建议。

第一节　新型城镇化健康发展评价
指标体系与方法

从系统论的角度来看，作为城镇形成过程的城镇化，是速度、水平和质量的统一体，反映的是城乡空间结构的转变过程，其健康状况取决于城镇化诸要素的配置效率或速度、水平和质量的协调程度；作为城镇化结果的城镇，是人口聚集区经济、社会、生态等系统的综合体，反映了城乡空间结构转变的结果，其健康状况取决于城镇经济、社会、生态等系统的发展状况及诸系统之间的协调发展程度。因此，基于城镇化的内涵和新型城镇化的要求，评价城镇化健康状况，不仅要考虑城镇化的速度、水平，还要考虑城镇化的质量；不仅要考虑城镇化的经济发展状况，还要考虑社会、生态等方面的协同发展状况；不仅要考虑城镇化的发展成果，还要考虑为此付出的代价；不仅要考虑城镇的发展状况，还要考虑区域范围内的城乡协调情况。

为此，根据新型城镇化的内涵、基本特征，遵循代表性、系统性、可操作性等指标设置原则，我们从城镇化发展水平、速度、可持续性和城乡协调性等方面设置四个一级指标，即水平适当性指标、速度适中性指标、发展可持续性指标和城乡协调性指标；从城镇化和城镇经济、社会、生态和城乡关系等领域设置若干个二级指标。其中，水平适当性指标下设置水平 - 经济发展适当性指标和水平 - 社会发展适当性指标两个二级指标，速度适中性指标下设置速度 - 经济发展适中性指标、速度 - 社会发展适中性指标和速度 - 生态发展适中性指标三个二级指标，发展可持续性指标下设置人口承载力、资源利用率和环境保护度三个二级指标，城乡协调性指标下设置城乡经济发展协调性指标和城乡社会发展协调性指标两个二级指标；根据一、二级指标的内涵和要求，设置了 57 个观察指标，即三级指标。

需要说明的是，由于水平、速度与可持续发展之间密切相关，所以 "水平适当性" "速度适中性" "发展可持续性" 三个指标中的二级指标和三级指标分别存在较强的对应关系，如 "水平适当性" 有 "经济发展水平适当性" "社会发展水平适当性" 两个二级指标；"速度适中性" 也相应有 "经济发展速度适中性" "社会发展速度适中性" "生态发展速度适中性" 三个二级指标；在三级指标中，人均城市道路面积、每万人拥有公共汽车数、人均排水管道长度都是反映 "社会发展水平适当性" 的重要指标，与此相应，这些指标的年增长率与该年城镇人口增长率的比值也是 "社会发展速度适中性" 的重要指标。不过，当其中的某个指标缺前一年度的数据时，就不能计算该指标的增长率，只能在"速度适中性"指标中舍弃该指标的相应指标了。

关于新型城镇化健康发展评价指标的权重，根据二级指标的数量（10个）平均赋值，即每个二级指标权重均为0.1，二级指标的权重平均分配到其下的三级指标，一级指标的权重分别为其下二级指标的简单加总。

新型城镇化健康发展评价指标体系见表4-1。

表4-1　新型城镇化健康发展评价指标体系

一级指标 （权重）	二级指标 （权重）	三级指标	权重	指标 类型
水平 适当性 （0.2）	经济发展水平 适当性 （0.1）	人均GDP适当性： 人均GDP（万元）与城镇化率比值	0.05	正向
		产业结构适当性： 第二产业或第三产业产值比重与城镇化率比值	0.05	适中
	社会发展水平 适当性 （0.1）	医疗条件适当性： 万人拥有医院卫生院床位数与城镇化率比值	0.05	正向
		社会保障适当性： 养老参保率与城镇化率比值	0.05	正向
速度 适中性 （0.3）	经济发展速度 适中性 （0.1）	GDP增速适中性： 人均GDP增速与城镇化增速比值	0.05	适中
		产业结构调整适中性： 第二产业或第三产业比重增速与城镇化增速比值	0.05	适中
	社会发展速度 适中性 （0.1）	医疗条件适中性： 人均医院卫生院床位增速与城镇化增速比值	0.05	适中
		社会保障适中性： 社保参保率增速与城镇化增速比值	0.05	适中
	生态发展速度 适中性 （0.1）	二氧化硫排放适中性： 二氧化硫排放率增速与城镇化增速比值	0.05	适中
		污水集中处理适中性： 污水集中处理率增速与城镇化增速比值	0.05	适中

续表

一级指标（权重）	二级指标（权重）	三级指标	权重	指标类型
发展可持续性（0.3）	人口承载力（0.1）	劳动生产率： 单位劳动力实现的GDP（万元/人）	0.05	正向
		失业率（%）	0.05	反向
	资源利用率（0.1）	能源利用效率： 工业单位GDP耗电量（千瓦时/万元）	0.033	反向
		土地利用效率： 单位面积实现的GDP（万元/平方公里）	0.033	正向
		水资源利用效率： 单位GDP耗水量（吨/万元）	0.033	反向
	环境保护度（0.1）	二氧化硫排放度： 二氧化硫排放率（%）	0.033	反向
		污水集中处理度： 污水集中处理率（%）	0.033	正向
		绿化覆盖度： 绿化覆盖率（%）	0.033	正向
城乡协调性（0.2）	城乡经济发展协调性（0.1）	城乡人均GDP差距： 全市与市辖区人均GDP比值	0.1	正向
	城乡社会发展协调性（0.1）	城乡教育差距： 全市与市辖区中小学师生比值	0.05	正向
		城乡医疗条件差距： 全市与市辖区人均医院卫生院床位比值	0.05	正向

本次评价的数据来源于《中国统计年鉴》《中国城市统计年鉴》《中国城市建设统计年鉴》以及各城市国民经济和社会发展统计公报等。

为了计算和分析，需要对数据进行标准化处理，具体方法为：

正向指标标准化值＝个案数值/最大值，数值范围为1~0。

反向指标标准化值＝1－个案数值/最大值，可见，标准化后，反向指标将转化为正向指标，数值范围为1~0。

适中指标标准化值＝个案数值/适中值，其中小于1的数值不再调整，大于 1 的数值再调整为其倒数值。标准化后，适中指标将转化为正向指标，数值范围为 1～0。

可见，新型城镇化健康发展指数只是一个相对值，单纯对某个城市或某一时间点进行城镇化健康发展状况定量评价求出的健康发展指数，本身并不具备实际意义，只有选取不同的区域或时间段作为参照物，进行对比分析，才能表现出定量评价数值的相对意义。因此，城镇化健康发展状况定量评价必须采取横向比较或纵向比较的方法。

第二节　中国新型城镇化健康发展综合评价的基本情况

根据新型城镇化健康发展评价指标体系和《中国统计年鉴》《中国城市统计年鉴》《中国城市建设统计年鉴》以及各城市国民经济和社会发展统计公报等的数据，对我国 288 个地级及以上城市①的新型城镇化健康发展状况进行评价，其新型城镇化健康发展指数和一级指标、二级指标的指数见表 4－2。

表 4－2　新型城镇化健康发展指数和一级指标、
二级指标的指数

指数类型	平均值	最小值	最大值	标准差
城镇化健康发展指数	0.52	0.33	0.82	0.09003
其中：				
水平适当性指数	0.46	0.25	0.88	0.0979
其中：				
经济发展水平适当性指数	0.56	0.26	0.97	0.11147
社会发展水平适当性指数	0.37	0.16	0.92	0.12196

---

① 2013 年全国地级及以上城市共 290 个，三沙市、双鸭山市因关键数据缺失没有列入评价范围。

续表

指数类型	平均值	最小值	最大值	标准差
速度适中性指数	0.32	0.02	1	0.19908
其中：				
经济发展速度适中性指数	0.41	0.06	1	0.25213
社会发展速度适中性指数	0.33	0	1	0.2466
生态发展速度适中性指数	0.22	0	1	0.23594
发展可持续性指数	0.58	0.28	0.78	0.07573
其中：				
人口承载力指数	0.53	0.11	0.84	0.10371
资源利用率指数	0.63	0.04	0.95	0.10357
环境保护度指数	0.59	0.19	0.88	0.10418
城乡协调性指数	0.70	0.36	0.98	0.13434
其中：				
城乡经济发展协调性	0.67	0.23	1	0.19026
城乡社会发展协调性指数	0.73	0.34	1	0.10456

一　城镇化健康发展指数及排序

由表 4 - 2 可见，我国城镇化健康发展指数为 0.52，最大值为 0.82，最小值为 0.33，标准差为 0.09003，离散程度较低。直观的直方图和正态曲线图见图 4 - 1。

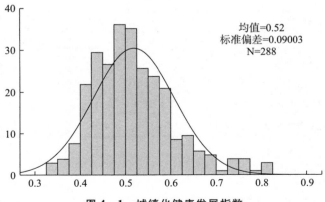

图 4 - 1　城镇化健康发展指数

　　根据城镇化健康发展指数，北京、深圳、佛山、东莞、厦门、广州、上海、珠海、苏州、南京位列前十位，玉林、怀化、保定、周口、娄底、庆阳、河池、铜仁、赣州、百色位列后十位。位列前十位城市的城镇化健康发展指数均值为 0.775，位列后十位城市的城镇化健康发展指数均值为 0.362，前者是后者的 2.14 倍。

　　中国地级及以上城市城镇化健康发展指数位居前 30 位和后 30 位城市及其指数见表 4 - 3。

表 4 - 3　中国地级及以上城市城镇化健康发展指数
前 30 位和后 30 位情况

城市	城镇化健康发展指数		城市	城镇化健康发展指数	
	数值	排序		数值	排序
北京	0.822	1	邵阳	0.419	259
深圳	0.820	2	张家界	0.419	259
佛山	0.801	3	衡水	0.417	261
东莞	0.778	4	滁州	0.417	261
厦门	0.770	5	阜阳	0.417	261
广州	0.768	6	濮阳	0.416	261
上海	0.765	7	资阳	0.415	265
珠海	0.753	8	九江	0.413	266
苏州	0.737	9	曲靖	0.412	267
南京	0.735	10	定西	0.411	268
克拉玛依	0.734	11	随州	0.409	269
无锡	0.732	12	云浮	0.404	270
济南	0.700	13	驻马店	0.402	271
中山	0.697	14	丽江	0.402	271
淄博	0.678	15	天水	0.402	271
郑州	0.678	15	梅州	0.398	274
天津	0.677	17	安庆	0.395	275
攀枝花	0.675	18	梧州	0.394	276
青岛	0.66	19	陇南	0.382	277
鄂尔多斯	0.659	20	上饶	0.381	278

续表

城市	城镇化健康发展指数		城市	城镇化健康发展指数	
	数值	排序		数值	排序
威海	0.658	21	玉林	0.381	278
杭州	0.652	22	怀化	0.376	280
汕头	0.651	23	保定	0.375	281
嘉峪关	0.650	24	周口	0.375	281
镇江	0.647	25	娄底	0.375	281
泰州	0.646	26	庆阳	0.363	284
铜陵	0.642	27	河池	0.358	285
大庆	0.641	28	铜仁	0.348	286
乌鲁木齐	0.641	28	赣州	0.340	287
宁波	0.634	30	百色	0.330	288

二　水平适当性指数及排序

由表4－2可见，我国地级及以上城市城镇化的水平经济发展适当性指数为0.46，最大值为0.88，最小值为0.25，标准差为0.0979，直观的直方图和正态曲线图见图4－2。

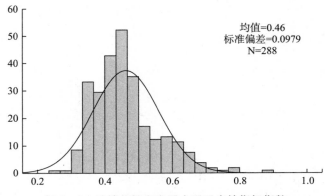

图4－2　城镇化健康发展水平适当性指标指数

根据水平适当性指数，东莞、深圳、苏州、北京、中山、拉萨、嘉兴、广州、宁波、无锡位列前十位，阜阳、六安、亳州、广安、吕梁、鹤岗、周口、陇南、揭阳、伊春位列后十位。位列前十位城市的城镇化健康发展指数均值为 0.742，位列后十位城市的城镇化健康发展指数均值为 0.310，前者是后者的 2.39 倍。

中国地级及以上城市城镇化健康发展之水平适当性指数位居前 30 位和后 30 位城市及其指数见表 4 - 4。

表 4 - 4　中国地级及以上城市城镇化健康发展之水平适当性
指数前 30 位和后 30 位情况

城市	水平适当性指数		城市	水平适当性指数	
	数值	排序		数值	排序
东莞	0.880	1	玉林	0.356	259
深圳	0.790	2	巴中	0.354	260
苏州	0.779	3	安顺	0.353	261
北京	0.755	4	固原	0.353	262
中山	0.731	5	达州	0.351	263
拉萨	0.731	6	钦州	0.351	264
嘉兴	0.697	7	张家界	0.351	265
广州	0.694	8	铜仁	0.351	266
宁波	0.692	9	贺州	0.350	267
无锡	0.675	10	汕头	0.349	268
威海	0.663	11	黑河	0.349	269
上海	0.659	12	商丘	0.349	270
东营	0.657	13	百色	0.348	271
莱芜	0.650	14	乌兰察布	0.347	272
淄博	0.649	15	娄底	0.346	273
鄂尔多斯	0.648	16	梧州	0.344	274
厦门	0.645	17	天水	0.341	275
杭州	0.645	18	海东	0.340	276
泰州	0.629	19	昭通	0.333	277
绍兴	0.623	20	庆阳	0.332	278
珠海	0.620	21	阜阳	0.331	279
辽阳	0.617	22	六安	0.327	280
烟台	0.615	23	亳州	0.320	281
佛山	0.613	24	广安	0.318	282

城市	水平适当性指数		城市	水平适当性指数	
	数值	排序		数值	排序
惠州	0.611	25	吕梁	0.317	283
临沂	0.610	26	鹤岗	0.315	284
乌鲁木齐	0.606	27	周口	0.315	285
克拉玛依	0.604	28	陇南	0.309	286
盘锦	0.604	29	揭阳	0.300	287
德阳	0.604	30	伊春	0.251	288

三　速度适中性指数及排序

由表 4 - 2 可见，我国地级及以上城市城镇化的速度经济发展适中性指数为 0.32，最大值为 1，最小值为 0.02，标准差为 0.19908，均值低于城镇化健康发展指数，离散程度高于城镇化健康发展指数。直观的直方图和正态曲线图见图 4 - 3。

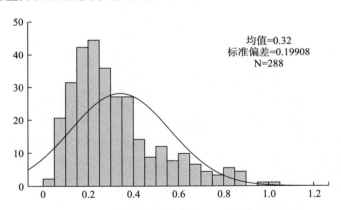

图 4 - 3　城镇化健康发展速度适中性指标指数

根据速度适中性指数，佛山、北京、厦门、广州、衡阳、攀枝花、珠海、南京、清远、汕尾位列前十位，赣州、广安、玉林、河池、鞍山、吴忠、保定、固原、汉中、兰州位列后十位。位列前十位城市的城镇化健康发展指数均值为 0.877，位列后十位城市的城镇化健康发展指数均值为 0.584，前者是后者的 1.5 倍。

中国地级及以上城市城镇化健康发展之速度适中性指数位居前30位和后30位城市及其指数见表4-5。

表4-5 中国地级及以上城市城镇化健康发展之速度
适中性指数前30位和后30位情况

城市	速度适中性指数		城市	速度适中性指数	
	数值	排序		数值	排序
佛山	1	1	益阳	0.119	255
北京	0.975	2	锦州	0.117	256
厦门	0.874	3	梅州	0.114	257
广州	0.873	4	张家界	0.113	258
衡阳	0.867	5	长治	0.112	259
攀枝花	0.853	6	阜阳	0.106	260
珠海	0.833	7	滨州	0.105	261
南京	0.833	8	芜湖	0.102	262
清远	0.833	9	济宁	0.101	263
汕尾	0.833	10	朝阳	0.099	264
济南	0.803	11	四平	0.098	265
河源	0.780	12	巴中	0.097	266
汕头	0.774	13	保山	0.095	267
大庆	0.763	14	亳州	0.094	268
克拉玛依	0.742	15	怀化	0.089	269
上海	0.738	16	娄底	0.086	270
齐齐哈尔	0.732	17	运城	0.085	271
天津	0.711	18	资阳	0.084	272
黑河	0.699	19	铜仁	0.083	273
白城	0.694	20	渭南	0.080	274
本溪	0.683	21	赣州	0.077	275
黄石	0.674	22	广安	0.077	276
牡丹江	0.669	23	玉林	0.070	277
东莞	0.667	24	河池	0.065	278
无锡	0.637	25	鞍山	0.058	279
铜陵	0.634	26	吴忠	0.058	280

续表

城市	速度适中性指数		城市	速度适中性指数	
	数值	排序		数值	排序
毕节	0.634	27	保定	0.057	281
青岛	0.628	28	固原	0.055	282
通化	0.623	29	汉中	0.044	283
白山	0.619	30	兰州	0.023	284

四　发展可持续性指数及排序

由表 4 - 2 可见，我国地级及以上城市城镇化的发展可持续性指数为 0.58，最大值为 0.78，最小值为 0.28，标准差为 0.07573，直观的直方图和正态曲线图见图 4 - 4。

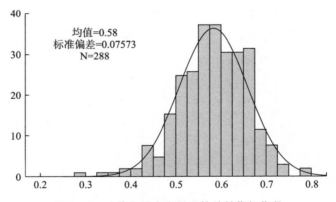

图 4 - 4　城镇化健康发展可持续性指标指数

根据发展可持续性指数，上海、深圳、无锡、东营、沧州、石家庄、长沙、包头、盘锦、镇江位列前十位，齐齐哈尔、百色、定西、陇南、鹤岗、黑河、拉萨、伊春、牡丹江位列后十位。位列前十位城市的城镇化健康发展指数均值为 0.735，位列后十位城市的城镇化健康发展指数均值为 0.387，前者是后者的 1.9 倍。

中国地级及以上城市城镇化健康发展之发展可持续性指数位居前 30 位和后 30 位城市及其指数见表 4 - 6。

表4-6　中国地级及以上城市城镇化健康发展之发展
可持续性指数前30位和后30位情况

城市	发展可持续性指数		城市	发展可持续性指数	
	数值	排序		数值	排序
上海	0.778	1	绥化	0.496	259
深圳	0.776	2	临沧	0.494	260
无锡	0.748	3	天水	0.493	261
东营	0.747	4	丽江	0.492	262
沧州	0.747	5	赣州	0.490	263
石家庄	0.716	6	普洱	0.486	264
长沙	0.713	7	丹东	0.484	265
包头	0.712	8	南充	0.484	266
盘锦	0.710	9	武威	0.483	267
镇江	0.707	10	怀化	0.477	268
威海	0.706	11	巴中	0.473	269
常州	0.704	12	衡阳	0.469	270
鄂尔多斯	0.701	13	佳木斯	0.463	271
郑州	0.694	14	嘉峪关	0.461	272
青岛	0.693	15	焦作	0.458	273
南昌	0.69	16	本溪	0.447	274
佛山	0.689	17	平凉	0.444	275
克拉玛依	0.687	18	阜新	0.442	276
苏州	0.687	19	庆阳	0.441	277
武汉	0.686	20	保山	0.433	278
烟台	0.685	21	铜仁	0.430	279
漳州	0.685	22	齐齐哈尔	0.425	280
乌兰察布	0.684	23	百色	0.425	281
北京	0.681	24	定西	0.417	282
泉州	0.679	25	陇南	0.410	283
杭州	0.673	26	鹤岗	0.396	284
朔州	0.671	27	黑河	0.392	285
铜陵	0.671	28	拉萨	0.351	286
宁波	0.671	29	伊春	0.344	287
九江	0.670	30	牡丹江	0.276	288

五 城乡协调性指数及排序

由表 4 - 2 可见，我国地级及以上城市城镇化的城乡协调性指数为 0.70，最大值为 0.98，最小值为 0.36，标准差为 0.13434，均值和离散程度均高于城镇化健康发展指数。直观的直方图和正态曲线图见图 4 - 5。

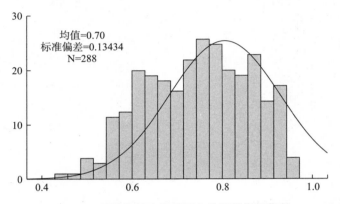

图 4 - 5 城镇化健康发展城乡协调性指标指数

根据城乡协调性指数，枣庄、绥化、黑河、巴中、宣城、鹤岗、鸡西、酒泉、深圳、佛山位列前十位，十堰、河源、沧州、保定、百色、衡阳、赣州、九江、梧州位列后十位。位列前十位城市的城镇化健康发展指数均值为 0.934，位列后十位城市的城镇化健康发展指数均值为 0.422，前者是后者的 2.21 倍。

中国地级及以上城市城镇化健康发展之城乡协调性指数位居前 30 位和后 30 位城市及其指数见表 4 - 7。

表 4 - 7 中国地级及以上城市城镇化健康发展之城乡协调性
指数前 30 位和后 30 位情况

城市	城乡协调性指数		城市	城乡协调性指数	
	数值	排序		数值	排序
枣庄	0.960	1	邯郸	0.520	259
绥化	0.959	2	温州	0.517	260
黑河	0.958	3	黄冈	0.515	261

城市	城乡协调性指数		城市	城乡协调性指数	
	数值	排序		数值	排序
巴中	0.948	4	怀化	0.514	262
宣城	0.928	5	玉溪	0.510	263
鹤岗	0.928	6	梅州	0.506	264
鸡西	0.925	7	黄石	0.505	265
酒泉	0.923	8	随州	0.505	266
深圳	0.903	9	衡水	0.503	267
佛山	0.903	10	娄底	0.496	268
东莞	0.903	11	安庆	0.494	269
厦门	0.903	12	六盘水	0.491	270
珠海	0.903	13	遵义	0.491	271
南京	0.903	14	上饶	0.490	272
克拉玛依	0.903	15	岳阳	0.488	273
中山	0.903	16	曲靖	0.487	274
嘉峪关	0.903	17	邵阳	0.482	275
莱芜	0.903	18	丽江	0.479	276
乌海	0.903	19	周口	0.479	277
海口	0.903	20	肇庆	0.477	278
鄂州	0.903	21	河池	0.477	279
汕头	0.901	22	十堰	0.463	280
乌鲁木齐	0.894	23	河源	0.442	281
宜春	0.889	24	沧州	0.441	282
泰安	0.888	25	保定	0.422	283
郑州	0.885	26	百色	0.415	284
上海	0.884	27	衡阳	0.414	285
苏州	0.884	28	赣州	0.413	286
白城	0.883	29	九江	0.379	287
安康	0.882	30	梧州	0.358	288

第三节　中国新型城镇化健康发展
状况的主要特征

一　中国新型城镇化健康发展的城镇化水平特征

城市病发展的四阶段论认为，"城市病"是城市发展过程中的必然现象，与城镇化率高度相关。[①] 与城市病对应的是城镇化健康发展。那么，我国城镇化健康程度与城镇化率是否具有相关性呢？由表4－8可见，我国城镇化健康发展指数与城镇化率显著相关，二者的相关系数为0.728。从城镇化健康发展指标体系的四个一级指标看，也与城镇化率具有显著相关性。图4－6和图4－7更直观地反映了城镇化健康程度与城镇化水平的相关关系。

表4－8　城镇化健康发展指数及一级指标指数和城镇化水平的相关性

	城镇化健康发展指数	水平适当性指数	速度适中性指数	发展可持续性指数	城乡协调性指数
城镇化水平	0.728 **	0.595 **	0.565 **	0.382 **	0.440 **

注：** 在0.01水平（双侧）上显著相关。

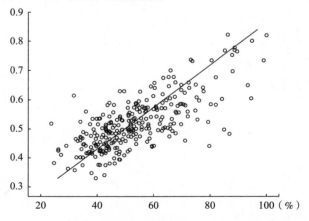

图4－6　城镇化健康发展指数与城镇化率散点图

① 周家来：《"城市病"的界定、规律与防治》，《中国城市经济》2004年第2期。

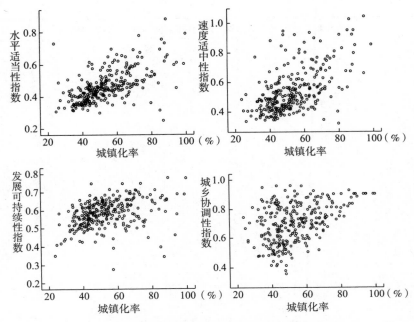

图 4 - 7　城镇化健康发展一级指标指数与城镇化率散点图

从城镇化健康发展指数位居前 30 位的城市来看（见表 4 - 9），这些城市的城镇化水平基本上也较高，平均值达到 70. 33%，高于全国 16. 3 个百分点，其中 12 个城市城镇化率超过 80%。在全国城镇化排序中，绝大多数都比较靠前，除泰州、威海、乌鲁木齐三个城市分别位居城镇化率排名第 89 位、第 82 位、第 81 位之外，其余都在前 70 位，另有 15 个城市位居前 30 位。而在城镇化健康发展指数位居前 10 位的城市中，有 7 个位居城镇化率排名前 10 位。

表 4 - 9　中国地级及以上城市城镇化健康发展指数
前 30 位与其城镇化水平对比

城市	城镇化健康发展指数		城镇化水平	
	数值	排序	城镇化率（%）	排序
北京	0. 822	1	86. 2	13
深圳	0. 820	2	99. 0	2

续表

城市	城镇化健康发展指数		城镇化水平	
	数值	排序	城镇化率（%）	排序
佛山	0.801	3	86.30	12
东莞	0.778	4	94.88	3
厦门	0.770	5	88.75	7
广州	0.768	6	88.70	8
上海	0.765	7	85.27	13
珠海	0.753	8	89.60	6
苏州	0.737	9	87.85	10
南京	0.735	10	73.15	30
克拉玛依	0.734	11	80.50	18
无锡	0.732	12	73.70	29
济南	0.700	13	66.00	56
中山	0.697	14	88.00	9
淄博	0.678	15	65.31	52
郑州	0.678	15	67.10	62
天津	0.677	17	82.01	16
攀枝花	0.675	18	63.43	68
青岛	0.660	19	67.72	49
鄂尔多斯	0.659	20	72.40	32
威海	0.658	21	60.30	82
杭州	0.652	22	74.90	27
汕头	0.651	23	69.79	41
嘉峪关	0.650	24	93.38	5
镇江	0.647	25	65.40	61
泰州	0.646	26	59.00	89
铜陵	0.642	27	77.44	23
大庆	0.641	28	60.40	31
乌鲁木齐	0.641	28	72.60	81
宁波	0.634	30	69.80	40

　　从城镇化健康发展指数位居后 30 位城市来看（见表 4 - 10），
这些城市的城镇化水平都不高，平均值不到 40%（39.53%），低于
全国 14.2 个百分点，其中 14 个城市的城镇化率低于 40%。在全国
城镇化排序中，平均位次第 232 位，绝大多数都比较靠后，除滁州、
九江、随州等 7 个城市排在 200 位以前，其余 23 个城市都在 200 位
以后。

表 4 - 10　中国地级及以上城市城镇化健康发展指数
后 30 位与其城镇化水平对比

城市	城镇化健康发展指数		城镇化水平	
	数值	排序	城镇化率（%）	排序
邵阳	0.419	259	38.04	223
张家界	0.419	259	42.23	254
衡水	0.417	261	42.92	177
滁州	0.417	261	46.80	220
阜阳	0.417	261	36.20	261
濮阳	0.416	261	36.70	260
资阳	0.415	265	38.15	253
九江	0.413	266	47.70	171
曲靖	0.412	267	41.59	229
定西	0.411	268	27.16	284
随州	0.409	269	49.58	152
云浮	0.404	270	39.34	247
驻马店	0.402	271	34.90	268
丽江	0.402	271	32.60	275
天水	0.402	271	34.00	278
梅州	0.398	274	46.00	183
安庆	0.395	275	47.80	168
梧州	0.394	276	48.06	163
陇南	0.382	277	24.69	287
上饶	0.381	278	46.20	181
玉林	0.381	278	44.40	193

续表

城市	城镇化健康发展指数		城镇化水平	
	数值	排序	城镇化率（%）	排序
怀化	0.376	280	40.44	238
保定	0.375	281	42.93	219
周口	0.375	281	34.80	234
娄底	0.375	281	40.96	269
庆阳	0.363	284	29.59	282
河池	0.358	285	31.99	280
铜仁	0.348	286	38.00	255
赣州	0.340	287	42.56	221
百色	0.330	288	39.50	244

　　此外，由于我国城镇化水平呈现明显的地区差异和行政层级差异，即东部、东北城镇化水平较高，中西部城镇化水平较低；直辖市、计划单列市和副省级省会城市的城镇化水平较高，非省会地级市城镇化水平较低，所以后文分析的城镇化健康发展的地区分布特征和行政层级特征也表明我国城镇化健康程度与城镇化水平具有相关性。

　　根据健康城镇化内涵和城镇化健康发展指标体系可知，人均GDP及其增长率、产业结构、财政收支等都是城镇化健康发展的主要影响因素，而这些影响因素基本上与城镇化水平具有显著相关性（见表4-11）。

表4-11　城镇化水平和城镇化健康发展影响因素的相关性

	人均GDP	第二、第三产业比重最大值	公共财政收入	公共财政支出	污水集中处理率
城镇化率	0.734**	0.362**	0.431**	0.297**	0.202**
	人均绿地面积	工业二氧化硫排放率	公共汽车数	病床位数	养老参保率
城镇化率	0.470**	-0.170**	0.457**	0.736**	0.635**

注：** 在0.01水平（双侧）上显著相关。

二　中国新型城镇化健康发展的地区分布特征①

由表4－12可见，城镇化健康发展指数和四个一级指标指数中的水平适当性指数、速度适中性指数、发展可持续性指数与地区分布都具有显著的相关性，这说明我国城镇化健康发展具有显著的地区分布特征。

表4－12　城镇化健康发展指数及一级指标指数和
地区分布的相关性

	城镇化健康发展指数		水平适当性指数		速度适中性指数		发展可持续性指数		城乡协调性指数	
	相关性	显著性	相关性	显著性	相关性	显著性	相关性	显著性	相关性	显著性
地区分布	－0.372**	0.000	－0.374**	0.000	－0.283**	0.000	－0.356**	0.000	－0.103	0.082

注：①** 在0.01水平（双侧）上显著相关。
②数据分析中，东部、东北、中部、西部分别赋值为1、2、3、4。

从城镇化健康发展指数的地区分布来看，城镇化健康发展指数由高到低依次为东部、东北、西部、中部，指数分别为0.57、0.54、0.50、0.48（见图4－8），即东部地区最好，中部地区最差，东部地区和东北地区的城镇化健康状况高于全国平均水平，中部地区和西部地区低于全国平均水平。譬如，城镇化健康状况前10位的城市全部在东部地区，而位居后10位的城市全部在中西部地区；在位居前30位的城市中，有21个在东部地区；而位居后30位的城市中有27个在中西部地区。

不仅四个地区之间的城镇化健康发展状况差距明显，而且在地

---

① 东部地区包括北京、天津、河北、上海、江苏、浙江、福建、山东、广东、海南10个省份；中部地区包括山西、安徽、江西、河南、湖北、湖南6个省份；西部地区包括内蒙古、广西、重庆、四川、贵州、云南、西藏、陕西、甘肃、青海、宁夏、新疆12个省份；东北地区包括黑龙江、吉林、辽宁3个省份。东部、东北、中部、西部分别用1、2、3、4表示。

区内部各城市之间也具有较大的差距。例如，东部地区城镇化健康状况总体最好，但内部各城市之间的差异也高于另外三个地区。东部地区的指数最大值为0.822，最小值为0.375，最大最小比值为2.19，标准差为0.105，最大最小比值和标准差都高于其他三个地区。在东部地区的87个城市中，温州、金华、台州、惠州等36个城市的城镇化健康发展指数低于全国平均值，占东部城市的41.4%。即使与指数值最低的中部地区相比，也有17.2%（15个）的东部城市低于西部地区的平均值。梅州、保定的城镇化健康发展指数甚至低于0.4，仅仅略高于中西部地区的最小值。

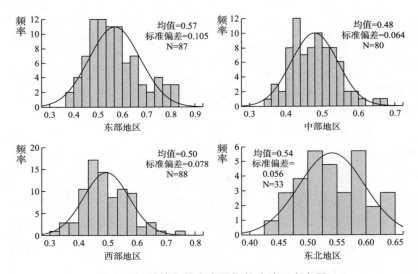

图4-8　城镇化健康发展指数分地区直方图

从城镇化健康发展一级指标指数的地区分布来看，东部地区在水平适当性、速度适中性、发展可持续性三个方面的健康程度均为最高。东北地区在城乡协调性方面位列第一，在水平适当性和速度适中性方面仅次于东部，但在发展可持续性方面较差。中部地区在水平适当性、速度适中性、城乡协调性三个方面的健康程度均低于西部地区，为全国最低（见表4-13）。

表 4 - 13　城镇化健康发展一级指标指数的地区差异

地区	城市数	城镇化健康发展指数		水平适当性指数		速度适中性指数		发展可持续性指数		城乡协调性指数	
		均值	标准差	均值	标准差	均值	标准差	均值	标准差	均值	标准差
全国	288	0.520	0.090	0.460	0.098	0.320	0.199	0.580	0.076	0.700	0.134
东部	87	0.569	0.105	0.519	0.116	0.400	0.233	0.632	0.057	0.718	0.137
中部	80	0.479	0.064	0.423	0.062	0.245	0.146	0.584	0.057	0.664	0.135
西部	88	0.495	0.078	0.436	0.083	0.283	0.163	0.554	0.070	0.701	0.129
东北	33	0.541	0.056	0.478	0.082	0.395	0.210	0.530	0.096	0.763	0.109

在地区内部，除发展可持续性指数外，其余三个一级指标指数的离散程度高于城镇化健康发展指数，离散程度最高的是速度适中性指数，标准差为 0.199，是城镇化健康发展指数标准差的 2.2 倍。速度适中性指数离散程度高主要是由东部地区造成的。东部地区的这一指数标准差达到 0.233，远远高于中西部和东北地区。在东部地区，佛山市的速度适中性指数为全国最高值，保定市的速度适中性指数仅 0.057，接近全国的最低值。二者相差近 18 倍。佛山、北京、厦门、广州、珠海、南京、清远、汕尾、济南、河源位居东部速度适中性指数的前 10 位，指数均值为 0.864；惠州、金华、邯郸、嘉兴、承德、石家庄、梅州、滨州、济宁、保定位居东部速度适中性指数的后 10 位，指数均值为 0.123，前者是后者的 7 倍。

三　中国新型城镇化健康发展的城市规模特征

我们根据市辖区人口数量，将城市规模划分为 20 万人以下的 II 型小城市、20 万人以上 50 万人以下的 I 型小城市、50 万人以上 100 万人以下的中等城市、100 万人以上 300 万人以下的 II 型大城市、300 万人以上 500 万人以下的 I 型大城市、500 万人以上 1000 万人以下的特大城市、1000 万人以上的超大城市 7 个类型。目前，各类规模城市的数量如图 4 - 9 所示。

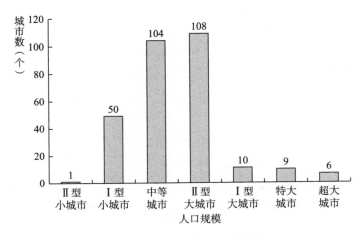

图 4 – 9　各类规模城市的数量

由于规模经济效应和我国的行政区划和地区发展差距，无论是城镇化健康发展指数还是四个一级指标指数都与城市规模显著相关（见表 4 – 14）。这说明，我国城镇化健康发展具有显著的城市规模特征，即城市规模越大，城镇化健康程度越高；城市规模越小，城镇化健康程度越低。

表 4 – 14　城镇化健康发展指数及一级指标指数和城市规模的相关性

	城镇化健康发展指数		水平适当性指数		速度适中性指数		发展可持续性指数		城乡协调性指数	
	相关性	显著性	相关性	显著性	相关性	显著性	相关性	显著性	相关性	显著性
城市规模	0.427**	0.000	0.347**	0.000	0.262**	0.000	0.366**	0.000	0.283**	0.000

注：①** 在 0.01 水平（双侧）上显著相关。
②在统计分析中，Ⅱ型小城市、Ⅰ型小城市、中等城市、Ⅱ型大城市、Ⅰ型大城市、特大城市、超大城市分别赋值为 1、2、3、4、5、6、7。

从城镇化健康发展指数的城市规模分布来看，城镇化健康发展指数由高到低依次为超大城市、特大城市、Ⅰ型大城市、Ⅱ型大城市、中等城市、Ⅰ型小城市、Ⅱ型小城市，指数分别为 0.717、0.647、0.624、0.525、0.450、0.489、0.402（见表 4 – 15），其中市辖区人口规模超过 100 万人的城市，包括超大城市、特大城市、

Ⅰ型大城市、Ⅱ型大城市的城镇化健康状况高于全国平均水平，市辖区人口规模低于 100 万人的城市，包括中等城市、Ⅰ型小城市、Ⅱ型小城市的城镇化健康状况低于全国平均水平。由数据分析可见，位居城镇化健康发展指数前 10 位的城市全部是Ⅱ型大城市以上的城市，其中北京、上海、深圳、广州为人口 1000 万人以上的超大城市，南京、苏州、东莞、佛山为 500 万人以上的特大城市，厦门、珠海市为 100 万人以上的大城市。在城镇化健康发展指数前 30 位的城市中，有 24 个是大城市、特大城市或超大城市。而在城镇化健康发展指数后 30 位的城市中，除阜阳、资阳、天水、玉林、保定 5 个城市属于Ⅰ型大城市外，其余 25 个城市均为中等以下城市，其中衡水、定西、随州、云浮等 11 个城市为小城市，城市规模最小的丽江市人口仅为 15 万人，位居城镇化健康发展指数第 272 位。

表 4 - 15　城镇化健康发展一级指标指数的城市规模差异

类别	城市数（个）	城镇化健康发展指数		水平适当性指数		速度适中性指数		发展可持续性指数		城乡协调性指数	
		均值	标准差	均值	标准差	均值	标准差	均值	标准差	均值	标准差
全国	288	0.520	0.090	0.460	0.098	0.320	0.199	0.580	0.076	0.700	0.134
超大城市	6	0.717	0.134	0.641	0.138	0.662	0.315	0.700	0.079	0.840	0.079
特大城市	9	0.647	0.087	0.531	0.115	0.591	0.260	0.638	0.035	0.828	0.072
Ⅰ型大城市	10	0.624	0.096	0.576	0.088	0.498	0.246	0.651	0.050	0.769	0.095
Ⅱ型大城市	108	0.525	0.081	0.469	0.101	0.311	0.184	0.597	0.061	0.720	0.119
中等城市	104	0.450	0.067	0.445	0.077	0.290	0.170	0.568	0.077	0.688	0.142
Ⅰ型小城市	50	0.489	0.090	0.432	0.085	0.302	0.199	0.553	0.083	0.658	0.140
Ⅱ型小城市	1	0.402	—	0.412	—	0.226	—	0.492	—	0.479	—

从城镇化健康发展一级指标指数来看，北京、天津、上海、重庆、深圳、广州 6 个超大城市在水平适当性、速度适中性、发展可持续性、城乡协调性四个方面的健康程度均为最高，指数分别为 0.641、0.662、0.700、0.840，与全国平均值的比值分别为 1.9、2.1、1.2、1.2，与中等城市和Ⅰ型小城市的比值分别为 1.4、2.3、

1.2、1.2 和 1.5、2.2、1.3、1.3。特大城市在速度适中性和城乡协调性两个方面位居第二，在水平适当性、发展可持续性方面位居第三。

从城市规模上看，我国的行政区划、地区经济社会发展与城镇化健康发展状况密切相关。由表 4－16 可见，城市地区分布、城市行政层级和城镇化率、人均 GDP、第三产业比重、公共财政收入、公共财政支出、千人病床位数、养老参保率等经济社会发展状况等因素分别与城镇化健康发展指数和城市人口规模具有显著相关性，因而是影响城镇化健康发展状况具有城市规模特征的重要因素。总体而言，处于东部、城市行政层级越高，人均 GDP 和第三产业比重、公共财政收入、公共财政支出、千人病床位数、养老参保率等经济社会发展状况越好，城市人口规模越大，城镇化健康发展程度就越高。

四 中国新型城镇化健康发展的行政层级①特征

由表 4－17 可见，城镇化健康发展指数和四个一级指标指数与城市的行政层级都具有显著相关性，相关系数分别为 0.417、0.396、0.313、0.282、0.187。这说明，我国城镇化健康发展具有显著的行政层级特征，即行政层级越高，城镇化健康程度越高；反之，行政层级越低，城镇化健康程度也越低。

从城镇化健康发展指数来看，直辖市、计划单列市和副省级省会城市、地级省会城市、非省会地级城市的指数分别为 0.691、0.643、0.553、0.506，其中，直辖市、计划单列市和副省级省会城

---

① 综合考虑行政区划的层级和行政级别等因素，按地级及以上城市的行政层级区分为直辖市（正省级市）、计划单列市和副省级省会城市（副省级市）、地级省会城市（地级市）、非省会地级城市（地级市）四类。其中，直辖市包括北京市、天津市、上海市、重庆市 4 个，计划单列市和副省级省会城市包括广州、武汉、哈尔滨、沈阳、成都、南京、西安、长春、济南、杭州、大连、青岛、深圳、厦门、宁波 15 个，其他省会城市（地级市）17 个，非省会地级城市 252 个（三沙市、双鸭山市因关键数据缺失没有列入评价范围）。虽然一些地级市由于地位比较重要，其一把手通常也由副省级的省常委兼任，如苏州、无锡、赣州、宜昌、襄樊、洛阳等，我们仍将其列入非省会地级城市。

表 4 – 16 城市人口规模和城镇化健康发展影响因素的相关性

指标		城镇化健康发展指数	城市人口规模	城市地区分布	城市行政层级	城镇化率	人均GDP	第三产业比重	公共财政收入	公共财政支出	千人病床位数	养老参保率
城镇化健康发展指数	相关性	1	0.468**	-0.189**	-0.417**	0.728**	0.738**	0.377**	0.447**	0.307**	0.644**	0.691**
	显著性	—	0.000	0.001	0.000	0.000	0.000	0.000	0.000	0.000	0.000	0.000
城市人口规模	相关性	0.468**	1	-0.256**	-0.620**	0.433**	0.433**	0.439**	0.603**	0.562**	0.399**	0.463**
	显著性	0.000	—	0.000	0.000	0.000	0.000	0.000	0.000	0.000	0.003	0.001
城市地区分布	相关性	-0.189**	-0.256**	1	0.057	-0.146*	-0.205**	-0.270**	-0.224**	-0.149*	0.025	-0.238**
	显著性	0.001	0.000	—	0.338	0.013	0.000	0.000	0.000	0.011	0.673	0.000
城市行政层级	相关性	-0.417**	-0.620**	0.057	1	-0.466**	-0.419**	-0.579**	-0.729**	-0.699**	-0.480**	-0.381**
	显著性	0.000	0.000	0.338	—	0.000	0.000	0.000	0.000	0.000	0.000	0.000
城镇化率	相关性	0.728**	0.433**	-0.146*	-0.466**	1	0.734**	0.381**	0.431**	0.297**	0.736**	0.635**
	显著性	0.000	0.000	0.013	0.000	—	0.000	0.000	0.000	0.000	0.000	0.000
人均GDP	相关性	0.738**	0.433**	-0.205**	-0.419**	0.734**	1	0.350**	0.501**	0.354**	0.689**	0.812**
	显著性	0.000	0.000	0.000	0.000	0.000	—	0.000	0.000	0.000	0.000	0.000
第三产业比重	相关性	0.377**	0.439**	-0.270**	-0.579**	0.381**	0.350**	1	0.469**	0.395**	0.414**	0.385**
	显著性	0.000	0.000	0.000	0.000	0.000	0.000	—	0.000	0.000	0.000	0.000
公共财政收入	相关性	0.447**	0.603**	-0.224**	-0.729**	0.431**	0.501**	0.469**	1	0.935**	0.408**	0.459**
	显著性	0.000	0.000	0.000	0.000	0.000	0.000	0.000	0.000	0.000	0.000	0.000

续表

指标		城镇化健康发展指数	城市人口规模	城市地区分布	城市行政层级	城镇化率	人均GDP	第三产业比重	公共财政收入	公共财政支出	千人病床位数	养老参保率
公共财政支出	相关性	0.307**	0.562**	-0.149*	-0.699**	0.297**	0.354**	0.395**	0.935**	1	0.291**	0.335**
	显著性	0.000	0.000	0.011	0.000	0.000	—	0.000	0.000	0.000	0.000	0.000
千人病床位数	相关性	0.644**	0.399**	0.025	-0.480**	0.736**	0.689**	0.414**	0.408**	0.291**	1	0.656**
	显著性	0.000	0.000	0.673	0.000	0.000	—	0.000	0.000	0.000	0.000	0.000
养老参保率	相关性	0.691**	0.463**	-0.238**	-0.381**	0.635**	0.812**	0.385**	0.459**	0.335**	0.656**	1
	显著性	0.000	0.000	0.011	0.000	0.000	0.000	0.011	0.000	0.000	0.000	—

注：** 在 0.01 水平（双侧）上显著相关。

* 在 0.05 水平（双侧）上显著相关。

市的健康程度较高，明显好于地级省会城市和非省会地级城市，其指数高于全国平均值，分别是全国平均值的 1.3 倍和 1.2 倍，是地级省会城市的 1.25 倍和 1.16 倍，是非省会地级城市的 1.37 倍和 1.27 倍。在城镇化健康状况排序前 10 位的城市中，北京、深圳、厦门、广州、上海、南京 6 个城市属于直辖市、计划单列市或副省级省会城市，在前 30 位的城市中，有 11 个城市属于直辖市、计划单列市和副省级省会城市，占这两类城市总数的 58%；而无论是后 10 位还是后 30 位的城市，都属于非省会地级城市。

表 4 - 17　城镇化健康发展指数及一级指标指数和城市
行政层级的相关性

	城镇化健康 发展指数		水平适当 性指数		速度适中 性指数		发展可持 续性指数		城乡协调 性指数	
	相关性	显著性	相关性	显著性	相关性	显著性	相关性	显著性	相关性	显著性
行政 层级	0.417**	0.000	0.396**	0.000	0.313**	0.000	0.282**	0.000	0.187**	0.000

注：① ** 在 0.01 水平（双侧）上显著相关。
②在统计分析中，直辖市、计划单列市和副省级省会城市、地级省会城市、非省会地级城市分别赋值为 4、3、2、1。

从城镇化健康发展一级指标指数来看，水平适当性、速度适中性、发展可持续性、城乡协调性四个方面的健康程度由高到低依次为直辖市、计划单列市和副省级省会城市、地级省会城市、非省会地级城市，与城镇化健康发展指数的排序完全一致（见表 4 - 18）。例如，在水平适当性方面，在位居前 10 位和前 30 位的城市中，属于直辖市、计划单列市和副省级省会城市的分别有 4 个和 10 个，占这两类城市总数的 21% 和 53%。而在位居后 10 位和后 30 位的城市中，全部为非省会地级城市。

城市行政层级是如何影响城镇化健康发展程度的呢？由表 4 - 19 可见，城市的行政层级与人均 GDP、产业结构、财政收支、社会保障、公共服务等具有显著的相关性，特别是与绿化覆盖率、公共财政收入、公共财政支出、千人病床位数四个因素高度相关，相关系数都在 0.700 以上。而与城市的行政层级具有显著相关性的影响因素中，除污水集中处理率和绿化覆盖率之外，其余因素在四类城市之间的差距都很大，其中公共财政收入、公共财政支出的比值最高，分别达到 5.55∶3.83∶1.59∶1 和 3.52∶2.11∶1.30∶1。

表 4 – 18　城镇化健康发展一级指标指数的行政层级差异

地区	城市数（个）	城镇化健康发展指数		水平适当性指数		速度适中性指数		发展可持续性指数		城乡协调性指数	
		均值	标准差	均值	标准差	均值	标准差	均值	标准差	均值	标准差
全国	288	0.520	0.090	0.460	0.098	0.320	0.199	0.580	0.076	0.700	0.134
直辖市	5	0.691	0.140	0.604	0.128	0.662	0.315	0.676	0.075	0.824	0.081
计划单列和副省级省会	15	0.643	0.098	0.596	0.086	0.524	0.245	0.656	0.053	0.776	0.083
非副省级省会城市	17	0.553	0.063	0.514	0.081	0.355	0.157	0.604	0.088	0.740	0.098
非省会地级城市	252	0.506	0.081	0.449	0.090	0.301	0.186	0.576	0.073	0.695	0.137

表 4 – 19　城镇化健康发展影响因素的分行政层级的差别及相关性

指标	平均值				比值	与行政层级的相关系数
	直辖市（1）	计划单列市和副省级省会城市（2）	地级省会城市（3）	非省会地级城市（4）	(1)∶(2)∶(3)∶(4)	
人均 GDP（元）	119963	130179	65878	44491	2.69∶2.93∶1.48∶1	0.421**
第三产业比重（%）	57.16	50.65	49.80	34.48	1.66∶1.47∶1.44∶1	0.372**
公共财政收入（元）	20704	14285	5925	3732	5.55∶3.83∶1.59∶1	0.762**
公共财政支出（元）	25570	15326	9422	7260	3.52∶2.11∶1.30∶1	0.752**
污水集中处理率（%）	88.68	88.60	87.98	82.36	1.08∶1.08∶1.06∶1	0.134**
绿化覆盖率（%）	42.72	40.40	38.81	38.49	1.11∶1.05∶1.01∶1	0.812**

指标	平均值				比值	与行政层级的相关系数
	直辖市（1）	计划单列市和副省级省会城市（2）	地级省会城市（3）	非省会地级城市（4）	(1):(2):(3):(4)	
万人公共汽车数（辆）	12.43	21.03	14.99	6.92	1.80:3.04:2.17:1	0.453**
千人病床位数（床）	6.50	6.55	6.38	4.06	1.60:1.61:1.57:1	0.736**
养老参保率（%）	66.98	66.25	25.28	19.95	3.36:3.32:1.27:1	0.391**

注：** 在 0.01 水平（双侧）上显著相关。

在现行的行政区划和财税体制下，公共财政收入和公共财政支出是与城市行政层级相关的最重要的权限之一，公共财政收入和公共财政支出的差距是影响城镇化健康发展程度差异的重要因素。由表 4-20 可见，公共财政收入和公共财政支出与城镇化健康发展指数及一级指标指数具有显著的相关性，说明城市的公共财政收入和公共财政支出越高，其城镇化健康程度也越高。结合表 4-17 的结论可知，城市的行政层级越高，财政收支权限越大，经济发展程度和财政收支水平就越高，城镇化健康发展状况就越好。

表 4-20 公共财政收支与城镇化健康发展指数及一级指标指数的相关性

指标	城镇化健康发展指数	水平适当性指数	速度适中性指数	发展可持续性指数	城乡协调性指数
公共财政收入	0.647**	0.654**	0.464**	0.421**	0.332**
公共财政支出	0.523**	0.533**	0.370**	0.216**	0.310**

注：** 在 0.01 水平（双侧）上显著相关。

五 中国新型城镇化健康发展的人口密度特征

从总城镇化健康指数来看，如表 4-21 所示，人口密度在 0.5 万~1.0 万人/平方公里和 1.0 万~2.0 万人/平方公里的城市，城镇化健康状况最好，分别为 0.59630 和 0.59646；人口密度低于 0.5 万人/平方公里和高于 2 万人/平方公里的城市，城镇化健康状况相对较差。图 4 - 10 更直观地显示了城镇化健康状况的这种人口密度特征。这说明，只有具有适度人口密度的城市，城镇化健康状况才是最好的，城市人口密度过大或过小，城镇化健康状况都不会太好。

表 4 - 21　城市人口密度与城镇化健康状况的关系

指数类别	人口密度（万人/平方公里）				
	≤0.5	0.5～1.0	1.0～2.0	2.0～3.0	≥3.0
总指数	0.59010	0.59630	0.59646	0.58855	0.55806
水平适当性	0.42000	0.42371	0.49367	0.49500	0.50137
速度适中性	0.70850	0.67686	0.57925	0.51917	0.44450
发展可持续性	0.50150	0.55743	0.56600	0.56750	0.60687
城乡协调性	0.71500	0.70600	0.77092	0.81767	0.71200

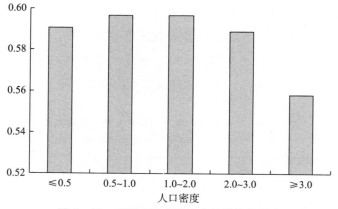

图 4 - 10　不同人口密度城市的城镇化健康
发展状况比较（总指数）

　　从健康城镇化二级指标来看，各二级指标的人口密度特征差异很大（见图 4 - 11），水平适当性指数和发展可持续性指数与城市人口密度正相关，人口密度越大，水平适当性指数和发展可持续性指数越大；速度适中性指数与城市人口密度负相关，人口密度越大，速度适中性指数越小；城乡协调性的人口密度特征与总指数相似，人口密度在1.0万~2.0万人/平方公里和2.0万~3.0万人/平方公里的城市，城镇化的城乡协调性最好，人口密度小于1.0万人/平方公里和大于3.0万人/平方公里的城市，城镇化的城乡协调性都较差。

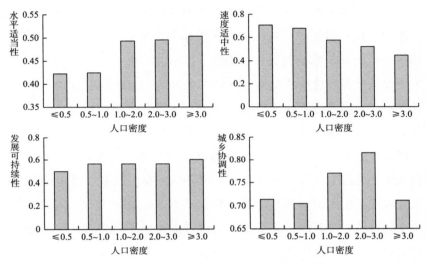

图4-11 不同人口密度城市的城镇化健康发展状况比较（二级指标）

第四节 结论与政策建议

我们根据新型城镇化发展评价指标体系和2013年统计数据，对我国288个地级和以上城市的城镇化健康状况进行了评价和分析，结果发现，我国城镇化发展健康状况呈现整体水平不高，城市之间差距不明显，城市行政级别、地区、规模、人口密度特征分布明显。这一结果与我国城镇化发展健康状况的实际比较一致，具有针对性、现实性较强的政策含义。

（1）我国新型城镇化总指数城市之间差距不显著，但二级指标城市之间差距比较显著。这说明，各城市总体健康程度不高，且在城镇化速度、经济、社会、生态各领域发展很不均衡。有些城市在某个领域发展质量很高，健康程度很高，但在另外一些领域发展得又很不够，健康程度很低。反过来，有些城市在某个领域发展质量很差，健康程度很低，但在另外一些领域又发展得较好，健康程度较高。

所以，为了提升我国城镇化总体健康程度，各城市需要在薄弱环节加强投入和建设。在四个一级指标中，水平适当性指数、速度适中性指数低于城镇化健康总指数，其中，城镇化水平适当性指数主要受社会发展滞后的拖累，社会发展水平适当性指数仅为 0.421，比经济发展水平适当性指数低了 22%；城镇化速度适中性指数主要是受社会发展和生态发展的拖累，社会发展速度适中性指数和生态发展速度适中性指数比经济发展速度适中性指数低 18%。这说明，在城镇化进程中，城市建设滞后于城镇人口增长速度，尤其是城镇社会发展和生态发展滞后于城镇化进程和城镇经济建设。因此，在未来的城镇化进程中，在促进农民进城的同时，必须重视城市基础设施建设、重视城市基本公共服务能力建设、重视城市环境保护和治理、重视城市先进文化的教育普及，促进城市经济建设、社会建设、生态建设、文化建设同步协调。

（2）我国城镇化健康状况呈现出显著的行政级别特征，行政级别越高、自主性权力越大，城镇化健康程度越高。因此，为了推进更多城市健康发展，形成更多增长极，应当减少行政层级，扩大城市自主权。可以考虑再设置 2～3 个直辖市，增加计划单列市县数量，扩大省直管县试点范围，并尽快在全国推广。

（3）我国城镇化健康状况呈现东部地区好于中西部地区的区域特征，但地区差异远没有城镇化率的地区差异大。这说明，未来城镇化地区布局中需要确立两个重点任务：一是东部地区城镇化要以提高城镇化质量和健康状况为重点任务，主要包括尽快完成棚户区改造、推进农民工市民化和城市基本公共服务均等化、加强城市基础设施建设、推进淘汰落后产能和促进产业升级、重视生态保护和生态建设、加快城乡融合和一体化进程等；二是中西部地区要以推进 1 亿人口的城镇化，提高城镇化水平为重点任务，包括培育发展 1～2

个全国性城市群和若干个区域性城市群，加快发展县域经济，着力发展有历史记忆、地域特色、民族特点的宜居美丽城镇，加强道路、交通、管网等城镇基础设施建设，提高城镇基本公共服务供给能力，增强中西部城镇对集聚产业和人口的吸引力和集聚力。

（4）我国城镇化健康状况的规模特征表明，城市规模越大，城镇化健康状况越好。今后，要优化布局，根据资源环境承载能力，构建科学合理的城镇化宏观布局，把城市群作为主体形态，促进大中小城市和小城镇合理分工、功能互补、协同发展；尤其要继续以中心城市为内核，培育发展全国性、区域性大都市圈和城市群，更好地发挥中心大城市在促进可持续发展、统筹城乡发展方面的示范带动作用。

（5）我国城镇化健康状况的人口密度特征表明，只有具有适度人口密度的城市，城镇化健康状况才是最好的，城市人口密度过大或过小，城镇化健康状况都不会太好。对于人口密度超过2万人/平方公里的城市，要注意加强城市新区建设和功能区的规划整合，通过城市基础设施、公共服务的均衡布局，调整和控制人口密度；对于人口密度不足0.5万人/平方公里的城市，也要注意通过城市产业发展、功能区的规划布局、城市基础设施和公共服务的重新布局，增强城市的集聚功能和人口密度，发挥城市的集聚效应。

在本章最后，为了更详细地显示本次实证分析的288个地级及以上城市城镇化健康发展指数和一级指数及排序，我们以表格的形式将其完整列出，具体如表4-22所示。

表4-22　288个地级及以上城市城镇化健康
发展指数和一级指数及排序

地级及以上城市	城镇化健康发展指数		水平适当性指数		速度适中性指数		发展可持续性指数		城乡协调性指数	
	数值	排序	数值	排序	数值	排序	数值	排序	数值	排序
北京	0.822	1	0.755	4	0.975	2	0.681	24	0.878	33
深圳	0.820	2	0.790	2	—	—	0.776	2	0.903	9

续表

地级及以上城市	城镇化健康发展指数		水平适当性指数		速度适中性指数		发展可持续性指数		城乡协调性指数	
	数值	排序	数值	排序	数值	排序	数值	排序	数值	排序
佛山	0.801	3	0.613	24	1	1	0.689	17	0.903	10
东莞	0.778	4	0.880	1	0.667	24	0.662	37	0.903	11
厦门	0.770	5	0.645	17	0.874	3	0.657	46	0.903	12
广州	0.768	6	0.694	8	0.873	4	0.668	32	0.836	59
上海	0.765	7	0.659	12	0.738	16	0.778	1	0.884	27
珠海	0.753	8	0.620	21	0.833	7	0.655	53	0.903	13
苏州	0.737	9	0.779	3	0.599	34	0.687	19	0.884	28
南京	0.735	10	0.555	49	0.833	8	0.647	62	0.903	14
克拉玛依	0.734	11	0.604	28	0.742	15	0.687	18	0.903	15
无锡	0.732	12	0.675	10	0.637	25	0.748	3	0.868	36
济南	0.700	13	0.598	32	0.803	11	0.661	39	0.739	119
中山	0.697	14	0.731	5	0.562	39	0.593	133	0.903	16
淄博	0.678	15	0.649	15	0.605	33	0.659	42	0.799	82
郑州	0.678	15	0.548	51	0.585	35	0.694	14	0.885	26
天津	0.677	17	0.535	57	0.711	18	0.637	72	0.825	64
攀枝花	0.675	18	0.553	50	0.853	6	0.518	236	0.776	93
青岛	0.660	19	0.581	40	0.628	28	0.693	15	0.737	125
鄂尔多斯	0.659	20	0.648	16	0.611	31	0.701	13	0.677	171
威海	0.658	21	0.663	11	0.385	77	0.706	11	0.878	34
杭州	0.652	22	0.645	18	0.531	42	0.673	26	0.759	106
汕头	0.651	23	0.349	268	0.774	13	0.58	156	0.901	22
嘉峪关	0.650	24	0.599	31	—	—	0.461	272	0.903	17
镇江	0.647	25	0.584	39	0.521	46	0.707	10	0.775	95
泰州	0.646	26	0.629	19	0.584	36	0.608	111	0.764	104
铜陵	0.642	27	0.533	58	0.634	26	0.671	28	0.730	129
乌鲁木齐	0.641	28	0.606	27	0.509	48	0.556	189	0.894	23
大庆	0.641	28	0.563	47	0.763	14	0.622	93	0.616	204
宁波	0.634	30	0.692	9	0.518	47	0.671	29	0.654	185
白城	0.630	31	0.444	150	0.694	20	0.498	255	0.883	29

地级及以上城市	城镇化健康发展指数		水平适当性指数		速度适中性指数		发展可持续性指数		城乡协调性指数	
	数值	排序	数值	排序	数值	排序	数值	排序	数值	排序
清远	0.630	31	0.439	161	0.833	10	0.541	212	0.705	148
本溪	0.629	33	0.574	43	0.683	21	0.447	274	0.812	76
莱芜	0.628	34	0.650	14	0.338	105	0.623	91	0.903	18
盘锦	0.624	35	0.604	30	0.440	62	0.710	9	0.743	116
东营	0.619	36	0.657	13	0.352	95	0.747	4	0.722	133
毕节	0.615	37	0.508	68	0.634	27	0.599	125	0.719	136
南通	0.613	38	0.544	52	0.533	41	0.657	49	0.719	137
常州	0.610	39	0.575	42	0.355	90	0.704	12	0.807	80
白山	0.609	40	0.454	132	0.619	30	0.511	242	0.851	45
舟山	0.605	41	0.543	53	0.376	82	0.621	95	0.881	31
乌海	0.605	41	0.454	133	0.483	54	0.580	155	0.903	19
太原	0.603	43	0.484	90	0.504	49	0.606	116	0.818	67
鸡西	0.599	44	0.362	247	0.611	32	0.498	254	0.925	7
黑河	0.599	44	0.349	269	0.699	19	0.392	285	0.958	3
海口	0.598	46	0.504	71	0.437	63	0.547	203	0.903	20
汕尾	0.595	47	0.363	245	0.833	9	0.602	120	0.584	223
巴彦淖尔	0.593	48	0.460	119	0.451	59	0.616	101	0.844	52
辽阳	0.590	49	0.617	22	0.290	126	0.609	110	0.844	53
潮州	0.590	48	0.391	220	—	—	0.616	102	0.768	101
酒泉	0.588	51	0.482	92	0.347	99	0.602	118	0.923	8
南昌	0.586	52	0.478	99	0.530	43	0.69	16	0.647	189
成都	0.585	53	0.587	37	0.381	80	0.666	33	0.707	145
呼和浩特	0.585	53	0.560	48	0.446	61	0.629	85	0.704	150
泰安	0.585	53	0.526	63	0.267	144	0.659	41	0.888	25
沈阳	0.585	53	0.526	62	0.349	98	0.656	50	0.808	78
长沙	0.584	57	0.593	33	0.339	104	0.713	7	0.692	160
德阳	0.583	58	0.604	29	0.449	60	0.631	83	0.646	190
包头	0.583	58	0.540	54	0.332	108	0.712	8	0.749	110
商洛	0.582	60	0.593	34	0.318	115	0.615	105	0.803	81

地级及以上城市	城镇化健康发展指数		水平适当性指数		速度适中性指数		发展可持续性指数		城乡协调性指数	
	数值	排序	数值	排序	数值	排序	数值	排序	数值	排序
通化	0.582	60	0.500	75	0.623	29	0.576	158	0.630	197
石嘴山	0.581	62	0.500	76	0.563	38	0.501	251	0.760	105
大连	0.579	63	0.592	35	0.297	124	0.657	47	0.771	99
湖州	0.577	64	0.591	36	0.233	170	0.640	67	0.845	50
黄石	0.577	65	0.468	110	0.674	22	0.662	38	0.505	265
烟台	0.574	66	0.615	23	0.285	130	0.685	21	0.711	143
防城港	0.574	67	0.445	145	0.473	56	0.584	148	0.793	87
嘉兴	0.573	70	0.697	7	0.138	246	0.632	79	0.824	65
佳木斯	0.573	69	0.567	44	0.573	37	0.463	271	0.688	164
唐山	0.573	68	0.565	46	0.272	139	0.614	107	0.840	56
绍兴	0.572	72	0.623	20	0.278	136	0.589	141	0.798	84
长春	0.572	71	0.565	45	0.480	55	0.557	185	0.687	165
鄂州	0.572	73	0.518	66	0.270	141	0.597	128	0.903	21
江门	0.571	74	0.480	98	0.530	44	0.600	124	0.675	173
延安	0.568	76	0.515	67	0.329	109	0.572	168	0.855	42
扬州	0.568	75	0.503	73	0.374	84	0.656	51	0.740	118
铜川	0.566	77	0.440	159	0.376	83	0.568	174	0.881	32
银川	0.563	78	0.500	77	0.402	72	0.539	213	0.813	73
牡丹江	0.562	79	0.460	118	0.669	23	0.276	288	0.842	55
西安	0.560	80	0.475	105	0.337	106	0.613	108	0.814	72
海东	0.560	81	0.340	276	—	—	0.527	225	0.809	77
西宁	0.559	84	0.458	124	0.500	51	0.538	215	0.741	117
淮安	0.559	82	0.446	143	0.380	81	0.593	135	0.817	69
盐城	0.559	83	0.438	162	0.433	64	0.627	90	0.738	122
三亚	0.557	86	0.464	114	0.303	120	0.583	150	0.878	35
临汾	0.557	85	0.401	210	0.426	67	0.588	143	0.813	74
廊坊	0.556	87	0.459	122	0.353	92	0.657	48	0.756	107
昆明	0.555	88	0.531	60	0.361	88	0.631	82	0.696	157
宿迁	0.552	89	0.412	192	0.427	66	0.587	145	0.782	91

地级及以上城市	城镇化健康发展指数		水平适当性指数		速度适中性指数		发展可持续性指数		城乡协调性指数	
	数值	排序	数值	排序	数值	排序	数值	排序	数值	排序
枣庄	0.550	90	0.448	140	0.176	209	0.621	94	0.960	1
聊城	0.549	91	0.453	135	0.307	118	0.593	134	0.844	54
朔州	0.546	92	0.451	137	0.213	184	0.671	27	0.848	47
贵阳	0.543	97	0.499	79	0.357	89	0.568	175	0.749	111
景德镇	0.543	95	0.457	128	0.483	53	0.632	81	0.601	213
衡阳	0.543	96	0.42	180	0.867	5	0.469	270	0.414	285
宣城	0.543	94	0.404	205	0.235	169	0.606	115	0.928	5
乌兰察布	0.543	93	0.347	272	0.528	45	0.684	23	0.614	209
大同	0.542	98	0.445	146	0.424	68	0.593	136	0.703	151
营口	0.541	99	0.496	80	0.340	103	0.629	86	0.699	156
临沂	0.538	100	0.610	26	0.268	143	0.631	84	0.641	192
晋城	0.537	101	0.442	153	0.303	119	0.669	31	0.733	128
阳江	0.537	102	0.425	173	0.454	58	0.597	130	0.670	176
安康	0.536	103	0.361	249	0.370	86	0.533	219	0.882	30
茂名	0.535	105	0.536	56	0.366	87	0.658	45	0.580	226
吉林	0.535	104	0.532	59	0.299	122	0.575	161	0.735	126
雅安	0.535	107	0.507	69	0.174	211	0.615	104	0.845	51
榆林	0.535	108	0.437	163	0.242	163	0.643	63	0.816	70
河源	0.535	106	0.362	246	0.780	12	0.557	188	0.442	281
新余	0.534	109	0.481	95	0.221	180	0.602	119	0.834	61
抚顺	0.532	110	0.492	84	0.264	146	0.534	218	0.840	57
马鞍山	0.532	111	0.441	154	0.382	79	0.640	68	0.665	178
齐齐哈尔	0.531	112	0.446	142	0.732	17	0.425	280	0.522	257
蚌埠	0.531	113	0.435	165	0.559	40	0.572	169	0.558	241
荆门	0.529	115	0.585	38	0.326	113	0.575	162	0.631	196
三门峡	0.529	114	0.458	125	0.198	196	0.653	54	0.808	79
葫芦岛	0.528	116	0.488	87	0.241	164	0.537	216	0.847	48
铁岭	0.525	117	0.445	147	0.402	70	0.633	78	0.619	203
莆田	0.525	118	0.390	221	0.285	131	0.642	64	0.784	90

续表

地级及以上城市	城镇化健康发展指数		水平适当性指数		速度适中性指数		发展可持续性指数		城乡协调性指数	
	数值	排序	数值	排序	数值	排序	数值	排序	数值	排序
武汉	0.524	119	0.525	64	0.133	248	0.686	20	0.752	108
贵港	0.524	120	0.360	252	0.400	73	0.541	211	0.795	85
宜昌	0.523	121	0.537	55	0.202	192	0.651	56	0.700	154
赤峰	0.521	122	0.442	152	0.402	71	0.589	142	0.650	187
襄阳	0.520	124	0.455	130	0.329	111	0.528	224	0.768	102
通辽	0.520	123	0.440	158	0.385	78	0.591	139	0.663	180
温州	0.519	125	0.431	169	0.469	57	0.659	43	0.517	260
拉萨	0.518	127	0.731	6	0.246	159	0.351	286	0.745	115
金华	0.518	126	0.494	82	0.153	232	0.611	109	0.815	71
来宾	0.517	128	0.398	214	0.255	150	0.565	179	0.849	46
惠州	0.516	132	0.611	25	0.154	231	0.636	74	0.662	181
呼伦贝尔	0.516	129	0.481	94	0.329	110	0.543	209	0.713	141
台州	0.516	130	0.476	103	0.204	191	0.650	58	0.735	127
宁德	0.516	131	0.409	196	0.280	133	0.658	44	0.714	140
贺州	0.516	133	0.350	267	0.250	153	0.597	129	0.868	37
潍坊	0.515	135	0.519	65	0.155	230	0.648	61	0.739	120
忻州	0.515	134	0.415	187	0.232	171	0.548	201	0.864	39
咸宁	0.513	136	0.418	183	0.271	140	0.570	173	0.795	86
新乡	0.512	137	0.576	41	0.292	125	0.617	100	0.563	237
徐州	0.511	138	0.428	170	0.372	85	0.649	60	0.595	216
漳州	0.510	139	0.453	134	0.333	107	0.685	22	0.568	233
绥化	0.509	140	0.376	233	0.207	188	0.496	259	0.959	2
石家庄	0.507	141	0.504	72	0.127	252	0.716	6	0.680	169
阳泉	0.505	142	0.487	88	0.172	214	0.571	172	0.792	88
自贡	0.505	143	0.440	156	0.394	74	0.497	257	0.687	166
丹东	0.504	144	0.501	74	0.171	215	0.484	265	0.859	41
孝感	0.503	146	0.38	228	0.344	100	0.52	232	0.767	103
宜春	0.503	145	0.379	231	0.190	201	0.552	196	0.889	24
阜新	0.502	147	0.484	91	0.355	91	0.442	276	0.727	130

地级及以上城市	城镇化健康发展指数		水平适当性指数		速度适中性指数		发展可持续性指数		城乡协调性指数	
	数值	排序	数值	排序	数值	排序	数值	排序	数值	排序
重庆	0.502	150	0.469	109	0.223	179	0.607	114	0.708	144
松原	0.502	148	0.460	120	0.302	121	0.586	146	0.660	182
萍乡	0.502	149	0.446	144	0.343	101	0.529	223	0.691	163
福州	0.501	151	0.456	129	0.266	145	0.661	40	0.620	202
韶关	0.501	152	0.440	157	0.391	75	0.557	186	0.616	205
辽源	0.500	153	0.485	89	0.182	206	0.623	92	0.712	142
秦皇岛	0.499	154	0.529	61	0.212	186	0.639	70	0.615	207
张掖	0.499	156	0.450	138	0.205	190	0.523	229	0.818	68
吕梁	0.499	155	0.317	283	0.230	173	0.620	97	0.830	62
连云港	0.498	158	0.410	195	0.428	65	0.581	153	0.574	229
池州	0.498	159	0.393	216	0.185	203	0.642	65	0.772	98
鹤岗	0.498	157	0.315	284	0.353	94	0.396	284	0.928	6
晋中	0.497	160	0.433	167	0.173	213	0.600	123	0.785	89
鹰潭	0.497	161	0.408	198	0.269	142	0.632	80	0.680	170
滨州	0.496	163	0.506	70	0.105	261	0.653	55	0.719	138
泉州	0.496	162	0.468	111	0.244	161	0.679	25	0.593	217
遂宁	0.496	164	0.392	218	0.168	216	0.571	171	0.852	44
南平	0.494	166	0.477	101	0.299	123	0.500	252	0.702	152
哈尔滨	0.494	165	0.469	108	0.280	134	0.556	190	0.671	175
宝鸡	0.494	167	0.423	178	0.182	205	0.663	35	0.707	146
泸州	0.493	169	0.415	186	0.387	76	0.560	181	0.608	211
淮南	0.493	168	0.414	188	0.202	194	0.510	244	0.846	49
北海	0.492	171	0.445	149	0.260	149	0.636	75	0.628	199
漯河	0.492	170	0.375	235	0.147	236	0.628	88	0.820	66
日照	0.491	172	0.466	113	0.155	229	0.650	59	0.692	161
内江	0.491	173	0.399	213	0.157	227	0.581	152	0.828	63
乐山	0.489	175	0.467	112	0.316	117	0.500	253	0.674	174
商丘	0.489	174	0.349	270	0.238	167	0.517	237	0.854	43
衢州	0.487	176	0.458	126	0.179	208	0.573	167	0.738	123

地级及以上城市	城镇化健康发展指数		水平适当性指数		速度适中性指数		发展可持续性指数		城乡协调性指数	
	数值	排序	数值	排序	数值	排序	数值	排序	数值	排序
七台河	0.486	177	0.444	151	0.252	152	0.508	248	0.739	121
湛江	0.486	178	0.441	155	0.342	102	0.635	76	0.528	255
合肥	0.485	180	0.478	100	0.235	168	0.629	87	0.598	214
玉溪	0.485	181	0.474	106	0.316	116	0.640	69	0.510	263
沧州	0.485	179	0.425	174	0.328	112	0.747	5	0.441	282
咸阳	0.484	183	0.428	171	0.322	114	0.628	89	0.559	240
宿州	0.484	182	0.357	257	0.288	128	0.567	178	0.723	131
三明	0.483	185	0.495	81	0.247	158	0.608	112	0.582	225
伊春	0.483	184	0.251	288	0.501	50	0.344	287	0.836	60
洛阳	0.482	186	0.460	121	0.181	207	0.634	77	0.652	186
鹤壁	0.480	188	0.379	230	0.213	185	0.606	117	0.721	135
抚州	0.480	187	0.359	254	0.202	193	0.519	234	0.840	58
六盘水	0.478	189	0.368	241	0.499	52	0.553	195	0.491	270
达州	0.476	190	0.351	263	0.407	69	0.557	187	0.590	220
龙岩	0.475	191	0.477	102	0.282	132	0.598	127	0.543	250
湘潭	0.475	192	0.447	141	0.238	166	0.616	103	0.598	215
金昌	0.475	193	0.404	204	0.276	138	0.513	241	0.705	149
焦作	0.474	194	0.417	184	0.158	226	0.458	273	0.860	40
崇左	0.473	195	0.381	226	0.245	160	0.543	208	0.723	132
菏泽	0.472	196	0.361	250	0.217	182	0.615	106	0.693	159
运城	0.471	198	0.493	83	0.085	271	0.531	221	0.775	96
长治	0.471	197	0.414	190	0.112	259	0.636	73	0.722	134
广安	0.470	199	0.318	282	0.077	275	0.620	96	0.866	38
淮北	0.468	200	0.407	200	0.263	148	0.525	227	0.676	172
巴中	0.468	201	0.354	260	0.097	266	0.473	269	0.948	4
武威	0.466	203	0.436	164	0.145	239	0.483	267	0.799	83
安顺	0.466	202	0.353	261	0.249	156	0.516	238	0.747	112
锦州	0.465	205	0.500	78	0.117	256	0.585	147	0.657	183
张家口	0.465	204	0.464	115	0.279	135	0.544	206	0.574	230

续表

地级及以上城市	城镇化健康发展指数		水平适当性指数		速度适中性指数		发展可持续性指数		城乡协调性指数	
	数值	排序	数值	排序	数值	排序	数值	排序	数值	排序
常德	0.465	206	0.459	123	0.216	183	0.597	131	0.588	221
德州	0.461	207	0.435	166	0.194	200	0.666	34	0.550	245
临沧	0.461	208	0.402	207	0.248	157	0.494	260	0.700	155
鞍山	0.460	209	0.476	104	0.058	279	0.568	176	0.738	124
朝阳	0.460	210	0.449	139	0.099	264	0.574	165	0.718	139
平凉	0.459	212	0.421	179	0.227	175	0.444	275	0.746	113
揭阳	0.459	211	0.300	287	0.351	96	0.535	217	0.649	188
南宁	0.456	213	0.440	160	0.175	210	0.595	132	0.615	208
遵义	0.455	214	0.389	222	0.353	93	0.588	144	0.491	271
黄山	0.454	215	0.461	117	0.137	247	0.532	220	0.685	167
吉安	0.453	216	0.391	219	0.253	151	0.553	192	0.616	206
济宁	0.452	217	0.489	85	0.101	263	0.641	66	0.579	228
眉山	0.452	218	0.411	194	0.250	155	0.524	228	0.621	200
绵阳	0.451	219	0.481	96	0.161	224	0.553	193	0.608	212
丽水	0.448	220	0.461	116	0.212	187	0.552	197	0.569	232
宜宾	0.448	222	0.399	212	0.250	154	0.576	159	0.567	234
钦州	0.448	221	0.351	264	0.231	172	0.590	140	0.621	201
中卫	0.447	223	0.409	197	0.144	240	0.542	210	0.692	162
渭南	0.446	225	0.358	256	0.080	274	0.574	164	0.771	100
六安	0.446	224	0.327	280	0.153	233	0.530	222	0.775	97
承德	0.444	226	0.453	136	0.133	249	0.546	205	0.642	191
株洲	0.442	227	0.455	131	0.218	181	0.552	198	0.543	251
保山	0.442	228	0.428	172	0.095	267	0.433	278	0.813	75
普洱	0.442	229	0.404	203	0.287	129	0.486	264	0.593	218
芜湖	0.441	230	0.408	199	0.102	262	0.663	36	0.593	219
安阳	0.441	231	0.402	208	0.166	218	0.554	191	0.641	193
兰州	0.441	233	0.362	248	0.023	284	0.598	126	0.780	92
信阳	0.441	232	0.359	253	0.223	178	0.620	98	0.561	239
四平	0.439	234	0.481	97	0.098	265	0.519	235	0.657	184

地级及以上城市	城镇化健康发展指数		水平适当性指数		速度适中性指数		发展可持续性指数		城乡协调性指数	
	数值	排序	数值	排序	数值	排序	数值	排序	数值	排序
肇庆	0.439	235	0.445	148	0.276	137	0.560	184	0.477	278
柳州	0.438	236	0.474	107	0.164	221	0.553	194	0.562	238
广元	0.437	237	0.458	127	0.150	235	0.502	250	0.639	194
郴州	0.435	238	0.414	189	0.195	198	0.592	138	0.540	252
桂林	0.434	241	0.420	181	0.151	234	0.619	99	0.547	248
平顶山	0.434	239	0.417	185	0.147	237	0.592	137	0.580	227
益阳	0.434	240	0.384	224	0.119	255	0.548	202	0.685	168
昭通	0.430	243	0.333	277	0.290	127	0.522	231	0.573	231
亳州	0.430	242	0.320	281	0.094	268	0.561	180	0.746	114
开封	0.429	244	0.406	202	0.164	220	0.560	182	0.586	222
十堰	0.428	247	0.482	93	0.228	174	0.539	214	0.463	280
邢台	0.428	245	0.374	236	0.225	177	0.549	200	0.567	235
许昌	0.428	246	0.370	239	0.130	251	0.656	52	0.557	242
南充	0.426	248	0.379	232	0.144	241	0.484	266	0.696	158
汉中	0.425	251	0.489	86	0.044	283	0.584	149	0.583	224
永州	0.425	250	0.425	175	0.201	195	0.508	249	0.565	236
南阳	0.425	249	0.366	243	0.184	204	0.520	233	0.632	195
吴忠	0.424	253	0.381	227	0.058	280	0.509	247	0.750	109
白银	0.424	252	0.369	240	0.264	147	0.526	226	0.537	253
黄冈	0.423	254	0.424	177	0.244	162	0.510	246	0.515	261
荆州	0.422	255	0.432	168	0.174	212	0.560	183	0.522	258
岳阳	0.422	256	0.419	182	0.198	197	0.583	151	0.488	273
邯郸	0.421	257	0.413	191	0.143	242	0.608	113	0.520	259
固原	0.421	258	0.353	262	0.055	282	0.497	256	0.776	94
邵阳	0.419	259	0.403	206	0.239	165	0.552	199	0.482	275
张家界	0.419	260	0.351	265	0.113	258	0.511	243	0.702	153
衡水	0.417	261	0.388	223	0.206	189	0.572	170	0.503	267
滁州	0.417	262	0.372	237	0.167	217	0.581	154	0.549	246
阜阳	0.417	263	0.331	279	0.106	260	0.601	122	0.629	198

地级及以上城市	城镇化健康发展指数		水平适当性指数		速度适中性指数		发展可持续性指数		城乡协调性指数	
	数值	排序	数值	排序	数值	排序	数值	排序	数值	排序
濮阳	0.416	264	0.364	244	0.156	228	0.602	121	0.544	249
资阳	0.415	265	0.401	211	0.084	272	0.510	245	0.664	179
九江	0.413	266	0.407	201	0.194	199	0.670	30	0.379	287
曲靖	0.412	267	0.376	234	0.145	238	0.639	71	0.487	274
定西	0.411	268	0.380	229	0.139	245	0.417	282	0.707	147
随州	0.409	269	0.393	217	0.162	223	0.576	160	0.505	266
云浮	0.404	270	0.402	209	0.165	219	0.497	258	0.551	244
丽江	0.402	272	0.412	193	0.226	176	0.492	262	0.479	276
驻马店	0.402	271	0.356	258	0.121	254	0.575	163	0.554	243
天水	0.402	273	0.341	275	0.164	222	0.493	261	0.610	210
梅州	0.398	274	0.394	215	0.114	257	0.580	157	0.506	264
安庆	0.395	275	0.359	255	0.158	225	0.568	177	0.494	269
梧州	0.394	276	0.344	274	0.350	97	0.523	230	0.358	288
陇南	0.382	277	0.309	286	0.142	244	0.410	283	0.667	177
上饶	0.381	278	0.361	251	0.127	253	0.544	207	0.490	272
玉林	0.381	279	0.356	259	0.070	277	0.547	204	0.548	247
怀化	0.376	280	0.425	176	0.089	269	0.477	268	0.514	262
保定	0.375	281	0.368	242	0.057	281	0.651	57	0.422	283
娄底	0.375	283	0.346	273	0.086	270	0.574	166	0.496	268
周口	0.375	282	0.315	285	0.189	202	0.516	239	0.479	277
庆阳	0.363	284	0.332	278	0.143	243	0.441	277	0.535	254
河池	0.358	285	0.372	238	0.065	278	0.516	240	0.477	279
铜仁	0.348	286	0.351	266	0.083	273	0.430	279	0.527	256
赣州	0.340	287	0.382	225	0.077	276	0.490	263	0.413	286
百色	0.330	288	0.348	271	0.132	250	0.425	281	0.415	284

第五章

新型城镇化的目标模式和实现机制

新型城镇化是一种全新的城镇化，不仅具有全新的内涵、特征和要求，在目标要求上也具有新的诉求。推进新型城镇化不仅要促进城镇化健康发展，更要发挥城镇化的引擎功能，促进国民经济持续健康发展和综合国力稳步提高。实现新型城镇化，需要借助速度、水平与质量协调机制（质量关系），工业化、信息化、农业现代化与城镇化同步发展机制（产城关系），城乡统筹发展机制（乡城关系），生态文明与城镇化融入机制（代际关系）等机制。

第一节　新型城镇化的主要目标

作为一种新的发展理念，新型城镇化至少应该涵盖三个方面的目标诉求，即促进城镇化健康发展、促进国民经济持续健康发展和促进综合国力稳步提高。

一　促进城镇化健康发展

新型城镇化本身就是相对于病态城镇化而提出的新的城镇化理念，促进城镇化健康发展既是其首要目标，也是其题中应有之义。尽管城市病是伴随城镇化快速发展而出现的一个经济现象，但城市病的严重程度、危害大小、出现早晚、存续时间等更主要的还是受到主观认识、经济模式、制度安排等人为因素的影响。譬如，由于对城镇化必然性和自身发展规律性、中国国情的特殊性和中国城镇化的特殊性的认识不足，导致害怕城镇化带来"城市病"而人为限制城镇化发展，后来虽然认识到城镇化的意义，但又没有认清城镇化与工业化、城镇发展与农村发展、城镇化与人口非农化、土地城镇化与人口城镇化、人口城镇化与城镇建设和管理、城镇经济发展与生态环境保护等相互之间的关系，由此实施了一系列不利于城镇化健康发展的体制和制度，如政府对市场的过多干预和城乡有别的户籍、劳动就业、社会保障、土地、住房、教育等城乡二元制度①，就难以避免"滞后城镇化""半城镇化""被城镇化""过度城镇化""大跃进式城镇化""贵族化城镇化"以及城镇化建设和管理滞后等问题的出现。② 所以，倡导新型城镇化，就是要通过更新观念、提高认识，自觉遵循城镇化发展规律，尽可能避免各种"城市病"，促进城镇化健康发展。促进城镇化健康发展，关键是要通过深化改革和制度创新，以人的城镇化为核心，妥善处理城镇化与工业化、农业现代化、城镇化与生态环境保护、城镇化与城镇基本建设之间的关系，切实提高城镇化的质量。

二 促进国民经济持续健康发展

国民经济持续健康发展是经济社会发展的基石和前提，也是实现中国梦的核心内容和最重要的保障。目前，国民经济持续健康发展遭遇重大挑战，国内需求增长缓慢、产业结构升级遇阻、经济发展方式转变困难，成为国民经济持续健康发展亟须突破的三个瓶颈。近十几年来，扩内需、调结构、转方式虽然被视为经济发展的重要任务，但成效并不显著。2011 年，我国城镇化率首次突破 50%，将会对扩内需、调结构、转方式产生实质性的推动。

第一，城镇化是扩大内需的最大潜力所在。简单地说，城镇化

---

① 黄锟：《中国农民工市民化制度分析》，中国人民大学出版社，2011，第 67~82 页。
② 简新华等：《中国城镇化的质量问题和健康发展》，《当代财经》2013 年第 9 期。

就是农民进城，意味着农民的生产方式、生活方式、思想观念都将发生巨大的变化，由此必将带来消费结构的升级和消费需求的大幅增加，同时还将产生庞大的基础设施、公共服务设施以及住房建设等投资需求。2018 年底，我国城镇化率达到 59.58%，但若仅按城镇户籍人口统计，城镇化率也就在 43.37%，还有 2.88 亿农民工。如果 2030 年之前每年城镇化率提高 1 个百分点或者城镇每年吸纳 1000 万农业转移人口，则 2019～2030 年将有 1.2 亿农民或农民工转化为市民。目前我国城镇居民人均收入是农村居民人均收入的 2.71 倍，人均消费是农村居民的 2.3 倍左右。这意味着农民成为城市居民后收入和消费将扩大到 2 倍以上。据此测算，一个农民转化为市民，消费需求将会增加 1 万多元。城镇每年吸纳 1000 万农业剩余人口进城，可以带动 1000 多亿元的消费需求，1.2 亿农民转化为市民，总共可以新增 1.2 万亿元的消费需求。同时，城镇化必然带动基础设施、公共服务设施建设和住房开发等多方面的投资需求。据有关专家测算，每增加 1 个城市人口可带动城镇固定资产投资 50 万元，那么新增 1.2 亿人口将会带动新增投资 60 万亿元，若按照 2030 年转移完 4 亿人口估算，则每年将会带动新增投资 15 万亿元。

第二，新型城镇化既需要产业支撑，也是产业结构升级的重要平台。城镇化是社会生产力发展、技术进步和产业结构调整的结果。在城镇化进程中，农业是基础，农业为城镇化提供初始动力。只有农业劳动生产率发展到一定程度，才能形成剩余的土地、粮食、人口、资本，为城镇化提供最基本的要素，以及产生社会分工，形成工业部门和商业部门。而建立在农业和农村发展基础上的小城镇发展，也是我国城镇化的一个重要特征，促进了大中小城市与小城镇协调发展的新型道路的形式。工业化是城镇化的根本动力。在工业化的带动下，第二产业提供大量的就业岗位，吸引农业剩余人口向城镇转移，有利于促进城镇化进程。工业化所提供的大量工业品，需要依靠消费市场的扩大和消费能力的提高来消化，而城镇化正是这样一条路径。从城镇化与工业化进程的关系看，我国城镇化既要纠正中国过去城镇化滞后的缺陷，又要防止部分发展中国家出现的"过度城市化"的偏差，力求实现城镇化与工业化的适度同步发展。服务化是城镇化的后续动力。农业和工业对于城镇化的推动作用是有限的，当农业份额不能再继续下降和工业份额无法再继续提高时，农业和工业对城镇化的推动动力就趋于削弱，这时城镇化要继续推进就需要依靠第三产业的发展。事实证明，第三产业的发展不仅进一步促进了城镇的经济发展，增强了城镇的经济实力，吸纳了更多的劳动力，巩固和增强了城镇在经济发展中的中心地位，而且能够直接推动城市基础设施建设，促进城市现代文明程度，塑造现代集约、智能、绿色、低碳的宜居生态城镇，提高城镇生活质量和城镇发展品质。

由此可见，新型城镇化离不开农业、工业和服务业的协调发展。同时，新型城镇化也能够为各次产业发展和产业结构升级创造有利条件。首先，从需求角度来看，城镇化意味着需求总量增加和需求结构升级，从而为产业升级创造内在动力。其次，从供给角度来看，城镇化能够为产业结构升级提供基础设施、公共服务、技术装备、人才支持、社会环境等，从而为产业升级提供必要保障和条件。

第三，新型城镇化也能够为经济发展方式转变创造必要条件。虽然历经十几年努力，中国经济发展方式并没有取得多大成效，距离预期的集约度相去甚远。当前，转变经济发展方式的重点和难点，一是由主要依靠投资和出口拉动，向依靠消费、投资、出口协调拉动转变；二是由主要依靠第二产业带动，向依靠三次产业协同带动转变；三是由主要依靠增加物质资源消耗，向主要依靠科技进步和提高劳动者素质转变。然而，我国城镇化存在低密度、粗放型的城镇化发展方式，重生产轻消费的功能定位，重投资轻消费的投资取向，重第二产业轻第三产业的产业结构，片面发展城镇忽略农村发展的城乡二元、城乡分割的城乡结构，以及城镇化滞后于工业化、城镇建设滞后于城镇经济发展、城镇化过程中农业剩余劳动力转移不彻底性等问题。这些问题在不同程度上直接或间接阻碍了上述经济发展方式的转变。而新型城镇化就是针对并致力于解决上述城镇化问题，通过城镇化科学规划和健康发展，转变城镇化发展方式，妥善处理城镇化过程中的重大关系和结构性问题，走集约、智能、绿色、低碳、四化同步、城乡一体、发展可持续的新型城镇化道路，必将为经济发展方式转变提供必要的需求结构、产业结构、就业结构、技术基础、人力保障等。

三　促进综合国力稳步提高

城市是现代文明的标志，是经济、政治、科技、文化、教育的中心，集中体现了国家的综合国力和国际竞争力。100 多年前恩格斯说过，在英国伦敦，"250 万人这样聚集在一个地方，使这 250 万人的力量增加了 100 倍"。[①] 恩格斯的这一论断指出了城市的规模效应和城市在国家综合国力上的重要意义。城镇化水平越高，土地、基础设施的利用效率就越高，同时城市产业间会形成产业链，带动相关产业的兴起，各大行业间的互动性使城市的经济总量成倍增长。因此，著名发展经济学家刘易斯认为，劳动力从农村流向城市本身即为经济发展的一个重要标志。

在经济全球化和区域经济一体化的背景下，城市在全球活动和区域经济中的地位更加重要。在新经济形势下，世界各国及地方政府都致力于认识、培育和提高城市竞争力，以期在全球范围内的战略争夺和资源聚集方面占据有利地位。城市竞争力是一个城市在竞争和发展过程中所具有的创造财富和价值收益的能力。在赫金斯（Huggins）的三要素模型中，城市竞争力由商业密度（单位企业）、科技企业比重和经济参与率（活动率），生产率（人均 GDP），工人成果、收入以及失业三类因素决定。[②] 在彼得提出的城市竞争力解释

---

① 《马克思恩格斯全集》第 2 卷，人民出版社，1957，第 303 页。
② Paul Cheshire, Gianni Carbonaro Dennis Hayl, "Problems of Urban Decline and Growth in EEC Countries: Or Measuring Degrees of Elephantness", *Urban Studies*, 1998, 23 (2), pp. 131 – 149.

性框架中，经济因素和战略因素共同决定城市竞争力，其中经济因素包括生产要素、基础设施、区位、经济结构和城市环境。① 倪鹏飞的"弓弦箭模型"将硬竞争力比作弓，将软竞争力比作弦，将城市产业比作箭，它们之间相互作用形成城市竞争力。其中硬竞争力由人才竞争力、资本竞争力、科技竞争力、结构竞争力、基础设施竞争力、环境竞争力、区位竞争力、集聚力构成；软环境竞争力由秩序竞争力、文化竞争力、制度竞争力、管理竞争力、开放竞争力构成。②

提升城市竞争力和综合国力需要提升城市的规模和效益，形成具有巨大集聚效应和扩散效应的城市群。城市群是城市发展到成熟阶段的最高空间组织形式，是在地域上集中分布的若干城市和特大城市集聚而成的庞大的、多核心的、多层次的城市集团，是大都市区的联合体。目前，城市群已经成为发达国家城镇化发展的具体形态。城市群在集聚经济的同时，也在集聚人口。世界五大城市群具有很大的集聚度，也是国际上最具竞争力的地方。我国有京津冀、长三角、珠三角三个国家级城市群，这些城市群在人口、产业上都有相当高的集聚度，成为我国提升综合国力、参与国际竞争合作的主要平台。表5-1显示的是中国长三角城市群与世界上其他五大城市群集聚度相比较的情况。

表5-1　中国长三角城市群与世界上其他五大城市群集聚度比较

单位：%

城市群	国土面积比	人口集聚度	经济集聚度
美国东北部城市群	1.5	18	24
美国五大湖城市群	2.2	16	18
英国伦敦城市群	18.4	65	80
欧洲西北部城市群	20.2	35	44
日本太平洋城市群	26.5	69	74
中国长三角城市群	1.5	5.9	18.1

---

① 〔美〕迈克尔·波特：《国家竞争优势》，李明轩、邱如美译，华夏出版社，2002，第69页。

② 倪鹏飞等：《中国城市竞争力报告 No.5》，社会科学文献出版社，2009。

第二节　新型城镇化的实现机制

实现新型城镇化，需要借助于四大机制，即速度、水平与质量协调机制（质量关系），工业化、信息化、农业现代化与城镇化同步发展机制（产城关系），城乡统筹发展机制（乡城关系），生态文明与城镇化融入机制（代际关系）。

一　速度、水平与质量协调机制

"城市病"发展阶段理论表明，"城市病"是城镇化发展过程中的伴生现象，是城镇化发展到一定阶段的产物，与城镇化速度和城镇化水平高度相关。根据经验数据，当城镇化率低于30%或高于70%时，城镇化发展速度则相对较慢，"城市病"处于隐性或康复阶段，城镇化质量较好，发展较健康；当城镇化率达到30%~70%时，城镇化处于加速发展阶段，速度较快，"城市病"也处于显性和发作阶段。

图5-1直观地显示了城镇化速度、水平与质量之间复杂的互动关系。在图5-1中，x轴为城镇化质量，y轴为城镇化速度和水平。城镇化速度、水平与质量之间的互动关系体现在4大象限和16个小象限之中，共包含16种不同类型的互动关系组合。其中第一象限为高质量、高速度、中上水平象限，第二象限为低质量、高速度、中下水平象限，第三象限为低速度、低质量、低水平象限，第四象限为高质量、低速度、高水平象限。在每一个象限内部，根据城市化速度、水平与质量的关系又可以细分为四个小象限。

如果将城镇化划分为欠发达阶段、初等发达阶段、中等发达阶段、发达阶段四个发展阶段，则城镇化分别对应着完全不健康、基本不健康、基本健康、完全健康四种健康状况，它们与城镇化速度、水平与质量之间的组合关系见图5-2。图5-2表现了城镇化发展阶段、健康状况与城镇化速度-水平-质量组合的对应关系。该对应

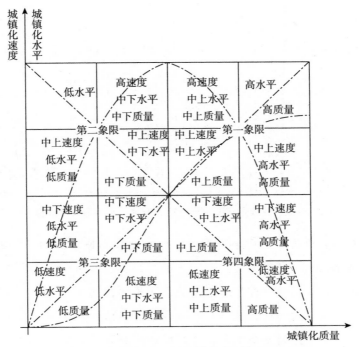

图 5 - 1　城镇化速度、水平和质量关系演变矩阵

注：图中"倒 U 型"抛物线为城镇化速度演变曲线；图中拉长的"S 型"曲线为城镇化水平曲线。

关系表明，在城镇化进程中，城镇化发展阶段、城镇化健康状况与城镇化速度－水平－质量组合有着比较确定的对应关系，即随着城镇化发展经历欠发达阶段、初等发达阶段、中等发达阶段、发达阶段，城镇化健康状况也分别对应着完全不健康、基本不健康、基本健康、完全健康等健康状况，以及不同的城镇化速度－水平－质量组合。

可见，城镇化水平与城镇化质量同步发展的程度很高，二者的高低好坏共同决定城镇化健康状况。一般来说，城镇化水平和城镇化质量越高，城镇化就越健康；城镇化水平和城镇化质量越低，城镇化就越不健康。城镇化健康状况与城镇化发展速度关系不大，完全健康的城镇化对应着低速度、中下速度、中上速度和高速度四种不同速度，而完全不健康、基本不健康和基本健康的城镇化也同样

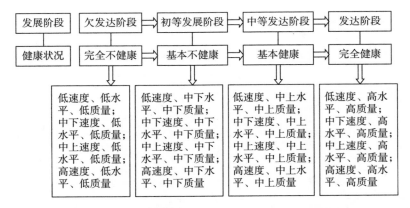

图 5-2　城镇化不同健康状况的速度、水平与质量组合

可以对应着低速度、中下速度、中上速度和高速度四种不同速度。由于城镇化水平随城镇化进程而不断提高，是城镇化发展的必然结果，因此，如果在没有政府干预的市场规律作用下，城镇化将是一个自然的历史过程。在这一自然过程中，城镇化水平不断提高，城镇化质量也会得到逐渐提升，从而城镇化健康状况就会逐步由不健康向健康转变。换句话说，在没有政府干预的条件下，城镇化健康状况完全是城镇化自身内在规律的自然结果，政府引导推进城镇化必须首先遵循城镇化自身发展规律，不能错位干扰或取代城镇化自身发展规律，否则就难以实现城镇化健康发展。

二　城镇化与工业化、信息化、农业现代化同步发展机制

如图 5-3 所示，城镇化要在与工业化、信息化和农业现代化"四化融合"中发展，促进工业化和城镇化良性互动、信息化和城镇化深度融合、城镇化和农业现代化相互协调，促进城镇发展与产业支持、就业转移和人口集聚相统一。城镇化要有产业支撑，兴城必先兴业，要以业聚人、以市兴城、产城融合。没有产业支撑的城镇化，就是"唱空城计"，容易产生"鬼城"。发达国家和一些东亚国家和地区，由于很好地协调了城镇化和产业发展，实现了现代化。相反，拉美一些国家现代化进程出现反复甚至停滞，一个很重要的

原因就是在城镇化过程中产业发展没能跟进,就业创业问题解决得不好,出现了"过度城镇化"和城市贫民窟等社会问题。

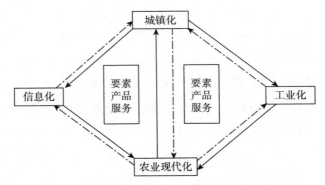

**图 5 - 3　城镇化与工业化、信息化和农业
现代化同步发展机制**

1. 工业化和城镇化良性互动

从国际经验和我国实际情况来看,工业化是城镇化的发动机,城镇化是工业化的促进器,城镇化必须有产业和市场支撑,城镇化超前或是滞后都不利于城镇化的健康发展。服务业是城镇就业最大的容纳器,发达国家走过的路子也反映了这一点。目前,发达国家服务业产值和就业比重都在70%~80%甚至在80%以上,中等收入国家也在50%~60%,2018年我国服务业增加值比重不到52.2%,就业比重只有46%,发展的潜力很大。

2. 城镇化和信息化深度融合

城镇化是信息化的主要载体,为信息化的发展提供广阔的发展空间,为信息产业提供需求和市场;信息化提升城镇化的品质,提升和整合城镇功能,使城镇功能和产业结构进一步优化,带动城镇化向更高级的城镇化迈进。21世纪是人类社会由工业经济社会转变为知识经济(或信息经济)社会的时代,知识经济是社会经济发展的最新阶段,知识成为越来越重要的生产要素,以信息技术为核心的高新技术向各个领域渗透。经济知识化、信息化、网络化、全球化是当今世界的大趋势,正在改变人类的生产方式、交往方式、思维方式和生活方式,也丰富和改变了现代化、工业化和城镇化的内涵和实现条件。21世纪的现代化、工业化、城镇化都离不开信息化，都要以信息化作为最重要的内容和特征；推动和支撑城镇化发展的不仅有传统工业，更重要的是高新技术产业和新兴产业；城镇化的发展，不能仅考虑工业化的要求，还要适应知识化、信息化、网络化、全球化的需要，城市的建设和管理也要逐步实现信息化、数字化，智慧城市、数字城市、网络城市建设加速推进；交通、通信更加方便、快捷，加快城镇化步伐、消除城乡差别的经济技术条件更加优越；城镇化将不再与生态破坏、环境污染同步，技术密集、清洁型的工业将取代劳动密集、高污染的工业，减少对能源和资源的需求，可以开发环保型的新能源，又可以通过新技术、新材料实行封闭的工业生态循环。

3. 城镇化和农业现代化相互协调

新型城镇化和农业现代化相辅相成，共同发展。农业现代化是城镇化发展的基础，城镇化是实现农业现代化的前提，并带动农业现代化的发展。没有农业的发展、农村的繁荣、农民的富裕，就不可能有城镇的繁荣与健康发展。首先，城镇化依赖农业现代化。农业现代化是城镇化的最初动力，没有农业现代化就没有城镇化。农业现代化不仅为城镇化提供了土地、劳动力、资本等最初的基本生产要素和粮食安全保障，而且带动了农业企业不断壮大集中，促进小城镇发展，加速推进农村城镇化进程，缩小城乡差距逐渐，加快城乡一体化进程，促进城乡协调发展。其次，城镇化也为农业现代化提供有利条件和必要支持，没有城镇化就没有农业现代化。农业现代化的任何一个方面都需要雄厚的资金、技术、人才和市场支持，都需要高度发达的城镇化、工业化、信息化作坚强的后盾。例如，城镇非农产业的发展为农业现代化提供必要的硬件与软件支撑，城镇化创造着越来越多的非农就业岗位，吸引大量农村人口向城镇地区转移，使耕地逐渐集中，为农业实现规模化、机械化、专业化生产创造必要的外部条件。有关研究表明，在农村人口比重下降到25%以下时，农业集约化、规模化和专业化才能达到一定水平，农业的科技含量和服务水平才能大幅度提高，农民的收入水平和整体素质才会有明显的进步。

三　城乡统筹发展机制

城乡统筹发展机制是推进城乡统筹发展的各种要素之间的相互关系和作用机理。城市和乡村是区域发展的两翼，只有在城镇化进程中统筹城乡发展，整个区域经济才能可持续发展。在城乡经济发展中，存在集聚与扩散两种不同的效应，二者相互作用，决定了城镇化和区域经济发展及其空间结构演变。集聚效应使区域经济从孤立、分散的均质无序状态（城乡混杂阶段），逐渐发展为局部聚集、整体发展不平衡的低级有序状态（城乡分野阶段）；而扩散效应则使区域极化中心逐步向整个区域推进，最终使区域经济走向相对均衡的高级有序状态（城乡融合阶段）。它们的相互作用，使城乡区域空间结构由最初的低水平平衡阶段，因聚集效应而形成城乡二元结构并逐渐增强，再由扩散作用致使城乡二元结构逐渐减弱，最终形成城乡一体化。

按照集聚与扩散作用力大小来分，可将其发展过程分为集聚阶段、集聚扩散阶段、扩散集聚阶段、扩散阶段。在区域经济发展的不同阶段，集聚与扩散这两种效应的作用强度和方式不同（见图5-4）。在区域经济成长的初级阶段，生产要素有限，基于区域优势等有利条件，少数节点获得优先发展。在这个阶段，与扩散效应相比，集聚效应占优势，区域经济呈不平衡发展态势，区域空间逐渐形成中心-外围的二元结构。随着区域经济的进一步发展，集聚效应逐渐减弱，而扩散效应却不断增强，两种效应的作用力基本平衡，因而这时区域空间的中心-外围结构达到一种相对比较稳定的状态。到了区域经济发展的高级阶段，扩散效应逐渐增强，经济中心区的经济增长势能大规模向外围地区扩散，从而使原来的中心-外围结构越来越不明显，最终使区域差距逐步缩小，区域经济获得相对均衡的发展，区域空间一体化逐渐形成。可见，集聚效应会使经济活动进一步向条件好的高梯度地区集中，从而容易扩大核心地区与周围区域的经济发展差距；而扩散效应会促使经济活动从经济中心向其周围的低梯度地区扩散，从而致使经济中心的发展带动整个区域经济的发展。因此可以说，促进集聚形成的根本目的是发挥集聚中心的扩散效应，辐射、带动周边落后地区的发展，最终实现区域经济的协调发展。空间的集聚和扩散一般是在市场机制的作用下自发进行的，但是，通过改变空间集聚和扩散的条件，或者是使空间集聚和扩散的影响因素发生变化，可以改变空间集聚效应和扩散效应的强弱程度，改变集聚与扩散作用发展的阶段特征。

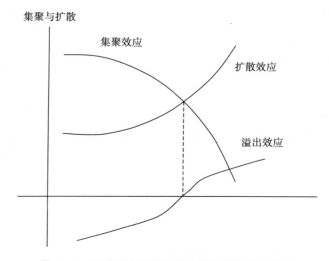

图 5 - 4　区域经济发展中的集聚效应和扩散效应

集聚与扩散的效应受到多因素的共同影响。一般来说，生产要素流动越充分、越自由，运输成本越小，两地的经济规模越大、经济水平越高、关联效应越强，经济集聚与扩散的效应就越强。此外，集聚与扩散主体的主观愿望也会影响集聚与扩散效应的大小。因此，在区域经济发展中，通过改变集聚和扩散的条件，或者使空间集聚和扩散的影响因素发生变化，就可以加快或者减缓空间集聚与扩散的速度，改变集聚与扩散效应的强弱程度和相对关系，从而改变区域经济发展的阶段特征。

在城乡经济系统中，通过加强城市对农村的集聚作用，提高城乡资源配置效率，在一定程度上能够有效提高城乡整体的经济发展水平和速度；同时，充分发挥政府的宏观调控作用，促进城市对农村的扩散作用，能够有效带动农村经济发展，缩小城乡经济发展差距。可见，通过促进城乡空间作用的充分发挥，统筹城乡发展，既能提高城乡资源配置效率，保证经济的快速发展，使城乡整体的经济水平得到有效提升，也可有效地促进城市对农村的辐射和带动作用，使农村经济发展速度和水平得到提高，从而缩小城乡差距。在区域经济发展的低级阶段，尽管城市对农村的集聚作用大于其扩散作用，但是，通过政府正确干预，改善扩散的条件，促进扩散作用的发挥，就可以缩小城市对农村扩散作用与集聚作用的差距，也就是说可以扩大溢出效应，缩小城乡差距。这样，在城乡经济发展水平较低的阶段，也能实现原来要在经济发展高级阶段才能实现的城乡统筹发展。因此，尽管城乡统筹发展的机制主要是通过市场机制作用下来实现的，但政府的规划、引导和参与同样不可或缺，如制定有关政策、法规，为市场运行提供一种宽松的、良好的环境，保证市场经济正常运行。

四　生态文明与城镇化融入机制

生态文明与城镇化融入机制协调的是城镇化进程中人与自然之间的天人关系以及人与子孙后代的代际关系。生态文明作为一种理念和文明形态，从人与自然关系的角度来反映人类文明的程度，强调人与自然和谐共处、良性互动和可持续发展，主张建设以资源环境的承载力为基础，以自然规律为准则，以可持续发展为目标的资源节约型、环境友好型社会。因此，生态文明与城镇化融入机制将为城镇化可持续发展提供世界观和方法论。

首先，在价值理念上，生态文明要求城镇化过程必须尊重自然、顺应自然和保护自然，努力构建城镇的生态文化、提高城镇居民的生态意识、倡导社会生态道德等生态文明理念的牢固树立。

其次，在社会实践上，生态文明要求城镇化在资源的利用、环境的保护、社会的和谐等方面做到合理和有效。在利用自然的同时又保护自然，形成人类社会可持续的生存和发展方式，要求城镇化从一个区域整体的角度考虑人与自然的平衡，强调大城市、中小城市和小城镇之间的功能协调互补，注重地区各自主体功能的发挥。同时，要对城镇内部进行合理的功能规划，必须使城镇内部的交换从开放的、直线的、单通道的模式变成一个闭路的、多循环的、仿生的模式，使大、中、小城市以及城镇之间既有交换的外循环，也有交换的内循环，甚至还有微循环。

最后，在时间维度上，生态文明是一个动态的历史过程，同样城镇化也是一个动态的历史过程。因此，将生态文明融入城镇化过程不能只看当前，要看得更加长远。生态文明不断地从低级向高级进步，所以认识生态文明融入城镇化过程必须有辩证的观点、历史的观点和与时俱进的观点。要实现这两个历史过程的同步协调发展。生态文明融入城镇化过程也不是一劳永逸的，这是一个不断实践、不断认识和不断解决矛盾的过程。而且，随着内外环境的变化，出现的矛盾也会变得越来越复杂和多样，这就更加需要用发展的历史观来认识生态文明指导下的城镇化的规律和内涵。

第三节　推进新型城镇化的基本思路

新型城镇化是一项复杂的社会系统工程，不仅涉及政府、企业、农民、市民多种主体，也涉及经济、社会、政治、文化、生态等多个领域。新型城镇化提倡按照新型城镇化的要求，遵循市场规律，科学规划，合理布局，以提高城镇化质量为核心，促进城镇化健康发展。

一　科学规划，完善城镇化战略格局

城镇化战略格局关系到城镇化的发展方向，是中国现代化发展

战略的重要内容。要在国家现代化战略布局框架下，以科学发展观为指导，认真研究制定我国城镇化发展的中长期规划和综合性的政策措施。要合理确定大中小城市和小城镇的功能定位、产业布局、开发边界，形成基本公共服务和基础设施一体化、网络化发展的城镇化新格局。特别要遵循城市发展的客观规律，考虑不同规模和类型城镇的承载能力，以大城市为依托，逐步形成辐射作用大的城市群，促进大中小城市和小城镇科学布局，加快构建和完善"两横三纵"城镇化战略格局。要科学规划城市群内各城市功能定位和产业布局，积极挖掘现有中小城市发展潜力，优先发展区位优势明显、资源环境承载能力较强的中小城市。

二　以人为本，有序推进农民工市民化

有序推进农民工市民化，需要树立包容性理念，以人为本，逐步降低城镇化的门槛。一是要根据城市的规模和综合承载能力，以就业年限、居住年限和城镇社会保险参加年限为基准，降低农民工落户条件。二是要适应农民工高流动性要求，尽快实现社会保障权益可顺畅转移、接续，逐步建立全国统一的社会保障体系。三是要积极完善多层次、多元化的住房保障体系，逐步将农民工纳入住房保障体系。四是要加强农民工教育和培训，提高农民工的就业能力和收入水平。五是要多渠道筹措资金，解决农民工市民化的高额成本。

三　"四化"同步，促进城镇化与新型工业化、信息化和农业现代化协调发展

城镇化需要产业支持，需要城乡协调发展。有城无业的城镇化是不可持续的。"四化"同步，就是要推动信息化和工业化深度融合、工业化和城镇化良性互动、城镇化和农业现代化相互协调，促进城镇发展与产业支撑、就业转移和人口集聚相统一，促进城乡要素平等交换和公共资源均衡配置，形成以工促农、以城带乡、工农

互惠、城乡一体的新型工农、城乡关系。

四　促进融合，将生态文明融入城镇化全过程

以城镇化为主要载体，将生态文明融入城镇化全过程，这是新型城镇化和生态文明建设的共同要求。将生态文明融入城镇化全过程，要以主体功能区战略为指导，科学制定与资源环境承载能力相适应的城镇化规划；要形成适应市场需求结构、可持续发展的产业结构体系，推进城镇生产方式的绿色、循环和低碳化转型；要围绕实现人的全面发展，加强城镇综合服务功能的建设；要努力培育生态文明意识，完善生态文化基础设施和公共服务载体建设，发展生态文化产业，形成永续传承的生态文化；要建立以生态补偿机制为主、以均衡性转移支付和地区间横向援助机制为辅的经济手段，促进区域城镇化的协调发展；要以科学的考评机制为载体，落实城镇化的生态文明"绿色导向"。

五　深化改革，释放改革红利

城镇化是一系列公共政策的集合①，城镇化的健康发展离不开体制机制创新。我国过去30多年城镇化的快速发展与体制创新密不可分，存在的矛盾和问题也与体制机制的不完善直接相关。在推进新型城镇化的过程中，必须把深化体制改革放在十分突出的位置，尤其要在土地制度、户籍制度、就业制度和社会保障制度等重要领域和关键环节取得突破。譬如，户籍制度改革必须以去利益化、城乡一体化、迁徙自由化为目标和方向，剥离户口所附着的福利功能，整体推进。土地管理制度改革要按照有利于明确和保护土地物权的思路，虚化所有权，强化承包权，建立以承包权为核心的农地产权制度，完善征地补偿机制，放开农村集体建设用地上市交易等。财税金融体制改革，既要建立健全公共服务能力，调整财政支出结构，

---

① 樊纲、武良成：《城镇化：一系列公共政策的集合》，中国经济出版社，2010，第1页。

强化政府基本公共服务供给的责任，又要加快地方税收体系建设，培育稳定的地方收入来源，加快开征房产税，合理确定土地出让收入在不同主体间的分配比例，建立多元化、多渠道的资金供给模式。此外，还要通过加快市镇体制改革，提高社会管理能力，加快形成设置科学、布局合理、功能完善、集约高效的行政管理体制。①

---

① 张占斌：《推进我国城镇化的基本思路和体制机制》，《中国经济时报》2012 年 11 月 15 日。

第六章

新型城镇化的机遇挑战和前景展望

新型城镇化的内涵更丰富，要求更苛刻，实现的难度也更大，必须清醒认识推进新型城镇化所面临的机遇和挑战，善于化危为机、转危为安，紧扣重要战略机遇新内涵，加快推进城镇化转型，全面实现新型城镇化的目标要求。

第一节　推进新型城镇化面临的发展机遇

一　经济全球化、信息化、知识化的有利时机

自 20 世纪 80 年代后期以来，随着以信息技术为核心的技术革命向纵深发展，信息经济、知识经济迅速发展，国际经济联系也日趋紧密，经济全球化迈进新的历史阶段。这些新的国际因素的出现，必将对未来中国的城镇化产生重要的影响。

自 20 世纪 90 年代以来，在各国宏观经济体制趋同、以跨国公司为典型代表的微观经济主体的全球性套利活动以及信息技术进步三大主要因素的推动下，经济全球化正日益成为一种不可逆转的潮流。虽然，目前经济全球化受到美国等少数国家"反全球化"思潮和单边主义的影响，但全球化趋势不可逆转。作为当代最具影响力的时代条件和最显著的外部环境，经济全球化将对中国城镇化产生许多积极而深刻的影响。

（1）经济全球化导致了城市国际化，进一步扩张了城市的规模和实力，加快了城市的发展。随着社会分工和社会化大生产的发展，城市的集聚效应和扩散效益越来越大。城市，尤其是国际性城市①，日益成为一个国家的主导产业和优势产业的集聚地，是一个国家组织社会化大生产最集中、最重要的场所，也是一个国家生产力水平最先进的区域，并在人、财、物、信息、整体文化等方面进行的跨国交流不断增加，其辐射力和吸引力影响到国外的城市。因此，城市的规模及其国际竞争力就成为决定一个国家的生产力水平及其在国际竞争中的地位的重要因素。

（2）经济全球化使资源的全球配置成为可能，并要求资源配置方式市场化。在世界范围内，所有发达国家和大多数发展中国家都是市场经济国家，市场方式是国际上通行的和主流的资源配置方式。由于经济全球化在本质上是一个自发的市场机制作用的过程，因此，随着经济全球化的发展，全球性的资源配置方式日趋一元化，从而城镇化也越来越主要地由市场方式来推进。

（3）经济全球化为中国城镇化过程中克服资源瓶颈、发挥比较优势和后发优势提供了可能。经济全球化在为中国城镇化带来巨大挑战的同时，也为中国城镇化带来了发展机遇，即在全球化背景下，中国城镇化具有自身的比较优势和后发优势。中国城镇化比较优势和后发优势实质上就是要求中国根据本国的国情，善于发现和充分利用本国的资源、体制等方面的优势，走出一条适合本国国情、具有中国特色的城镇化道路。

（4）经济全球化不仅促进了大城市的扩展，也有利于小城镇的发展，必然导致多元化的城镇化道路。大城市集中了先进的技术装备、专业人才和科学管理，同时有着较好的基础设施建设，具备良好的投资环境，因此，大城市作为理想的投资场所和广阔的商品销售市场，是外商首先选中的目标。同时，经济全球化也会推进小城

---

① 所谓国际化城市，主要是指在现代经济技术高度发达和广泛联系的基础上，具有世界或区域中心地位的现代化城市。它的特征为：一是国际化，二是大都市。

镇的发展。一方面，根据海默（S. Hymer）的"新国际劳动力分工"理论，劳动生产已由传统工业国的中心转移到新兴发展中国家的"全球性郊区"。① 从国际性分工的趋势来看，跨国公司极有可能在一些地理上优越的小城镇设厂。另一方面，为了争取在经济全球化中的竞争优势，经济结构及空间布局需要进行重大调整，某些产业必然会向小城镇扩散和转移，这将大大促进小城镇的发展和功能的提升，将农村城镇化推向一个新的发展时期。

自 20 世纪 60 年代西方国家爆发以微电子、电子通信和计算机等技术为核心的新技术革命以来，人类社会又迎来了信息经济时代。信息化、知识化是人类社会继农业革命、城镇化、工业化后的又一浪潮，它的主要目标不仅是发展信息产业、知识产业，而且要提高社会各领域信息技术的应用和信息资源开发利用水平，从而提高社会各领域的效率和质量，为社会提供更高质量的产品和服务。以信息化、知识化、网络化、国际化为特点的信息经济、知识经济的崛起，赋予城镇化新的内涵，对城镇化具有深远的影响。② 其主要表现为：①动力机制。信息化、网络化逐渐会代替工业化，成为支撑城镇化的主动力。其表现为，信息在市场上汇聚和交流，将单个市场置于全国的大流通网络中甚至世界网络中，扩张辐射范围，增强交易能力，由市场群落演化为商业城镇。②空间结构。发达的信息业为以远程经济活动、远程工作方式为生产组织形式的城市提供了可能。信息产业对资源和生产规模的依赖性降低，城市的建设将由高度集中转向适当的松散布局，或者说转变为更广泛的集聚。③城乡联系。在信息化、网络化的作用下，城乡之间将必然构成一个网络系统，通过经济网络、流通网络、信息网络，实现城市与乡村之间人流、物流、能量流、信息流的自由平等交换，开放和合作成为城

---

① Hymer, S. H., *The International Operations of National Firms: A Study of Direct Foreign Investment*, Cambridge: MA: MIT Press, 1960, p. 253.

② 祝影：《知识经济与人口压力：21 世纪中国城市化发展理念》，《经济地理》2001年第 6 期。

市和乡村联系的主题。④生态环境。城镇化将不再与生态破坏、环境污染同步，技术密集、清洁型的工业将取代劳动密集、高污染的工业，减少对能源和资源的需求，可以开发环保型的新能源，又可以通过新技术、新材料实现封闭的工业生态循环。

二　世界城市化、逆城市化、郊区城市化趋势的积极影响

从前面的分析可见，目前虽然发达国家的城市化已经进入高度城市化后的缓慢甚至停滞的后期阶段，城市化任务基本完成，但是广大发展中国家正处于快速发展阶段。而且，可以预见的是，在 21 世纪中叶以前，城市化将一直处于高速发展态势。但是，后工业时期的城市化是一个复杂的过程，城市在集聚到一定规模之后出现了离心分散趋势，即逆城市化、郊区城市化趋势。20 世纪 70 年代中期，奥地利学者克拉森（L. H. Klaasson）在调查总结东、西欧大城市的演变后，提出了城市人口 - 经济分布的"空间循环假设"，即城市人口、经济要素的空间分布遵循集聚 - 分散 - 集聚的循环，城市发展表现为城市化（Urbanization） - 郊区化（Suburbanization） - 逆城市化（Disurbanization） - 再城市化（Reurbanization）循环的规律。他的设想被许多国家城市发展的过程所证实，受到了学术界的肯定。① 郊区城市化是指城市中心的人迁移到郊区去居住。郊区化的理念最先出现于 18 世纪的伦敦，此后大体经历了四个阶段：第一阶段是人口的郊区化，第二阶段是制造业的郊区化，第三阶段是零售业的郊区化，第四阶段是写字楼的郊区化。逆城市化是郊区城市化的升级版本，不仅包括了资源从城市核心区向郊区流动，也包括了资源从大都市向中小城市、农村地区流动。逆城市化的倾向主要发生在 20 世纪 50 ~ 70 年代的城市化水平很高的发达国家。例如，美国除洛杉矶以外的 12 个最大城市的市区人口，在 1950 ~ 1975 年平均减少了 9.68%，而郊区人口平均增长了 207%；英国在 1961 ~

① 唐恢一：《城市学》，哈尔滨工业大学出版社，2004，第 18 页。

1971 年城市市区的人口从 2625.3 万人下降到 2552.4 万人，郊区及卫星城镇人口从 1463.5 万人增加到 1714.7 万人。但是，"向心化和离心化、集中化与分散化都不应该被看作相反的两极，而应该被看作一个复杂的地区在扩大过程中的不同侧面"①，无论是传统的城市化，还是郊区化与逆城市化，都是城市化的不同侧面、不同阶段。

20 世纪 90 年代初，我国的一些学者就开始提出，中国大城市出现了郊区化。学者们在阐述城市郊区化现象时，最早和最典型的案例城市就是北京。学者们在对比分析两次人口普查（1982 年和 1990 年）北京市的人口变动时发现，1990 年和 1982 年相比，4 个城区（东城、西城、崇文和宣武）常住人口减少，人口密度降低，而被称为近郊区的朝阳、丰台、石景山、海淀 4 个区的人口增加，于是得出了北京在 80 年代开始了郊区化的结论。② 按照这一思路，学者们进一步发现，上海、广州、沈阳、大连、杭州等城市在同期也出现了郊区化情况。③ 还有人认为，长春市也开始进入了郊区化时期。④他们由此推断，中国大城市已经普遍进入郊区化时期。⑤

逆城市化、郊区城市化趋势对未来中国城镇化发展具有重要影响。郊区化与逆城市化使大规模的人口、住所、制造业、商业和办公楼流向广阔的空间，不仅改善了人们的生存条件，也极大地改变了城市空间格局，由无序混乱的空间组织形式转变为多中心的同心圆格局，使城市空间格局更加合理，功能更加完备，环境更加美好。

---

① 〔荷〕根特城市研究小组：《城市状态：当代大都市的空间、社区和本质》，敬东译，中国水利水电出版社、知识产权出版社，2005，第 96 页。

② 胡兆量、福琴：《北京人口的圈层变化》，《城市问题》1994 年第 4 期；周一星：《北京的郊区化及引发的思考》，《地理科学》1996 年第 3 期。

③ 张善余：《近年上海市人口分布态势的巨大变化》，《人口研究》1999 年第 5 期；周一星、孟延春：《沈阳的郊区化——兼论中西方郊区化的比较》，《地理学报》1997 年第 4 期；曹广忠、柴彦威：《大连市内部地域结构转型与郊区化》，《地理科学》1998 第 3 期；冯健、周一星：《杭州市人口的空间变动与郊区化研究》，《城市规划》2002 年第 1 期。

④ 修春亮：《城市功能形态及其演变规律研究》，东北师范大学博士学位论文，1996 年。

⑤ 周一星、孟延春：《沈阳的郊区化——兼论中西方郊区化的比较》，《地理学报》1997 年第 4 期。

此外，郊区城市化与逆城市化也是城市群形成的重要模式。例如，从上海、南京和杭州的郊区化趋势以及苏南地区城镇扩展的情况来看，郊区城市化与逆城市化在长三角城市群形成的过程中扮演了重要的角色。

三　经济发展特殊阶段的有利条件

中国未来城镇化的发展状况最终还要取决于工业化和农业现代化的进程。发达国家工业化和城镇化的历史表明，工业化中期同时是农业实现机械化或现代化时期，也是城市化快速发展的时期。中国目前正处于工业化中后期，工业的快速发展必将带来更多就业机会，提供更多的资金和物资装备，推动城镇规模的扩大、新城镇的产生和城镇建设的加强；农业现代化的逐步实现，必将为城镇化提供更多的农产品和劳动力，从而促进城镇化。

此外，中国目前存在的城乡差距扩大与大量农业剩余劳动力并存的情况，对中国未来城镇化发展也具有重要影响。首先，城乡差距扩大虽然具有阻碍城镇化的因素，但却有利于增加城镇的拉力和农村的推力，推动农业剩余劳动力向城镇迁移。如图 6-1 所示，1978~2018 年，除了改革初期为数不多的年份，中国城镇化

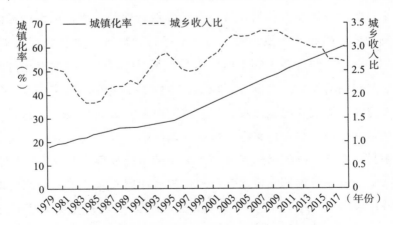

图 6-1　1978~2018 年城乡收入差距与中国城镇化水平

资料来源：相关年份《中国统计年鉴》。

率与城乡收入差距基本上呈现正相关关系，相关系数为 0.76，这说明城乡收入差距的扩大有利于城镇化进程的推进。其次，大量农业剩余劳动力的存在则为城镇化提供了持续而充足的人力资源。中国城镇人口的增长主要是机械增长所致，并不是自然增长，而城镇人口的机械增长主要来源于农业剩余劳动力的转移。因此，农业剩余劳动力的数量就在很大程度上决定了城镇化的速度和规模。

四　经济体制改革的促进作用

西方城市化发展完全依赖市场的调节，通过市场机制对资源进行分配，从而影响城镇化进程。城镇化过程中聚集效应的发挥，是生产要素的自由区位选择的结果，这里暗含的一个条件就是以市场为中介。因此，市场与城镇化是天然联系在一起的。但是，在计划经济时期，中国没有认识到城镇在经济社会发展中的重要地位，并将城镇视为一个完整的社会和经济活动计划单元，城市化被作为计划经济的延伸和实现计划的制度装置而存在，因而受到国民经济发展政策、中央或上级政府决策与指令等因素的制约，城市化的进程和重心服从于计划经济大局和政治大局。始于 1978 年的经济改革实际上就是经济体制由计划经济向市场经济转轨的过程。以市场经济体制为核心的经济转轨，使我们逐步提高了对城市化和城市功能、作用的认识。经过多年的市场化体制改革，中国的一些城市从封闭的、半封闭的经济区变成了区域的、全国的、国际的经济中心，集聚效应和扩散效应明显显现，经济体制改革对城镇化发展起到了积极的推动作用，如农村家庭承包责任制的实施成为启动农村非农化的契机；乡镇企业的崛起促进了小城镇的迅速发展，开辟了中国农村劳动力就地转移的独特途径；城乡流通体制和城乡二元分割制度的改革促进了城乡生产要素的流动，也为新型城镇化引入了市场机制。

第二节　推进新型城镇化面临的主要挑战

一　国内外资源短缺、环境污染的严重制约

城镇化要建更多、更大、更好的城市，而且城市一般建在水资源丰富、土地平坦、交通便利、自然条件更好的地方，必然要消耗大量的资源、占用大量的农地。并且，人口大量集中在城镇居住，特别是病态城市化，会增加且集中排放，可能造成严重的环境污染。中国城镇化目前面临的资源、环境局面是：世界性的资源短缺、价格猛涨、开采困难，环境污染严重、全球将对排放和污染作出严格规定和限制。与此同时，城镇化是世界潮流，广大发展中国家都在加速推进城镇化，必然大量增加城市建设资源的消耗和需求，加剧世界资源的短缺，甚至引起资源的冲突和争夺，加大排放和环境污染。而且，中国自身的环境资源问题也相当严峻，人口众多，人均资源（特别是人均耕地）占有量大大低于世界平均水平，粮食安全问题非常突出，正处在资源消耗巨大的工业化和城镇化快速推进时期，再加上技术和管理又比较落后，资源消耗量特别大，利用效率也不高，自身资源根本不能满足需求，到国外购买和开采又十分困难，环境污染也比较严重，治理的任务相当艰巨。这种严重的国内外资源环境局面，必将极大地制约中国的城镇化。中国只有贯彻绿色发展理念，推进高质量发展，发展资源节约型和环境友好型（以下简称"两型"）技术和产业，实行"两型"生产和"两型"消费，大力开发新能源、新材料，采用循环经济的方法，构建"两型"社会，走占地更少、污染更小、资源更节约的城镇化道路，有效地克服资源环境制约，才可能成功地实现健康的城镇化。

二　农村剩余劳动力数量庞大、人口城镇化成本高昂的困难

面对人口众多、人均资源占有量太少、资源环境的严重制约，

通过推进城镇化，有助于改变这种局面。

首先，城镇化有利于减轻人口压力。城镇人口便于计划生育和人口管理，从而有利于控制人口增长；城镇具有比农村更高的生育和抚养成本，有利于限制城镇人口的出生率；城镇具有较为完善的养老、医疗、失业保险和社会福利、社会优抚等社会保障体系，基本上改变了家庭养老的模式，有利于消除"养儿防老""重男轻女"等旧观念，改变城镇人口的生育观念，降低生育率。城市家庭普遍不愿多生子女，从城乡育龄妇女的生育状况的对比可以很清楚地看到（见表6-1），2004年11月1日至2005年10月31日，城市育龄妇女人口生育率远远低于镇和乡村。造成这种状况的原因主要是乡村和镇的育龄妇女更倾向于生育多胎，她们的第二孩、第三孩及以上的生育率明显高于城市育龄妇女（因为城乡育龄妇女第一孩的生育率差别并不明显）。即使2016年国家全面放开二孩政策，城市人口出生率并没有社会普遍预期的提高那么高。由此可见，城镇化率的提高有助于降低育龄妇女生育多孩的意愿，从而大大降低生育率和出生率，减轻人口压力。

表 6-1　城乡育龄妇女孩次的生育状况（2004 年 11 月 1 日
至 2005 年 10 月 31 日）

单位：人，‰

类别	平均育龄妇女人数	出生人数	生育率	第一孩生育率	第二孩生育率	第三孩及以上生育率
全国	4676587	161054	34.44	21.68	10.90	1.85
城市	1435645	37770	26.31	20.70	5.09	0.52
镇	835360	27244	32.61	21.98	9.56	1.07
乡村	2405581	96028	39.92	22.16	14.84	2.92

资料来源：国务院全国1%人口抽样调查领导小组办公室、国家统计局人口和就业统计司编《2005年全国1%人口抽样调查资料》，中国统计出版社，2007。

其次，城镇化有利于提高资源利用率。人类的生产和生活活动集中在城市，为能源、资源的集约利用创造了条件，可以产生规模效益，降低能源消耗，集约利用土地等资源。同时人口高度集中，解除了对大面积土地生态的压力和破坏，有利于生态脆弱区退耕还林，促进生态环境的保护和建设。此外，城镇有利于资源的循环利用，发展循环经济，从而提高资源的利用率，有效缓解资源短缺的矛盾。

但是，城镇化的推进又面临另外的困难。那就是农村剩余劳动力数量庞大，短期内难以有效转移；人口城镇化成本高昂，需要筹集巨额的资金，在短期内也难以办到，而城镇化又在快速推进。这是中国城镇化面临的突出困难问题。

三　第三产业发展滞后的制约

发达国家城市化的经验表明，第三产业的发展与城市化进程具有高度的正相关性。从目前的产业结构看，无论是从产值的角度，还是从就业的角度，发达国家第三产业的比率大都在70%以上，而且城市化率也在70%以上。例如，2005年美国的城市化率是80.8%，2006年美国第三产业的比重是78.6%。很多国家已经进入第三产业主导城市化的阶段，一些主要城市已经从工业生产中心转为第三产业的中心，实现了城市功能的第三产业化即服务化。这种情况说明，第三产业的发展对城市化水平的制约作用不断增强，城市化越来越主要依靠第三产业的支撑。

反观中国，在相当长的时期内，城镇化主要依赖工业化带动。中国与发达国家和一般的发展中国家不同，第三产业的发展长期缓慢、落后。城镇化滞后是第三产业发展不足的重要原因，而第三产业发展落后又严重制约着城镇化的推进，第三产业与城镇化呈现出一种低水平的制约关系。尤其在20世纪50～60年代，由于实行重工业优先的赶超战略，资金和资源主要用于确保工业优先发展，重生产而轻生活，实行变消费性城市为生产性城市的方针，从而导致轻工业、服务业比重过低，重工业比重过高，中国第三产业与城镇化甚至呈现负相关关系，相关系数为 -0.63[1]，这在世界经济发展史

---

① 丁小平：《我国城市化滞后的产业因素分析》，《经济学家》2004年第3期。

上是罕见的。直到 2015 年，第三产业的产值比重才超过 50%，达到
52.9%，并一举超过第二产业，但仍低于城镇化率 3.2 个百分点。
第三产业发展的落后，极不利于城镇化的推进，必须同时加快城镇
化和第三产业发展的步伐。

四　城乡二元制度的妨碍

城乡二元制度是中国城镇化滞后和影响健康发展的重要原因，
经过几十年的改革，虽然城乡二元制度对农民进城务工经商的行政
性限制已经基本消除，但是仍然不能给予大多数进城农民以市民身
份，他们虽然实现了职业的非农化，却没有实现社会身份的市民化。
尤其是受到嵌入在二元户籍制度之中的其他城乡二元制度，如城乡
二元劳动就业制度、城乡二元社会保障制度、城乡二元教育制度、
城乡二元医疗卫生制度等的限制，农民和农民工在就业、收入、社
会保障、社会福利，甚至在子女教育、政治权利等方面都无法与市
民享有同等的地位和待遇。在这种情况下，大多数进城农民都无法
定居城市，成为市民，甚至很多被迫返回农村。因此，城乡二元制
度仍然是中国城镇化的主要制度障碍。只要城乡二元制度不彻底改
变，大量农业剩余劳动力就难以彻底转移到城镇，中国的城镇化任
务就难以完成。

第三节　中国新型城镇化的前景展望

只有合理健康的城镇化，才有利于工业化的顺利实现和经济社
会的发展。城镇化能否健康发展，受到多种因素的制约，除了经济
体制、经济发展战略等基本因素之外，关键在于选择正确的城镇化
道路。[①] 由于中国已经建立起更适合经济发展的社会主义市场经济体
制，并将逐步走向成熟完善，实现了经济发展战略的合理转变，提

---

① 简新华等：《中国城镇化与特色城镇化道路》，山东人民出版社，2010，第 238 ~
259 页。

出了更为正确的中国特色的新型城镇化道路，所以我们有信心认为，中国城镇化过程中存在的困难、问题和缺陷都将逐步得到有效解决，城镇化的状况将得到明显改善，最终将成功实现合理健康的城镇化。

一　城镇化速度和水平的变动趋势

对于中国未来城镇化发展速度和水平，有多种不同的评估或预测。从预测结果来看，大体上可归结为低速城镇化、中速城镇化和高速城镇化三类。[①] 那么，中国未来城镇化究竟将会如何发展呢？

2000～2020 年，中国处于全面建设小康社会时期，也是工业化中后期，发展目标主要是基本实现工业化和城镇化，工业化和城镇化的较快推进是突出特点；2020～2050 年，是中国进入实现现代化的时期，也是开始进入"后工业社会"的阶段，发展目标是实现现代化，主要包括实现发达工业化、高度城镇化和信息化，工业化任务完成、城镇化进程放缓、服务化和信息化成主导是突出特点。从城镇化方面来看，党的十六大报告已经将城镇人口比重较大幅度提高，工农差别、城乡差别和地区差别扩大趋势逐步扭转，作为全面建设小康社会的目标之一。《中华人民共和国国民经济和社会发展第十一个五年规划纲要》制定了促进城镇化健康发展的战略方针，提出了"坚持大中小城市和小城镇协调发展，提高城镇综合承载能力，按照循序渐进、节约土地、集约发展、合理布局的原则，积极稳妥地推进城镇化，逐步改变城乡二元结构"[②] 的城镇化健康发展的要求，并在分类引导人口城镇化，形成合理的城镇化空间格局，加强城市规划建设管理，健全城镇化发展的体制机制等方面做出了具体部署。党的十七大则着重强调要"走中国特色城镇化道路，按照统筹城乡、布局合理、节约土地、功能完善、以大带小的原则，促进大中小城市

---

① 参见孔凡文《中国城镇化发展速度与质量问题研究》，中国农业科学院，博士后研究工作报告，2004 年。

② 《中华人民共和国国民经济和社会发展第十一个五年规划纲要》，人民出版社，2006，第 58 页。

和小城镇协调发展。以增强综合承载能力为重点，以特大城市为依托，形成辐射作用大的城市群，培育新的经济增长极"。① 党的十八大以来，强调以人为本，走中国特色的新型城镇化道路，推动信息化和工业化深度融合、工业化和城镇化良性互动、城镇化和农业现代化相互协调，促进工业化、信息化、城镇化、农业现代化同步发展，协调推进新型城镇化与乡村振兴战略，实现城乡融合发展。

因此，在"十三五"规划时期和今后较长时期内，实现城镇化仍将是中国经济社会发展的主要任务之一，城镇化仍将处于快速发展时期。根据发展阶段的特点、已经确定的城镇化目标和道路，我们认为，至少到 2025 年，中国城镇化还将保持年均提高 1 个百分点左右的速度推进，在 2025 年城镇化率超过 65%。

二　城镇数量和城镇规模结构的发展趋势

人口城镇化必然伴随着原有城市规模的扩大和新兴城市的增加，尤其是中国进入工业化中期以后，经济发展和城镇化速度都已经加快，城乡二元制度也在加快变革，城乡一体化进程必将快速推进，城镇数量必将随之增加。

在城镇数量增加的同时，中国现在更加注重优化城镇的规模结构，以利于更好地发挥城镇的功能。由于中国人口众多、地域广阔，不能只搞集中型的大城市化，不可能让大部分人都集中到大城市。由于小城镇比较缺乏规模效益和集聚效益，也不能只实行分散型的小城镇化，因此大中小城市和小城镇在数量上要结构合理协调发展，走分散与集中相结合的道路。只有这样，才能恰当地增加城镇数量，扩大城镇规模，逐步形成合理的城镇体系，更好地发展城市之间、城乡之间的经济联系，完善城市功能，发挥大中城市的辐射带动作用、小城镇的农村经济和文化中心的作用，在最大限度地提高城镇

---

① 胡锦涛：《高举中国特色社会主义伟大旗帜　为夺取全面建设小康社会新胜利而奋斗——在中国共产党第十七次全国代表大会上的报告》，《人民日报》2007 年 10 月 25 日。

化水平、发挥城市的集聚效应的同时，尽可能消除或减少"城市病"和"农村病"，促进城乡经济协调发展。可以预见，在城镇化快速发展阶段，不同规模等级的城镇均会快速扩张和增加。

首先，大城市会有很大发展，城市群或城市圈更具活力并加速发展。在经济全球化时代，城市尤其是大城市扮演着全球经济网络结点的重要角色，同时大城市既有较好的投资环境和经济实力，也有完善的功能并能获得较高的利润。在比较利益的驱动下，大城市仍将保持强大的人口凝聚力和旺盛的生命力。因此，不仅大城市的数量会增加，地域范围也将不断扩展，甚至将出现更多的城市群、城市圈。城市群的产生和发展是高度城市化的表现形式之一。中国的城市群一般可分为三种类型：全国性大型的城市群，如环渤海城市群、长江三角洲城市群、珠江三角洲城市群；中等城市群，如胶东半岛城市群；在省内起中心作用的地区性城市群，主要由一些中小城市形成。预计到 2025 年，京津冀地区、长江三角洲地区、珠江三角洲地区的城市群将达到相当高的水平，并在国民经济发展中发挥重要的作用。预计 2030 年前后，继东部地区的城市群形成后，第二批城市群将基本形成，如以沈阳和大连、成都和重庆、长江中游等大中城市为圈带的城市群，以武汉、郑州、哈尔滨、西安、南宁、昆明、乌鲁木齐等中心城市为核心的城市群等。

其次，小城市也面临着良好的发展机遇，呈现快速发展的态势。第一，我国城镇化正处于快速发展期，城市数量将会不断增加，新增城市多数将是小城市。自 1996 年以来，我国城市总数一直保持在660 多个。虽然城镇化水平可以通过增加现有城市人口数量、提高城市人口比重来实现，不一定非要通过增加城市数量来实现，但城市数量的增加仍是提高城镇化水平的基础。城市数目的增加，实际上就是中小城市，特别是小城市的数目的增加，因为大中城市主要是由小城市发展而来的。[①] 第二，我国相关政策和法规一直鼓励中小城

---

① 刘勇：《中国城镇化战略研究》，经济科学出版社，2004，第 19 页。

市发展，由此会不断促进中小城市数量的增加。中国历来重视中小城市的发展建设。中华人民共和国成立后，在城市发展建设的历程中，中小城市的发展建设一直占据着重要位置。"十三五"期间及未来，中国中小城市也将稳步发展。第三，现有小城镇的发展为小城市数量的增加奠定了良好的基础。一般而言，中小城市特别是小城市都是从小城镇发展起来的。尤其是现有的条件较好的县级城关镇，可能撤县建市，成为新的小城市。其他部分基础条件好、发展潜力大的建制镇，如具有较大工业发展规模的工业型城镇，以商贸为主的商贸型城镇，旅游资源丰富的旅游型城镇，交通便捷、人流物流量大的交通枢纽型城镇，历史文化遗产的历史文化型城镇等，也可能成为新的小城市。第四，大城市发展将进一步带动周围中小城市的发展。大城市发展对周围地区产生辐射作用，带动周围中小城市的兴起与发展，形成周围中小型卫星城，推动城市群的发展。

三　城镇空间分布的发展趋势

经济全球化使技术、知识、人才、资金、物质等要素在世界范围内流动，不断深化着全球产业体系的垂直分工与水平分工。随着区域城镇参与新国际劳动分工的程度不断加深，区域城镇将逐渐打破传统封闭和单一的发展模式，开始与世界城镇体系接轨，城镇空间分布也逐渐由单中心向多中心、网络化方向演化，城镇体系的整体性、结构性、有序性和动态性的特点将日趋明显。同时，随着以信息化、知识化、网络化、国际化为特点的信息经济、知识经济不断深入发展，为远程经济活动、远程工作方式提供了可能，城镇空间结构将由高度集中转向适当的分散布局。因此，随着未来经济全球化、知识化、信息化的发展，在城镇化过程中，中国城镇的空间分布必将呈现出一些新的特征。

第一，从圈层式的城镇空间结构走向网络化、卫星式的区域城镇空间结构。城镇原有的"核心－边缘"结构模式将消失于一个高度发达的区域网络之中，城镇与区域已不再是一个静止的空间，而是一个在地域和功能等方面相互融合、相互包含的动态弹性空间。网络化、卫星式的区域城镇空间结构特征，体现在规模结构上，传统规模等级规律对区域发展的指导作用将减弱，水平联系取代垂直联系而具有主导地位；在空间关系上，城镇空间结构融入区域整体结构之中，城镇各种功能活动的空间位置受距离的制约将大大减少，距离不再是切断核心城市与外围城镇联系的关键性因素，准确、快捷的信息网络已在很大程度上替代了传统的可达性因素。[①]

第二，从分散到高度"集中"再到适度"分散"。工业化初期和中期的城市化主要是一种高度集中式的城市化，直到 20 世纪上半叶为止，虽然也出现了一些城市带和城市群，世界城市化主要还是集中式的圈层式发展。20 世纪下半叶，特别是 60 年代以来，进入了"后工业社会"的西方国家中出现了另一种趋向，即适度分散式的城市化进程。作为后发现代化国家的中国的城市空间分布，应该也完全可以借鉴发达国家走过的城市化道路的经验和教训。因此，未来中国城镇空间分布将是一个由分散到高度"集中"再到适度"分散"的过程。

第三，城乡空间更为紧密地协调发展，并呈现一体化趋向。在不同空间层次和不同地域范围形成的多中心结构，是相对集中的开敞空间系统与城镇化空间系统的紧密结合，是大中城市的扩展与小城镇的相对集中发展相结合。为创造良好的环境质量，农业保护地区及自然环境资源特色地区、生态环境敏感地带将受到更为严格的保护。

第四，城镇功能的空间整合大幅度提高，多功能社区成为城市功能重组的重要载体，知识产业及高技术产业的发展与集群将会进一步推动城镇产业空间布局的调整，城镇体系的内在联动日益加强。

四　区域城镇化的发展趋势

中国城镇化水平的区域差异经历了由较大到缩小再到扩大的过

---

① 黄亚平：《城市空间理论与空间分析》，东南大学出版社，2002，第 10 页。

程，而且这种地区差距扩大的趋势目前仍在继续。但是我们同时也看到，东部与中西部差距扩大的速度在减缓。可以预见，随着东部与中西部地区区位优势的逐步缩小，东部与中西部地区城镇化水平的差距也必将随之缩小。根据三大地区的动态区位优势和城镇化水平，三大地区的城镇化应充分利用区位优势，体现区域特色，分清发展重点，最终实现城镇化发展目标。

1. 东部地区的城镇化

从总体上看，东部沿海地区处于城市化成长阶段中期，大多数省份的大、中城市比较发达，以特大城市为中心的城镇体系已基本形成，而且集中在以珠江三角洲、长江三角洲、京津冀、胶东半岛、辽中南等城市密集区，这些地区城市密度偏高。今后，这一地区的城镇化应以城市现代化为目标，走分散为主的道路，将城镇化的重点放在大城市的扩散和加快小城市、小城镇的发展上。关键是以现有城市密集地区为重心，合理布局城市职能分工，完善以中心城市为核心的城镇网络和区域快速交通、通信等基础设施网络，加强中心城市的扩散作用，引导大城市的传统产业向小城市和小城镇转移，促进大城市产业结构的优化和升级，形成一批大、中、小城市协调发展的城镇群体，在实现乡村城镇化和促进城乡一体化发展上先行一步。

2. 中部地区的城镇化

中部地区正处在从城镇化的初级阶段转向中期加速发展的阶段，城镇体系框架已初步形成，空间分布也较为合理，但大多数省份的城镇体系还不够完善，有的缺乏作为经济中心的大城市，有的没有形成承上启下、紧密相连大中小城镇体系，还有的中心城市在区域经济格局中的辐射带动作用不够。这类地区城镇化应走集中型与分散型相结合的道路，重点发展大中城市，迅速增强其经济实力，发展一批中等城市群体，逐步完善大、中、小城市相结合的城镇体系。

3. 西部地区的城镇化

西部地区大多数省份还处在城镇化的初级阶段，城市产业结构单一，"基地化"作用突出而综合性经济中心职能较弱，城市体系的发育程度较低。由于这一地区人烟稀少、自然条件比较恶劣，一般不可能形成城市群和特大城市，所以应该走以大、中城市为重点的集中型城市化道路，把推进城市化的重点放在发展现有中小城市上。应该采取集中开发、集中投资的方法，重点建设若干基础好、交通便利的小城市，使之成为具有一定辐射力的中等城市。在一些条件具备的地方发展少数大城市，发挥其扩散效应，使之成为西部地区开发建设的重要基地和促进城镇化发展的重要依托。有步骤地发展内陆边境口岸，在主要资源开发地区新建一批工矿、工贸新城镇。围绕交通干线培育城市轴线，并逐步形成关中地区、成渝沿线两大城市集中区域。

第七章

农民工市民化与中国特色的
新型城镇化道路

农民工问题既是中国特色的城镇化进程中产生的特殊问题，也是走中国特色的新型城镇化道路必须面对和解决的重大课题，而农民工市民化问题的解决在一定程度上决定了中国特色的新型城镇化道路的内涵和路径。目前中国农民工总量已达 2.88 亿多人，尽管解决起来难度很大，但必须彻底解决。怎样解决这一重大难题，必须回到产生这一难题的根本之上。农业剩余劳动力从农村向城市迁移是发展中国家的普遍规律。农民工问题之所以为中国所特有，根本原因在于，中国独有的城乡二元制度（参见第九章相关内容）和由此导致的中国独特的农业剩余劳动力转移之路。本章明确地将影响农民工市民化的制度因素归结为城乡分割、城市偏向的城乡二元制度，并运用成本收益理论、门槛理论，从理论上分析城乡二元制度对农民工的市民化意愿、市民化能力，以及农民工的市民化决策的影响，构建双重约束下的农民工市民化模型，从而解释城乡二元制度对农民工市民化的影响，并利用入户调查数据验证城乡二元制度对农民工市民化的影响，指出城乡二元制度创新的重点和方向，揭示中国新型城镇化道路的特殊路径。

第一节　城乡二元制度对农民工市民化
影响的理论分析
——基于双重约束下的农民工
市民化模型

　　中国农业剩余劳动力转移滞后和农民工市民化受阻不能笼统或主要归因于农村的推力不足和城市的拉力不足，更深层的原因是中国城乡二元制度造成的城乡之间的制度性分割。所谓城乡二元制度，简单地说，就是城乡分割、城乡有别的制度体系。具体来说，城乡二元制度是指在二元经济结构中为了加快城市工业化进程和限制劳动力等生产要素在城乡之间的自由流动而建立起来的城乡分割、城乡有别的制度体系。城乡二元制度是对身份的认定，更是对利益关系的界定，它对农民工市民化意愿、市民化能力，从而对市民化决策产生重要的影响。

一　城乡二元制度与农民工市民化意愿：基于成本 – 收益的分析

　　1. 城乡二元制度与农民工市民化收益

　　农民工之所以愿意市民化，是因为农民工预期市民化能够为他们带来收益。由于农民工市民化是一个复杂的社会经济过程，对农民工的影响是全方位的，不仅涉及经济方面，还涉及社会文化和思想、心理方面。因此，市民化收益包括经济性的收益、思想的活跃和眼界的开阔，以及技术收益、文化收益和惠及子女的好处等。

　　在城乡二元制度下，农民工市民化收益包括一般性收益和制度性收益。一般性收益是指在农民工市民化过程中，纯粹由于身份转变导致的利益的增加。例如，农民工市民化后，农民工将不再受城乡二元分割制度的限制，在就业准入、就业待遇、社会保障、社会福利、子女教育等方面将取得与城镇居民同等的权利和待遇。从总体上看，一般性收益可以分为工资性收入和非工资性收入。前者如获得与城镇职工相同的工资标准，后者如获得与城镇职工相同的教育培训、水电补贴、住房公积金、带薪休假等各类社会福利性收入和养老保险、医疗保险、失业保险、最低生活保障等社会保障性收入。

一般来说，除一般性收益外，城乡二元制度并不能直接为农民工市民化带来额外的经济性收益。市民化的制度性收益主要是心理层面的。例如，农民工市民化后，在城镇就拥有了住房和家庭，就不会再有市民化前的远离家庭的孤独、思乡之苦。此外，农民工市民化就意味着不再受到城市社会的排斥和歧视，而是被城市所接纳，从而在心理上产生归属感和荣誉感。

根据上面的分析，城乡二元制度下农民工市民化收益函数可以表示为：

$$R = R_u + R_i \qquad\qquad （式1）$$

$$R_u = W + W' \qquad\qquad （式2）$$

其中，R 为市民化预期总收益，R_u 为一般性收益，R_i 为制度性收益，W 为市民化工资性收入，W' 为市民化非工资性收入。

如果用贴现值表示，则市民化收益函数为：

$$R(0) = \int_0^n \{ W(t) + W'(t) + R_i(t) \} e^{-rt} dt \qquad\qquad （式3）$$

其中，$R(0)$ 为市民化预期总收益的贴现值，$W(t)$、$W'(t)$、$R_i(t)$ 分别为第 t 期市民化实际工资性收入、非工资性收入和制度性收益，n 为计划范围内的时期数，r 为贴现率。

2. 城乡二元制度与农民工市民化成本

农民工市民化是要支付一定的成本的。需要农民工承担的市民化的费用支出，就是农民工市民化的成本（私人成本），它对农民工市民化决策具有直接的影响。

在城乡二元制度下，市民化成本实际上也可以区分为一般性成本和制度性成本。一般性成本是指在农民工市民化过程中，纯粹由于身份转变导致的生活方式、消费方式转变而带来的费用增加。这类市民化成本是一般市场经济国家农村劳动力迁移中都存在的成本，而与城乡二元制度没有直接的关系。一般性成本包括农民工市民化后为了维持在城镇的正常生活而必需的水、电、气、交通、通信、食物、文化娱乐、住房等方面的支出。

制度性成本是指在农民工市民化过程中，由于城乡二元制度的存在而引起的费用支出。它主要由制度性直接成本和制度性机会成本两个部分构成。制度性直接成本是直接由城乡二元制度造成的现实费用支出的增加。例如，由于城乡二元保障制度造成了农民工社会保障与城镇职工社会保障的不同，城乡二元教育制度造成了农民工与城镇职工教育文化素质的差异，因此，农民工市民化后，社会保障中的个人支付部分的支出和为了弥补本人及其子女与城镇居民素质的差异，也为了能够尽快融入城市社会而用于本人及其子女个人发展的支出，如教育、培训支出就是制度性成本。制度性机会成本是指农民工实现市民化后所必须放弃的作为农民工身份或返回家乡的收益。因为城乡二元制度造成了农村劳动力农民工式的就业模式，如果他们不能市民化，就可以选择继续保持农民工身份或返回家乡，如果市民化，就意味着他们要放弃的作为农民工身份或返回家乡的收益。这实际上构成了农民工市民化的制度性机会成本。

需要指出的是，由于笔者的研究对象是农民工，他们已经迁移到城镇，并已经在城镇就业，因此，农民工市民化成本不再包括转移成本和就业成本。而且，对于已经迁移到城镇就业的农民工而言，市民化也不会再增加其额外的心理负担，所以心理成本在农民工市民化中也是不显著的。

根据上面的分析，城乡二元制度下农民工市民化成本函数可以表述为：

$$C = C_u + C_i \qquad\qquad （式4）$$

$$C_i = C_{id} + C_{io} \qquad\qquad （式5）$$

$$C_{io} = \max(R_{pp}, R_{pw}) \qquad\qquad （式6）$$

其中，C 为市民化总成本，C_u 为一般性成本，C_i 为制度性成本，C_{id} 为制度性直接成本，C_{io} 为制度性机会成本，R_{pp} 为农民工返乡的预期净收益，R_{pw} 为农民工务工的预期净收益。

如果用贴现值表示，则市民化成本函数为：

$$C(0) = \int_0^n \{ C_u(t) + C_{id}(t) + \max[R_{pp}(t), R_{pw}(t)] \} e^{-rt} dt \qquad （式7）$$

其中，$C(0)$ 为市民化总成本贴现值，$C_u(t)$、$C_{id}(t)$、$R_{pp}(t)$、$R_{pw}(t)$ 分别为第 t 期一般性成本、制度性直接成本、农民工返乡的预期净收益和农民工务工的预期净收益。

3. 城乡二元制度下农民工的市民化意愿分析

农民工市民化意愿取决于对市民化收益和成本的比较。如果农民工的预期市民化收益大于预期成本，即市民化净收益大于 0，则农民工将愿意成为市民；如果农民工的预期市民化收益小于预期成本，即市民化净收益小于 0，则农民工将不愿意成为市民。

用（式3）式减去（式7）式，即可得到城乡二元制度下农民工市民化净收益函数：

$$V(0) = \int_0^n \{ W(t) + W'(t) + R_i(t) - C_u(t) - C_{id}(t) -$$

$$\max[R_{pp}(t), R_{pw}(t)] \} e^{-rt} dt \qquad （式8）$$

因此，如果 $V(0) > 0$，则农民工就愿意市民化；$V(0) < 0$，则农民工就不愿意市民化。

由上文关于市民化收益、成本的分析和式（8）可以看出，城乡二元制度对农民工市民化收益和成本，从而对市民化净收益都有着重要的影响，因此是影响农民工市民化意愿的重要因素。

如果分别对农民工市民化收益函数和成本函数中的对应部分进行合并与加减，就可以得到一个简化的市民化净收益函数，从中能够清楚地反映出乡二元制度对市民化净收益和市民化意愿和决策的影响大小和路径。如果 $W(t)$ 减去 $\max[R_{pp}(t), R_{pw}(t)]$ 中作为最大值的农民工的工资性收入，即为城镇职工与农民工的工资差距；

$W'(t)$ 减去 $\max[R_{pp}(t), R_{pw}(t)]$ 中作为最大值的农民工的非工资性收入和 $C_{iu}(t)$ 中农民工在社会保障中的个人支付部分的支出，即为城镇居民与农民工的非工资性收入差距，主要为社会福利和社会保障性收入的差距；$C_u(t)$ 减去 $\max[R_{pp}(t), R_{pw}(t)]$ 中作为最大值的农民工的生活性消费支出和 $C_{iu}(t)$ 中农民工在教育、培训方面的支出，即为城镇居民与农民工的消费支出差距；由城乡二元制度造成的农民工市民化的心理上的满足感正是市民化之前作为农民工时的心理上的负担和伤害，因而 $R_i(t)$ 与 $\max[R_{pp}(t), R_{pw}(t)]$ 中作为最大值的农民工的心理成本基本相同，二者之差大体为 0。那么，农民工市民化的预期净收益函数就可以简化为：

$$V(0) = \int_0^n [Y_w(t) + Y_{w'}(t) - C_l(t)] e^{-rt} dt \qquad (式9)$$

其中：$Y_w(t)$、$Y_{w'}(t)$、$C_l(t)$ 分别为城镇职工与农民工的工资差距、城镇居民与农民工的非工资性收入差距、城镇居民与农民工的消费支出差距。

从式（9）可见，在计划范围内的时期数和贴现率一定的情况下，农民工市民化意愿和决策取决于城镇职工与农民工的工资差距、城镇居民与农民工的非工资性收入差距、城镇居民与农民工的消费支出差距等三个基本因素。当 $V(0) > 0$ 或 $\int_0^n [Y_w(t) + Y_{w'}(t)] e^{-rt} dt > \int_0^n [C_l(t)] e^{-rt} d$ 时，农民工就愿意市民化。这成为农民工市民化的第一个约束条件，即市民化意愿条件。

二　城乡二元制度与农民工市民化能力：基于门槛理论的分析

市民化意愿仅仅反映了市民化的主观愿望。事实上，仅有市民化意愿并不能保证市民化行为的发生。因为，市民化行为的发生还取决于农民工有没有突破市民化现实的各种障碍的能力，即市民化能力。下面将在门槛理论的基础上，借用门槛概念来解释农民工市民化的能力。

1. 城乡二元制度与农民工市民化门槛

"门槛"（Threshold）是指事物发展过程中的一个界限、限度或临界值，跨越这个临界值，就意味着事物将发生质的变化。自波兰著名的城市经济学家和城市规划学家 B. 马利士（B. Malisz）1963年发表《城市建设经济》之后，门槛分析方法（Threshold Analysis）很快得到了广泛的应用。作为评价城市发展可能性的有效方法，门槛分析思路最初在城市发展规划方面得到了成功的应用。事实上，在城市化进程中，人口的城市化过程或者是农村人口向城市转移，也势必会遇到市民化经济成本门槛的问题。[①]

本书将市民化门槛定义为农民工在市民化过程中遇到的各种障碍的总称。农民工只有成功地跨越了市民化门槛，才能成为市民。从市民化门槛的运行机制看，可以将市民化门槛分为经济门槛和非经济门槛。经济门槛是指农民工在市民化过程中遇到的各种市场性约束。其运行机制主要通过供求关系、竞争关系等市场机制影响农民工的市民化决策。经济门槛主要包括市民化的经济成本。非经济门槛是指农民工在市民化过程中遇到的各种制度和法规的行政性约束的总称。非经济门槛的运行机制主要是通过计划手段、行政手段等非市场机制影响农民工的市民化决策。

在城乡二元制度下，农民工市民化的门槛问题十分突出。除上文所述的农民工市民化成本（经济门槛）外，还有城乡二元制度对农民工市民化的各种限制（非经济门槛），如城乡二元户籍制度对农民工在城镇落户和身份转变的种种限制，城乡二元就业制度对农民工在城镇的就业准入、就业服务、就业培训和就业待遇等方面的歧视和限制等。非经济门槛决定了农民工在城镇的就业歧视程度和实际就业难度，从而降低了农民工就业概率、工资率和非工资性收入，这实际降低了农民工市民化的经济承担能力，从而相当于相对提高

---

① 唐根年等：《中国农民市民化经济门槛与城市化关系研究：理论与实证》，《经济地理》2006 年第 1 期。

了市民化经济门槛。

由于农民工市民化门槛是农民工市民化过程中需要支付的实际费用，所以它只包括农民工市民化实际成本部分，而不包括市民化机会成本，其函数形式为：

$$C_{pw}(0) = \int_0^n [C_u(t) + C_{id}(t)] e^{-r(t)} d(t) \qquad (式10)$$

其中，$C_{pw}(0)$ 为农民工市民化实际成本的贴现值，$C_u(t)$、$C_{id}(t)$ 分别为第 t 期一般性成本和制度性直接成本。

2. 基于门槛理论的农民工市民化能力分析

与市民化门槛对应的概念是市民化能力。市民化能力是指跨越市民化门槛的经济承担能力，它反映的是农民工的收入水平。因此，农民工市民化能力的函数可以表示为：

$$R_{pw}(0) = \int_{-n}^0 \{P_{pw}(-t) \cdot W_{pw}(-t) + W'_{pw}(-t)\} e^{-r(-t)} d(-t) \quad (式11)$$

其中，$R_{pw}(0)$ 农民工过去 t 期实际收入的贴现值，$P_{pw}(-t)$、$W_{pw}(-t)$、$W'_{pw}(-t)$ 分别为过去 t 期，即 -t 期农民工的实际就业率、实际工资性收入和实际非工资性收入。

农民工市民化门槛、农民工市民化能力与农民工市民化决策的关系可以通过图 7-1 反映。

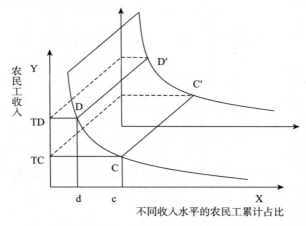

图 7-1 农民工市民化的最低经济门槛

在图 7 - 1 中，Y 表示农民工收入水平，X 表示不同收入水平的农民工累积占比，CD（ $C'D'$ ）为不同收入水平的农民工累积分布曲线，TC、TD 分别为城镇居民基本消费水平，CC'、DD' 分别为农民工市民化的最低经济门槛，c、d 则分别为有市民化能力跨越不同市民化门槛的农民工的百分数。由图 7 - 1 可见，市民化门槛与市民化人数呈负相关，即市民化门槛越高，市民化需要的经济承担能力就越高，能够跨越市民化门槛的农民工数量就越少；相反，市民化门槛越低，市民化需要的经济承担能力就越低，能够跨越市民化门槛的农民工数量就越多。市民化能力与市民化人数呈正相关，即农民工的经济承担能力越高，市民化能力越大，能够跨越市民化门槛的农民工数量就越多；相反，农民工的经济承担能力越低，市民化能力越小，能够跨越市民化门槛的农民工数量就越少。因此，市民化门槛和市民化能力是影响市民化的两个重要因素。

从上面的分析可以看出，农民工市民化行为发生的条件是市民化能力必须大于市民化门槛（这里仅指经济门槛），即

$$R_{pw}(0) > C_{pw}(0) \qquad\qquad （式 12）$$

这样，市民化能力和市民化经济门槛就存在一个差值，笔者称之为市民化能力净值 [$E(0)$]。市民化能力净值函数可以表示为：

$$E(0) = R_{pw}(0) - C_{pw}(0) \qquad\qquad （式 13）$$

将式（10）和式（11）代入式（13），可得完整的市民化能力净值函数：

$$E(0) = \int_{-n}^{0} \{ P(-t) W_{pw}(-t) + W'_{pw}(-t) \} e^{-r(-t)} d(-t) -$$

$$\int_{0}^{n} [C_{u}(t) + C_{id}(t)] e^{-r(t)} d(t) \qquad\qquad （式 14）$$

当市民化能力净值为正值时，农民工就能够跨越经济门槛，即

$$E(0) > 0 \qquad\qquad （式 15）$$

或，

$$\int_{-n}^{0} \{ P_{pw}(-t) W_{pw}(-t) + W'_{pw}(-t)] e^{-r(-t)} d(-t) > \int_{0}^{n} [C_{u}(t) + C_{id}(t)] e^{-r(t)} d(t)$$

（式 16）

式（12）、式（15）或式（16）构成了农民工市民化决策的另一个约束条件，即市民化能力约束条件。

三　基于双重约束下的农民工市民化模型

在完成对农民工市民化意愿和市民化能力两个约束条件的分析后，便可以构建基于双重约束下的农民工市民化模型。

为了研究问题的需要，现做出以下几个假设：

（1）农民工是理性的经济人，农民工市民化的目的是获得最大的收益，因此，只要市民化收益大于市民化成本，农民工就愿意市民化。

（2）市民化完全按照市场化机制运行，即市民化市场上存在完全的信息和自由竞争。

（3）因此，市民化门槛仅限于经济门槛，即只要农民工能够跨越经济门槛，就愿意而且能够实现市民化，而不再受到其他的非经济手段（如行政手段）的阻止。

按照前面的分析和上述假设，农民工市民化实际上面临着市民化意愿和市民化能力的双重约束。其中，市民化意愿反映了农民工市民化的主观愿望，市民化能力反映了农民工市民化的实际经济承担能力。市民化意愿和市民化能力共有四种可能的组合方式，而每一种组合方式对应着一种市民化决策结果：

组合 I：$V(0) < 0$，且 $E(0) < 0$　　　　（式 17）

$V(0) < 0$ 意味着农民工没有市民化意愿，$E(0) < 0$ 意味着农民工没有市民化能力。因此，在组合 I 中，农民工既没有市民化意愿也没有市民化能力，显然不会做出市民化的决策。

组合 II：$V(0) < 0$，且 $E(0) > 0$　　　　（式 18）

此时，农民工虽然有市民化能力，却没有市民化意愿，农民工也不会做出市民化的决策。

$$组合 \; III: V(0) > 0, 且 E(0) < 0 \qquad (式19)$$

此时，农民工虽然有市民化意愿，却没有市民化能力，农民工同样不会做出市民化的决策。

$$组合 \; IV: V(0) > 0, 且 E(0) > 0 \qquad (式20)$$

此时，农民工既有市民化意愿也具有市民化能力，因此会做出市民化的决策。

因此，笔者假定，当且仅当农民工有市民化意愿且具有市民化能力时，农民工市民化行为就会发生。这样，在市民化意愿和市民化能力的双重约束下，农民工市民化模型可以表示为以下形式：

$$N = N[V(0) > 0, 且 E(0) > 0] \qquad (式21)$$

其中，N 为农民工市民化数量，$V(0)$，$E(0)$ 分别由式（8）或式（9）和式（14）给出。

该模型表示，农民工市民化人数是农民工市民化预期收益净值和市民化能力净值的函数，它在数量上等于既有市民化意愿又有市民化能力的农民工人数。

第二节　城乡二元制度对农民工市民化影响的实证分析

双重约束下的农民工市民化模型从理论上揭示了城乡二元制度对农民工市民化意愿、市民化能力和市民化进程的影响。在此基础上，本节将利用 Logistic 模型和调查数据对农民工市民化意愿、市民化能力和市民化进程①的影响因素进行实证分析，以验证城乡二元制度对农民工市民化意愿、市民化能力和市民化进程的影响程度。

———————

① 这里用市民化进程表示农民工市民化的结果，其中相对于农民工个体时表示农民工是否已经成为市民，相对于农民工群体时表示已经成为市民的人数或比例（市民化率）。

一　Logistic 回归模型的构建

本节分别将农民工的市民化意愿、市民化能力①、市民化进程作为因变量。将自变量划分为基于农民工个体特征的一般性变量和基于城乡二元制度特征的制度性变量，其中一般性变量包括农民工的性别、教育程度和打工时间；制度性变量包括分别反映就业制度、户籍制度、社会保障制度、土地制度等城乡二元制度因素，包括找工作时是否使用过亲戚熟人、从事的行业、劳动保护状况、户籍制度是否是阻碍市民化的因素、是否愿意参加当地社会保障，以及打工期间土地处置方式。

因此，影响农民工市民化意愿、市民化能力、市民化进程的 Logistic 回归模型可以共同表示为：

$$f(P) = \alpha + \beta_1 SEX + \beta_2 EDU + \beta_3 TIME + \beta_4 JW +$$
$$\beta_5 EI + \beta_6 LP + \beta_7 HI + \beta_8 SSI + \beta_9 FI + \varepsilon \qquad （式22）$$

Logistic 回归模型中具体变量的名称、含义及赋值见表 7 - 1。

表 7 - 1　变量名称及赋值

变量类型	变量名称	变量定义
因变量 1	市民化意愿（CW）	是 = 1，否 = 0
因变量 2	市民化能力（WA）	有 = 1，没有 = 0
因变量 3	市民化进程（CP）	是 = 1，否 = 0
一般性变量	性别（SEX）	男 = 1，女 = 0
	教育程度（EDU）	文盲半文盲 = 1，小学 = 5，初中 = 8，高中/中专 = 11，大专及以上 = 14
	第一次外出打工时间（TIME）	两年以内 = 1，2～6 年 = 4，6～10 年 = 8，10～14 年 = 12，14～18 年 = 16，18 年以上 = 22

---

① 由于农民工市民化一般主要是以家庭为单位，而农民工的配偶或子女可能并没有外出务工，所以为了更接近现实，应该将农民工的工资乘以一个百分数（如 70%）。因此，农民工市民化能力净值 = 农民工工资 × 70% − 城镇居民家庭人均总支出。

续表

变量类型	变量名称	变量定义
制度性变量	是否使用过亲戚熟人（JW）	是 = 1，否 = 0
	从事行业（EI）	制造业 = 1，建筑业 = 2，交通运输、仓储业 = 3，批发零售业 = 4，服务业 = 5，采矿业 = 6，其他 = 7
	劳动保护状况（LP）	没有、较差 = 1，一般 = 2，较好、很好 = 3
	户籍制度是不是阻碍因素（HI）	是 = 1，否 = 0
	是否愿意参加当地社会保障（SSI）	是 = 1，否 = 0
	土地处置方式（FI）	家人耕种 = 1，抛荒 = 2，有偿转包 = 3，无偿转包 = 4，其他 = 5

二　数据来源和描述性统计结果

数据主要来自 2007 年 2～3 月武汉大学"农民工问题研究"课题组的调查数据。该调查共发放问卷 1000 份，收回问卷 812 份，有效问卷 741 份，接受调查的农民工的就业地分布在 19 个省份，输出地分布在 28 个省份。调查严格遵循随机抽样原则，样本量较大，具有较为广泛的代表性。

农民工市民化能力净值由调查的农民工工资与 2006 年城镇居民家庭人均总支出计算得到。但是，由于 2007 年统计年鉴中只有 2006 年城镇居民家庭人均消费性支出，因此 2006 年城镇居民家庭人均总支出由 2005 年城镇居民家庭人均消费性支出与非消费性支出的比例估算得到，为 11595 元。

数据的统计结果表明（见表 7 - 2）：有市民化意愿的比例、有市民化能力的比例、已经成为市民的比例呈明显的下降趋势，分别为 68.3%、32.7% 和 6.7%。从单因素的描述性统计结果来看，在一般性变量中，性别对市民化意愿的影响并不明显，但对市民化能力和市民化进程影响很明显，教育程度和第一次外出打工时间不同，市民化意愿、能力和进程都表现出较大的差异。在制度性变量中，除户籍因素外，其他因素对三个因变量都有比较明显的影响。

表 7 - 2　影响农民工市民化的单因素的描述性统计结果

影响因素	特征描述	人数（人）	比例（%）	有市民化意愿的比例（%）	有市民化能力的比例（%）	已经成为市民的比例（%）
总体		741	—	68.3	32.7	6.7
性别	男	586	79.1	68.3	36.5	7.3
	女	155	20.9	68.4	18.1	4.5
教育程度	文盲、半文盲	24	3.2	45.8	16.7	4.2
	小学	33	4.5	69.2	26.3	3.8
	初中	440	59.4	71.1	30.9	6.8
	高中/中专	139	18.8	61.9	44.6	10.1
	大专及以上	5	0.7	80.0	100	0
第一次外出打工时间	两年以内	136	18.4	72.1	14.7	5.1
	2~6年	220	29.7	65.0	33.6	5.9
	6~10年	156	21.1	70.5	39.1	7.7
	10~14年	89	12.0	70.5	38.2	5.6
	14~18年	70	9.4	61.8	40.0	10.0
	18年以上	69	9.3	73.9	34.8	8.7
是否使用过亲戚熟人	是	632	85.3	69.1	31.5	11.9
	否	109	14.7	63.3	39.4	5.9
从事行业	制造业	315	42.5	71.1	31.1	9.5
	建筑业	271	36.6	68.3	35.1	4.8
	运输、仓储业	10	1.3	70.0	20.0	20.0
	批发零售业	31	4.2	64.5	51.6	3.2
	服务业	77	10.4	61.0	20.8	2.6
	采矿业	16	2.2	62.5	37.5	6.3
	其他	21	2.8	61.9	42.9	4.8
劳动保护状况	没有或很差	201	27.1	63.7	28.4	6.0
	一般	298	40.2	68.1	28.9	7.0
	较好或很好	242	32.7	72.3	40.9	7.0

续表

影响因素	特征描述	人数（人）	比例（%）	有市民化意愿的比例（%）	有市民化能力的比例（%）	已经成为市民的比例（%）
户籍是不是阻碍因素	是	244	32.9	66.8	31.6	7.0
	否	497	67.1	69.0	34.8	6.6
是否愿意参加当地社会保障	是	467	63.0	70.2	35.1	7.7
	否	274	37.0	65.0	28.5	5.1
土地处置方式	家人耕种	537	72.5	69.6	31.7	6.0
	抛荒	49	6.6	69.4	26.5	6.1
	有偿转包	40	5.4	67.5	32.5	5.0
	无偿转包	91	12.3	60.4	41.8	11.0
	其他	24	3.2	66.7	33.3	12.5

三 Logistic 模型的回归结果和分析

利用 Eviews 6.0 软件得出的回归结果如下（见表 7-3）。

表 7-3 影响农民工市民化的 Logistic 模型回归结果

模型变量	市民化意愿（模型1）		市民化能力（模型2）		市民化进程（模型3）	
	系数	P值	系数	P值	系数	P值
性别	-0.009	0.838	0.151***	0.000	0.027	0.251
教育程度	0.002	0.919	0.105***	0.000	0.022*	0.100
外出打工时间	0.001	0.714	0.008***	0.003	0.002	0.154
是否使用过亲戚熟人	0.068	0.167	-0.068	0.156	-0.054***	0.041
从事行业	-0.020*	0.067	0.000	0.983	-0.012***	0.041
劳动保护状况	0.044**	0.049	0.063***	0.004	0.004	0.734
户籍是不是阻碍因素	-0.016	0.663	0.026	0.469	0.003	0.885
参加当地社保愿意	0.054*	0.130	0.042	0.223	0.021	0.265
土地处置方式	-0.016	0.268	0.025*	0.073	0.015***	0.045
constant	0.568	0.000	-0.320	0.004	-0.011	0.852

注：*、** 和 *** 分别表示在10%、5%和1%水平上显著。

由模型1可见，行业因素和劳动保护因素对市民化意愿具有显著影响（分别在10%和5%的水平上显著）。其中，行业值越高，市民化意愿越弱，由表7-2的描述性统计结果可知，制造业，运输、仓储业和建筑业三个行业的农民工的市民化意愿较高，而其他行业农民工的市民化意愿较低；劳动保护越好，市民化意愿越强；参加当地社会保障的意愿也有一定影响，大约在10%水平上显著，正的系数显示，社保意愿越强，市民化意愿越强；其他因素都没有显著影响。其中，户籍因素对农民工市民化意愿影响不显著，这可能与人们的认识有所出入，但却与同为本次调查的其他结果相一致。在农民工不希望成为市民的原因中排在前四位的依次是"城市压力大，不如农村生活舒适""城市就业风险大，害怕失业后生活没有保障""城市房价太高，买不起住房""城市生活费用太高"，分别占22.7%、21.9%、14.6%、11.2%，而选择"没有城市户口，享受不到市民待遇"的农民工比例仅为1.7%。这说明，农民工市民化的障碍主要来自城市的工作、生活压力和风险，而不是户籍因素。与农民工不希望成为市民的原因的调查结果相类似，农民工的最大愿望同样不是"得到城镇户口，成为市民"（仅占3.6%），而是"增加工资""拥有稳定职业""子女能正常上学""在城里拥有自己的住房"（分别占37.8%、33.1%、16.9%、8.7%）。这些调查结果说明，农民工对是否取得城镇户口并不看重，因此户籍因素对农民工市民化意愿的影响就不可能显著。

由模型2可见，性别、教育程度、外出打工时间和劳动保护状况对农民工的市民化能力具有显著影响（在1%的水平上显著）。其中，样本为男性、教育程度越高、外出打工时间越长和劳动保护越好，则农民工的市民化能力越强；而土地处置方式在10%的水平上显著，对土地越不重视（如无偿转包或抛荒），市民化能力越强。因为，根据该调查显示，男性、教育程度越高、外出打工时间越长和劳动保护越好的农民工，其工资收入就越高。农民工对土地越不重视，这也从另一个侧面反映了农民工在城镇的打工收入较高，否则农民工一定会选择由家人耕种或有偿转包。当然，无偿转包或抛荒只是农民工在农村土地难以流转或交易成本较高的情况下做出的次优选择，但无偿转包或抛荒毕竟不能为农民工带来任何收益，这也在一定程度上制约了这一部分农民工的市民化能力的进一步提高。是否使用过亲戚熟人、从事行业、户籍因素对农民工市民化能力的影响没有通过显著性检验。合理的解释可能是绝大多数农民工（85.3%）在外出就业时都得到过亲戚熟人的帮助，而他们从事的行业基本上是非正规部门而且其就业性质基本属于非正规就业，因此农民工在这两个方面的差距并不明显，但是这种状况恰恰反映了农民工在就业方面亟须解决的问题。而这种状况主要是由于户籍歧视造成的，因此户籍因素对农民工市民化能力的影响也不显著。

由模型3可见，在市民化进程方面，是否使用过亲戚熟人、从事行业、土地处置方式对其有显著影响，它们在1%的水平上显著。其中，教育程度越高、市民化进程越高、使用过亲戚熟人找到工作的农民工的市民化进程，低于没有使用过亲戚熟人找到工作的农民工；行业值越高，市民化程度越低；对土地越不重视（如无偿转包或抛荒），市民化能力越强。此外，教育程度对农民工市民化进程也具有显著影响（在10%的水平上显著）。但是，性别、外出打工时间、劳动保护状况、户籍因素和参加当地社会保障意愿对农民工市民化的影响均不显著。

第三节　结论与政策建议

一　城乡二元制度对农民工市民化意愿有着重要影响

城乡二元制度对农民工市民化净收益，从而对农民工市民化意愿的影响主要表现为对"三个差距"的影响。而由前面关于市民化收益、成本的分析和式9可以清楚地看出，城乡二元制度对"三个差距"的影响的关键和路径则在于城乡二元制度造成了农民工的就业模式、生存状态和劳动力转移过程的分割。

在城乡二元制度下，我国农业剩余劳动力被迫采取农民工的就业模式，即身份转变和职业转换相背离。在这种情况下，农业剩余劳动力转移不能像其他国家那样一次性完成，而是被分割为两个阶段。而且，农民工在城市受到各种歧视性待遇，在就业和生存状况方面都远远不如城镇职工，成为漂浮在城乡之间的"边缘人"。正是这种独特的农民工就业模式、生存状态和劳动力转移过程的分割，反过来又降低了他们自身的市民化预期净收益，从而减弱了市民化动力和意愿，成为造成农民工市民化最大的障碍。

因为，在一般情况下，农民工的收入，包括工资性收益和非工资性收入都大于进城之前的农民，而农民工的消费支出则与进城之前的农民差别不大。这样，与农民直接市民化（劳动力转移只有一个阶段）相比，城镇职工与农民工的工资性收入差距和非工资性收入差距分别小于城镇职工与农民的务农收入差距和社会福利和社会保障性收入差距，而城镇居民与农民工的消费支出差距则与城镇职工与农民的消费支出差距差别不大。所以，农民工市民化的预期净收益就小于只有一个阶段的农民直接市民化的预期净收益，从而农民工市民化的动力和意愿也小于只有一个阶段的农民直接市民化的动力和意愿。

二　城乡二元制度对农民工市民化能力也有着重要影响

在城乡二元制度下，由于就业歧视等制度性歧视的存在，大多数农民工只能在城镇次属劳动力市场上就业，而次属劳动力市场就业稳定性差，劳动强度大，工资和社会福利、社会保障待遇差。因而，与不存在城乡二元制度相比，实际就业率 P_{pw} 下降，实际工资性收入 W_{pw} 和非工资性收入 W'_{pw} 也低得多。因此，在市民化经济门槛 $C_{pw}(0)$ 不变的情况下，城乡二元制度导致了农民工市民化能力净值的下降，从而制约了农民工市民化。

三　具有市民化意愿和市民化能力，以及已经成为市民的农民工的比例呈明显下降趋势

这说明，一方面，农民工具有比较强烈的市民化愿望；另一方

面，由于受到市民化能力的制约，绝大多数农民工无法转化为市民。因此，尽快提高农民工的市民化能力成为促进农民工市民化的关键。提高农民工的市民化能力主要是要增加农民工的收入，包括逐步改变廉价使用农民工的状况，严格落实新《劳动法》，提高农民工的工资标准和福利待遇；加强农民工的职业技能培训，提升农民工的人力资本。此外，农民工市民化能力是相对于市民化门槛而言的，因此，取消行政性门槛和逐步降低经济性门槛，也等于相对提高了农民工的市民化能力，有助于促进农民工市民化。

四　城乡二元制度是影响农民工市民化的重要因素，加快城乡二元制度的变革对促进农民工市民化具有重大意义

从实证分析的结果来看，目前户籍因素对农民工市民化意愿、能力和进程的影响都不显著，影响农民工市民化的制度性因素主要是嵌入户籍制度中的就业、社会保障、土地、教育等福利性的制度安排。这说明，与 2005 年以前，尤其是 20 世纪 90 年代以前相比，随着户籍制度的逐步放开，尤其是一些地方将允许农民工取得城镇户口（如蓝印户口）与享受市民待遇脱钩以来，阻碍农民工市民化的因素已经从形式化的户籍制度（显性户籍墙）转化为对农民工的预期和收入等权利和待遇具有实质性影响的制度安排（隐性户籍墙），如就业制度、社会保障制度等。因此，未来城乡二元制度的创新重点不能再继续停留在形式化的户籍制度层面，而应该尽快切换到对农民工的预期和收入等权利和待遇具有实质性影响的就业制度、社会保障制度、土地制度上来。例如，逐步形成城乡统一的劳动力市场，消除就业歧视，加强就业服务，加强劳动保护，逐步提高农民工的工资标准和福利待遇；改革和完善土地产权制度、流转制度和征地制度，在解除土地对农民工市民化束缚的同时，提高农民工合法的土地承包、土地流转和土地补偿收益，这也在一定程度上有利于提高农民工的市民化能力；尽快建立适合农民工的社会保障体

系，并逐步缩小与城镇社会保障水平的差距，提高农民工的参保意愿和参保率，为农民工市民化消除后顾之忧；户籍制度的创新主要是继续将就业、社会保障等福利性制度从户籍制度中剥离出来，尽快确立国民待遇原则。此外，加强农村教育，普及农村九年制义务教育，发展农村职业教育，强化农民工的职业技能培训和其他多种形式的成人教育、继续教育，提高农民和农民工的教育程度，对于提升农民工的市民化能力、促进市民化进程也具有十分重要的意义。

第八章

特大城市人口控制与中国特色的
新型城镇化道路

中国特大城市人口调控困难重重，面临着中央政府和地方政府的政治博弈、以业控人和劳动力需求的经济博弈，以及新型户籍制度和破除城乡二元结构的社会博弈等多重博弈。当前，由于特大城市与中小城市之间巨大的非户籍福利差距以及特大城市内部中心城区和外围区域巨大的公共资源差距，在特大城市和中小城市之间形成了坚不可摧的"堰塞湖"，阻挡了人口在特大城市和中小城市之间自由流动。特大城市人口调控绝不能局限于该特大城市本身，而必须立足于该特大城市为中心的都市圈或城市体系，既"瘦身"又"提质"，双管齐下，才能收到成效。

第一节　特大城市人口控制的有关争论

城市集聚理论认为，城市的形成和发展依赖于聚集所产生的聚集经济和聚集不经济。[①] 聚集经济主要指人口和产业聚集产生的规模经济和信息外溢效应，集聚不经济最典型的表现是拥堵带来的地租和通勤成本的增加。前者促使城市规模不断扩张，后者则阻止城市

---

① Fujita, M., *Urban Economic Theory: Land Use and City Size*, Cambridge: Cambridge University Press, 1989, pp. 226 – 270.

规模过度扩张，这两股市场力量共同决定了最优城市规模。[①] 但是，传统集聚经济理论普遍忽略了城市内部结构，而研究最优城市规模必须进一步考察城市内部经济活动的分布规律。米尔斯（Mills）和惠顿（Wheaton）构建了城市一般均衡模型，从区位均衡条件推导出城市的均衡密度和均衡规模。米尔斯讨论了城市人口规模给定而效用内生的"封闭"城市模型[②]，藤田（Fujita）研究了城市规模内生而居民效用外生的"开放"最优城市规模模型。[③] 但是，城市一般均衡模型均以居民具有相同的偏好结构和厂商具有一致的生产函数为假设，这意味着在没有其他外生因素影响的条件下，城市将具有相同的人口和空间规模。

对于这种单一最优城市规模的观点，理查德森（Richardson）最早提出了质疑。他认为，最优人口规模会因城市结构和功能不同而在某一区间内动态变化。[④] 亨德森（Henderson）通过加入外部效应的影响，考察了产业集聚收益和城市通勤成本间的均衡模式。[⑤] 其研究发现，不同行业间存在规模经济和集聚收益差异，导致城市间的专业化分工，所以以不同行业为主导的城市必然会形成不同的最优规模。卡内莫托（Kanemoto）等检验了不同规模城市的生产率，发现人口超过 20 万人的城市的集聚经济效应十分明显，而小城市则较弱。[⑥] 卡佩罗（Capello）等考察了意大利城市最优规模，发现城市

① 〔美〕斯特拉斯蔡姆：《城市住宅区位理论》，载〔美〕米尔斯《城市经济学》，郝寿义等译，经济科学出版社，2001，第 25～26 页；〔美〕托利、〔美〕克瑞菲尔德：《城市规模与位置的政策问题》，载〔美〕米尔斯《城市经济学》，经济科学出版社，2001，第 486～488 页。

② Mills, E. S., *Urban Economics*, Glenview: Scott Foresman and Co, 1972, pp. 89–113.

③ Fujita, M., *Urban Economic Theory: Land Use and City Size*, Cambridge: Cambridge University Press, 1989, pp. 226–270.

④ Richardson, H. W., "Optimality in City Size, Systems of Cities and Urban Policy: a Sceptic's View", *Urban Studies*, Vol. 9, No. 1, 1972, pp. 29–48.

⑤ Henderson, J. V., "The Size and Types of Cities", *American Economic Review*, Vol. 64, No. 4, 1974, pp. 640–656.

⑥ Kanemoto, Y., T. Ohkawara, T., "Suzuki. Agglomeration Economies and a Test for Optimal City Sizes in Japan", *Journal of the Japanese and International Economies*, Vol. 10, No. 4, 1996, pp. 379–398.

最优规模会随城市部门结构的转型调整而改变。① 迪斯梅特（Desmet）和罗西－汉森伯格（Rossi-Hansberg）的研究表明，城市的生产效率、政府效率损失和宜居程度共同决定了城市规模分布，任一特征差异的改变都将引起大规模的人口迁移。② 格莱泽（Glaeser）分析了集聚密度和集聚规模的政策含义。他认为，城市规模发展应是城市内集聚密度的提高，不应是城市地域的蔓延，只有规模较大城市的人口分布过于分散才会带来城市蔓延问题，这将不利于土地的集约使用。③ 但是，柯善咨（Shanzi Ke）通过扩展的奇科尼－霍尔（Ciccone-Hall）模型，实证发现在控制集聚规模之后，集聚密度的影响为负，这说明工业在城市分布过密时会产生更多拥挤效应，结果使城市效率下降，所以他认为城市经济活动应在一定程度上分散化。④ 对于一个国家来说，整个国家的生产和人口集中度也将随着集聚和分散而呈现先集中后分散的趋势。⑤ 这是因为，随着经济增长，一方面，居民需要住房和自然环境的改善；另一方面，国家也积累了足够的财力去改善内陆地区的基础设施和投资环境。

随着中国城市化进程的推进，国内外学者开始关注中国城市的最优规模问题。王小鲁、夏小林以及亨德森等分析了中国最优城市规模的倒 U 型曲线，认为我国大部分城市规模偏小，还没能充分发

---

① Capello, R., Camagni, R., "Beyond Optimal City Size: An Evaluation of Alternative Urban Growth Patterns", *Urban Studies*, Vol. 37, No. 9, 2000, pp. 1479 – 1496; Capello, R., "Recent Theoretical Paradigms in Urban Growth", *European Planning Studies*, Vol. 21, No. 3, 2013, pp. 316 – 333.

② Desmet, K., Rossi-Hansberg, E., "Urban Accounting and Welfare", *American Economic Review*, Vol. 103, No. 6, 2013, pp. 2296 – 2327.

③ Glaeser, E., *Triumph of the City*, London: Macmillan, 2011, p. 6.

④ Ke, Shanzi, "Agglomeration, Productivity, and Spatial Spillovers across Chinese Cities", *The Annals of Regional Science*, 2010, Vol. 45, No. 1, pp. 157 – 179.

⑤ Williamson, J. N., "Regional Inequality and the Process of National Development", *Economic Development and Cultural Change*, No. 6, 1965, pp. 3 – 45; Hansen, N., "Impacts of Small and Intermediate-Sized Cities on Population Distribution: Issues and Responses", *Regional Development Dialogue*, No. 11, 1990, pp. 60 – 76.

挥出集聚经济效应。[①] 范剑勇、邵挺认为，城市房价的过快上涨导致中国城市呈现核心城市偏小、中小城市偏大的"扁平化"特征。[②] 陆铭等的研究发现，城乡分割政策导致了我国城镇化进程受阻、大城市发展不足和城市体系扭曲等问题。[③] 迪斯梅特和罗西-汉森伯格的研究表明，如果取消城市间生产效率、地方政府效率和宜居程度中任何一个的差异，中国城市规模分布的改变程度将远远大于美国。[④] 但是也有学者认为，中国城镇化进程中也出现了特大城市规模迅速膨胀、中小城市和小城镇相对萎缩的两极化倾向。[⑤] 因此，要实行差别化的人口规模调控政策，严格控制 400 万人以上的特大城市人口规模，鼓励支持大城市和中小城市发展。

以上关于特大城市人口控制的有关争论，为本书的研究提供了重要基础和思路。其中传统集聚经济模型和城市一般均衡模型，尽管存在忽略城市内部结构和单一最优城市规模的观点等局限，但提出的城市最优规模理论为特大城市人口控制提供了最初的思路和分析方法。后来研究者提出的集聚收益和通勤成本、集聚密度和集聚规模等概念，以及城市最优规模会随着城市功能、产业结构调整而在某一区间动态变化的思想，丰富了特大城市人口控制的分析工具和政策思路。但是，这些研究都没有涉及中国特大城市人口调控的两个特殊背景，即中国特大城市正处于产业结构转型升级的关键发

① 王小鲁、夏小林：《优化城市规模，推动经济增长》，《经济研究》1999 年第 9 期；王小鲁：《中国城市化路径与城市规模的经济学分析》，《经济研究》2010 年第 10 期；Au, C. C., J. V. Henderson, "Are Chinese Cities Too Small?", *Review of Economic Studies*, Vol. 73, No. 3, 2006, pp. 549 - 576; Au, C. C., J. V. Henderson, "Are Chinese Cities Too Small?", *Review of Economic Studies*, Vol. 73, No. 3, 2006, pp. 549 - 576。

② 范剑勇、邵挺：《房价水平、差异化产品区位分布与城市体系》，《经济研究》2011 年第 2 期。

③ 陆铭、向宽虎、陈钊：《中国的城市化和城市体系调整：基于文献的评论》，《世界经济》2011 年第 6 期。

④ Desmet, K., Rossi-Hansberg, E., "Urban Accounting and Welfare", *American Economic Review*, Vol. 103, No. 6, 2013, pp. 2296 - 2327.

⑤ 魏后凯：《中国城镇化进程中两极化倾向与规模格局重构》，《中国工业经济》2014 年第 3 期。

展时期，户籍制度正处于由城乡二元户籍制度向城乡一体化的新型户籍制度转型的深化改革时期。在这两个特殊背景下，中国特大城市人口调控面临着与西方任何国家都截然不同、更为复杂的背景和形势，从而也必然会具有不同的思路、路径和对策。本书将这种独特的、复杂的背景和形势概况为三重博弈和两个"堰塞湖"，在深入分析的基础上，提出人口控制的路径和措施。

第二节　特大城市人口调控的三重博弈

中国特大城市人口调控可谓困难重重，面临多重博弈，包括中央政府和地方政府的政治博弈、以业控人和劳动力需求的经济博弈、新型户籍制度和破除二元结构的社会博弈。[①]

一是中央政府和地方政府的政治博弈。2014 年 6 月，《国务院关于进一步推进户籍制度改革的意见》发布，新型户籍制度改革方案面世。本次户籍制度改革是中央统一部署推动的综合配套改革，它不仅是户籍制度自身的改革，更需要各相关部门统筹配套的改革。剥离附着在户籍之上的权益差距，是新型户籍制度改革的重点。目前，新型户籍制度改革已经在各类规模的城市初步建立了基本公共服务提供机制，要求所有中小城市和小城镇的落户限制全面放开，大城市和特大城市实行积分制，通过与转移人口的就业、居住、缴纳社会保障的年限等条件挂钩，允许符合条件的转移人口入户并享有公共产品和服务，在保障转移人口合法权益上取得了一定的突破。

但是，多年以来，特大城市的公共服务供给增量严重滞后于其人口集聚快速增长。从地方政府层面来看，由于存在巨大的财政支出压力，地方政府往往缺乏足够的动力为非本市户籍的常住居民提供与本地户籍人口相同的公共产品和服务，除非中央有刚性要求，否则地方政府只能"量力而行"。从中央政府层面来看，则希望转移

---

① 朱蓓倩、高向东、陶树果：《新型户籍制度下特大城市人口调控的博弈研究——以上海为例》，《浙江工商大学学报》2016 年第 2 期。

人口不但进得了城，还能取得城市户口，享受与城市户籍人口同等的公共服务。近年来，中央和地方政府通过分担农业转移人口市民化成本，大力推进基本公共服务均等化，为还没有取得城市户籍的外来人口提供更好的公共服务，结果进一步加剧了特大城市与中小城市公共服务供给的差距，使得特大城市的拉力持续增强，导致外来人口在特大城市加速集聚。因此，外来人口在特大城市的进城留城选择、集聚速度体现了中央政府与地方政府的政治博弈。当前，我国公共服务体系仍存在不少问题，公共服务体系的建构需要相当长的过程，中央、地方政府之间以及地方政府职能部门之间的博弈就不可避免。

二是以业控人和劳动力需求的经济博弈。新型户籍制度为消除城乡歧视和城乡分割奠定了制度基础，为我国经济发展增加了巨大活力，也为社会创造了更多就业机会。[①] 但是，即使中小城市破除了户籍藩篱，北京、上海、广州、深圳等特大城市正处在产业结构优化升级转型的关键时期，面对人口聚集持续增长和农业转移人口市民化压力加速增长的复杂形势，城乡之间的户籍藩篱却进一步在特大城市产业转型升级中建立并不断强化。另外，特大城市的土地成本持续攀升、劳动力成本快速增加，劳动力密集型和资源消耗型产业原有的比较优势将逐渐丧失，必然要求向技术密集型为主的产业结构升级。特大城市这种产业结构升级，主要是以市场的方式，通过生产生活成本的"挤出效应"选择和淘汰疏解企业及劳动力人口，从供给侧引导人口流入速度和人口结构，从而控制特大城市的人口增长率和人口规模。近两年来，有些特大城市甚至试图通过行政手段，鼓励用人单位更多吸纳具有本市户籍的劳动者，以达到"以业控人"的目的。

劳动力的需求结构可能与供给结构存在差异，政府选择的以高技能、高学历为主体的劳动力供给结构未必就是市场所需要的劳动

---

① 李骏、顾燕峰：《中国城市劳动力市场中的户籍分层》，《社会学研究》2011 年第 2 期。

力结构。那么，什么才是特大城市需要疏解和吸引的人口？特大城市需要的人口结构究竟应该是怎样的呢？从特大城市经济发展水平、产业结构和生产生活成本等方面来看，吸引高技能、高学历人才确实应该成为特大城市人口吸引的主流。但是，从社会分工的基本原则和要求来看，高技能、高学历人才和低技能、低学历劳动者各有分工，是相互补充、相互支撑的关系，不管产业结构升级转型到任何阶段，低技能、低学历劳动者都是城市所必需的。如果强行通过"以业控人"，通过减少部分低端产业及减少低端产业对低技能、低学历外来人口的吸纳能力，从而单纯依靠高端产业和高技能、高学历人才提供更多税收，结果必然会提高整个城市的生活成本而造成低端劳动力的用工荒。

应当说，不管是"以业调控"，还是"以房调控""以证调控"，这些政策都体现了优化城市功能定位、优化产业结构布局、优化人口服务管理等人口调控思想，都是特大城市根据劳动力市场需求变化做出的适应性选择，体现了调控手段由以行政为主向经济、法律、行政等综合调控手段转变。这种理性选择成为特大城市政府获取最大社会效益和最大经济利益间的博弈。不过，这种抉择和博弈是否能从根本上解决特大城市人口调控的问题，还有待观察和探讨。"以业控人"等造成的低端劳动力供给不足与劳动力需求的博弈中造成的负面效应，本质上是特大城市在产业和经济转型升级阶段所形成的经济增长和人口调控的结构性矛盾。如何加强拐点监控，适时实施精准人口调控，是几乎所有特大城市都曾遇到的难题。劳动力充分自由流动是市场经济发展的重要条件，任何技能行业都需要不同层次的劳动力，特大城市所需要的人才也只有通过公平竞争才能脱颖而出。特大城市应以产业结构升级和人口数量控制的统筹协调为综合目标，在人口控制中充分考虑产业结构升级所需要的人口结构，在产业结构升级中充分考虑人口结构调整。

三是新型户籍制度与破除城乡二元结构的社会博弈。在大多数发展中国家，户籍制度是实施人口迁移限制政策的基础。我国户籍制度的沿革，可以追溯到很早，而当前的城乡二元户籍制度则是中华人民共和国成立后逐步强化的。城乡二元户籍制度加上与之配套的土地、教育、就业、社会保障、住房等其他城乡二元制度形成了我国特有的城乡二元社会结构。新型户籍制度的实施，固然从制度上消弭了农业户口与非农业户口的鸿沟，打破了居民"身份"上的城乡二元结构，但它很难成为控制特大城市人口的有效措施，特大城市仍然会实施差别化的落户政策，采用行政和市场结合的末端管控措施控制人口。作为最早、最基本的人口调控手段，户籍制度基本上是以法律和行政手段来调控特大城市的人口规模和人口流入速度。当前形成共识的是，必须对户籍制度进行全面改革，但户籍制度不能简单地取消了之，如果没有配套制度跟上，如健全农村社会保障制度并与城市全面接轨，单纯取消户籍制度是危险的，也不可能取得成功。当特大城市控制人口规模问题似乎只有通过"人口准入"控制而别无他法时，居住证积分制应运而生，积分制成为户籍制度改革的一块"补丁"。新型户籍制度通过完善积分制，建立了公开透明又便于控制的落户通道。这种以控制人口质量代替控制人口数量的人口调控政策，确实能够在一定程度上缓解特大城市的人口压力问题。然而，户籍制度和积分制并不符合公民的自由迁徙权等诸多权益诉求，与共享发展理念、以人民为中心的发展思想和以人为核心的新型城镇化要求也相背离。新型户籍制度虽然打破了数十年的城乡户籍壁垒，但在特大城市与中小城市之间和在特大城市内部的二元结构依然存在。可见，如何保持特大城市人口快速集聚与外来人口福利的协调同步，仍是特大城市无法回避的长期难题和挑战，从而新型户籍制度和破除城乡二元社会结构的博弈必将长期存在。

第三节　特大城市人口调控的
两个"堰塞湖"

早在 20 世纪 80 年代，我国就实施了"严格控制大城市规模，合理发展中等城市和小城市"的人口调控政策。这种城市人口控制方式依然出自计划经济思维，结果是既没有控制住大城市人口的快速增长，也没有使中小城市得到预期的成长，似乎在大城市和中小城市之间形成了坚不可摧的"堰塞湖"，阻挡了人口在大城市和中小城市之间自由流动，在客观上阻碍了城市体系的发育成长。形成"堰塞湖"的根本原因是特大城市与中小城市之间巨大的非户籍福利差距以及特大城市内部中心城区和外围区域巨大的公共资源差距。前者把人口堵在了特大城市，后者把人口堵在了特大城市的中心城区，进一步加剧了特大城市的人口压力。

在关于户籍制度改革和特大城市人口控制的讨论中，人们往往只关注教育、医疗、就业服务和培训、社会保障和住房保障等与城市户籍相挂钩的城市福利（可以称之为户籍福利），却忽视了城市的社会秩序、文化氛围、就业机会、信息服务、基础设施等另一类城市福利（可以称之为非户籍福利），户籍福利和非户籍福利之和构成了城市居民的总效用。[①] 这两类福利在其性质、获取方式、决定因素等方面区别显著。其中，户籍福利带有准公共产品性质，它的获取必须以取得该城市的户籍为前提，具体因素取决于该城市的户籍政策控制程度，如关于户籍指标数量、积分落户条件和居住证制度等方面的规定。非户籍福利具有纯公共产品的性质，它的获取不需要取得该城市的户籍身份，它是凡是来到该城市务工生活的居民都能获得的一种城市福利。这类福利的大小主要由城市的经济发展水平来决定，由于现阶段特大城市明显具有更高的经济发展水平，往往能够为城市居民和外来人口提供更多的非户籍福利。

当前，由于特大城市往往具有更高的行政层级和更多的调配能力，其经济体量和发展水平往往也普遍高于中小城市，因而特大城市的人均收入水平、就业发展机会、道路交通、绿地公园和高水平

---

① 参见邹一南《农民工市民化过程中的户籍—土地联动改革》，载张占斌主编《中国新型城镇化健康发展报告（2016）》，社会科学文献出版社，2016，第 174 ~ 188 页。

的医院及学校等基础设施和公共服务等，也都远远优于中小城市。当特大城市和中小城市之间的经济发展水平差距足够大时，特大城市的非户籍福利水平就可能超过中小城市户籍福利和非户籍福利之和。在不考虑迁徙成本等因素的情况下，能够做出理性选择的迁徙人口必然选择将能够为自己带来最大福利的城市作为迁入地，结果他们往往就会选择迁入特大城市而不是中小城市。这是因为，即便他们不能取得特大城市的户籍，但仅仅作为特大城市的非户籍居民，他们所得到的非户籍福利量也要比中小城市户籍居民所能得到的户籍福利量和非户籍福利量的总和还要高。2000～2010年，我国城镇常住人口和户籍人口的差额从2000年的1.54亿人扩大到2010年的2.85亿人。从不同行政层级和人口规模的城市人口增长速度来看，特大城市的人口增速也远远快于部分大城市和中小城市。根据人口普查结果，4个直辖市和5个计划单列市，以及31个省会城市市辖区的常住人口分别增长59.7%和28.3%，而236个地级市市辖区和359个县级市的常住人口分别仅增长13.0%和6.1%。这些数据表明，即使特大城市和中小城市采取了不同的户籍和人口控制政策，大量迁徙人口仍然选择了面向特大城市的非户籍性流动，而没有选择迁入中小城市的户籍流动。① 这充分说明，当前我国特大城市的非户籍福利量，已经超过了中小城市户籍福利量和非户籍福利量的总和。因此，特大城市与中小城市之间经济发展水平的巨大差异造成了特大城市与中小城市之间非户籍福利上的巨大差距，这是在特大城市与中小城市之间形成"堰塞湖"的根本原因。

特大城市的公共资源过度集中在中心城区，造成中心城区和外围区域的巨大差距，则是形成特大城市内部"堰塞湖"的根本原因。从全国范围来看，绝大多数特大城市是单中心或单极的城市空间结构，根据城市空间发展需要，由中心城区向四周逐步延展，这是典型的单中心的、"摊大饼"式的空间布局和发展模式。这种单中心

---

① 邹一南：《城镇化的双重失衡与户籍制度改革》，《经济理论与经济管理》2014年第2期。

的、"摊大饼"式的空间布局和发展模式既没有形成多极、多层次的都市圈城市体系和分工关系，又造成城市基础设施、公共服务等公共资源过度集中于中心城区，从而在中心城区形成人口的"堰塞湖"。以北京市为例，在长达数十年的发展中，既没有在外围地区形成功能相对完善的新城、副中心、次中心，城市职能、产业、基础设施、公共服务、人口都主要集中在四环以内或东城、西城、海淀、朝阳、石景山、丰台6个主城区，形成了典型的单极结构的城市空间分布结构。与东京相比，2018 年，北京市面积为 16410 平方公里，人口为 2154 万人，人口密度为 1313 人（仅为东京都市圈人口密度的 50%），但大城市病和人口压力却远比东京严重。究其原因，东京是"多心多核"和"分散型网络结构"的城市空间布局，职能、产业、基础设施、公共服务、人口在整个都市圈相对均衡分布，如东京在周边遍布 20 多个新城，城市地铁密度极高，是北京的 40 倍，东京核心区与北京城六区的人口密度基本相当，但东京都市圈的人口密度却是北京市的 2 倍。

第四节　特大城市人口调控的两条基本路径

特大城市绝不应该是一个单核的城市，而应该是一个由该特大城市和周边的副中心和次中心组成的都市圈或城市体系。因此，特大城市人口调控也绝不能局限于该特大城市本身，而必须立足于以该特大城市为中心的都市圈或城市体系，将人口调控的思路拓展至整个都市圈或城市体系。过去，特大城市人口调控效果不显著的原因除了前面所阐述的特大城市自身的集聚规模效应、广泛存在的政治博弈、经济博弈、社会博弈和不同特大城市与中小城市之间巨大的非户籍福利差距，还有一个重要原因就是没有立足于以特大城市为中心的都市圈或城市体系。从发达国家特大城市人口调控的经验看，只有立足于以特大城市为中心的都市圈或城市体系，做到既

"瘦身"又"提质"，双管齐下，二者并重，才能收到成效。以东京为例，东京都市圈从诞生之日起，就通过政府的直接推动与协调和五次首都圈规划，在整个都市圈内布局城市功能、产业、人口、基础设施、公共服务，在"瘦身"的同时注重"提质"，较好地实现了东京都市圈的协调发展，即使东京都市圈已拥有 3600 万人口，也没有证据表明东京这样的特大城市已经过于庞大。[①]

一　特大城市的"瘦身"行动：减什么？如何减？

基本思路首先是做好特大城市的"减法"，通过减职能、减产业，达到控制特大城市人口过快增长和促进特大城市的扩散效应和协同效应。

第一，空间分布调整：从"一核集中"到"多心多核"。以日本东京为例，在中央政策的指导下，东京都市圈从"一核集中"到"多心多核"转变随五次"首都圈建设规划"而展开。经历五次"首都圈建设规划"，东京都市圈已形成了"主中心区域－次中心区域－郊区区域－较边远的县镇区域"多核多中心的空间发展格局。这个发展格局由一些功能不同、经济互补、各具特色的大中小城市集聚而成的都市圈，从而促使整个都市圈以东京这个超级城市的"点"为核心区域，扩散辐射到周围区域大中小城市的这个"面"上，从而形成了一个相互联系、紧密结合的有机城市体系，提升了整个都市圈的承载能力。

第二，调整产业布局：分工协作、错位发展。良好的区域职能分工协作是都市圈获得竞争优势的关键。圈内各城市只有依据各自的特色优势，承担不同的职能，分工协作，错位发展，才能发挥整体集聚、协同发展的优势，实现共同繁荣。以日本东京为例，经过数十年的协同发展，东京都市圈内各个城市、区域已形成明确的职

---

① Kanemoto, Y. , T. Ohkawara, T. , "Suzuki. Agglomeration Economies and a Test for Optimal City Sizes in Japan", *Journal of the Japanese and International Economies*, Vol. 10, No. 4, 1996, pp. 379 – 398.

能分工，各主要城市、区域充分发挥各自功能定位和优势产业，在都市圈内合理布局、协同互联，显示出的整体功能远远大于单个城市功能的叠加。

第三，新城建设：分解中心城区职能和人口。为疏解中心城区功能、缓解人口压力，建设新城新区是发达国家特大城市发展的共同经验。以日本东京为例，早在战后（1946 年）的"帝都再建计划"和"战灾复兴城市规划"中，就明确提出在市中心向外 40～50 公里范围内，建设十几个人口规模为 10 万人的卫星城市，以及 7 个人口规模为 20 万人的外围城市。

第四，交通网络发展：交通引导，轨道主导，构建公共交通系统。国际上通常以交通和通勤作为都市圈实质性形成的根本要素，也通常以交通网络分散核心城市的人口分布。以日本东京为例，在东京都市圈，"1 小时距离法则"引导了都市圈的拓展，并使市区由单中心向多中心发展，形成了以当日往返通勤为主形成的日常生活、生产交通圈层。日本东京大都市的交通圈层分为两个层次：第一层是东京交通圈，以东京站为中心 50 公里的范围，这是东京大都市的主要通勤圈；第二层是首都交通圈，距离东京 50～100 公里的范围，涵盖东京周边 7 个县。

二　特大城市的"提质"行动：提什么？如何提？

东京的"提质"行动为我们做出了很好的示范，其在坚持"瘦身"行动的同时，还注重提质行动，即通过提升基础设施、公共服务的供给能力和均衡布局，以提升核心城市的承载能力。

一是改善城区道路交通，提高通勤能力。东京都市圈大力发展公共交通和轨道交通体系，形成了以公共交通、轨道交通、市郊铁道为主的交通方式，大大提升了核心城市和整个都市圈的交通承载能力。2009 年，东京都市圈各种交通工具年客运量就达到 239.62 亿人次，其中，公共交通客运量为 162.29 亿人次，占客运总量的 67.73%。在公共交通客运量中，主要依靠轨道交通，轨道交通共承担 139.97 亿人次，占公共交通客运量的 86.27%。在轨道交通中，市郊铁道是最主要的出行方式，它承担了 103.53 亿人次的运量，占轨道交通客运总量的 73.97%。在公共交通和所有交通工具中，市郊铁道客运量也分别达到 63.95% 和 43.21%。

二是促进公共资源均衡化布局，避免中心城区公共资源过度集中。公共资源布局对人口在都市圈各区域的分布有着至关重要的导向作用。在我国的北京、上海，优质教育、医疗等重要公共资源主要布局在中心城区，周边区域公共资源供给不足，甚至形成中心城区 – 外围区域的断崖式分布。这种公共资源在大都市圈中心城区和外围区域、城市极不均衡的布局方式，成为中心城区人口过度集中、外围区域城市人口集中不足的最重要因素，结果造成整个都市圈人口承载能力的下降。虽然，北京、上海等特大城市也在积极采取措施促进公共资源的均衡化分布，但效果并不显著，中心城区人口过度集中的趋势并未得到扭转。相比之下，东京通过公共资源均衡化布局，比较成功地引导了人口在各个区域的合理分布，大大提升了整个都市圈的人口承载能力。东京的这一思路和做法很值得我国特大城市借鉴。以教育为例，东京通过教育经费投入和教师轮岗制度，大力促进教育的均衡发展。在经费保障方面，义务教育的经费投入全部由较高层级政府承担，都市圈内的县级政府（相当于我国的省级政府）的投入比重在 40% 以上，其余主要由中央政府承担。在师资水平方面，公立中小学的教师按公务员对待，由政府统一管理。政府直接主导教师的定期轮岗流动，相关法律规定，教师在同一所学校连续工作不能超过 5 年。通过教育经费投入和教师轮岗制度，保证了各区域义务教育的经费来源和各区域师资力量与教学水平的相对均衡。

第九章

城乡二元制度与中国特色的
新型城镇化道路

制度是制约城镇化的重要因素，这一点在中国显得特别突出。与城镇化有关的制度很多，包括劳动就业制度、人口管理制度、土地制度、社会保障制度、住房制度、教育制度、经济运行体制等。中华人民共和国成立以来，在与城镇化有关的制度中，最突出且影响最大的是城乡二元制度。城乡二元制度是中国城镇化特殊性产生的决定性因素，也是造成诸多城镇化问题和制约中国城镇化进程的主要制度障碍。因此，要有效地推进城镇化、促进城镇化健康发展，就必须进行制度创新，从根本上改变城乡二元制度，建立城乡一体化的制度体系。

第一节 中国的城乡二元制度

一 城乡二元制度的内涵和基本特征

1. 城乡二元制度的内涵

城乡二元制度，简单地说，就是城乡分割、城乡有别的制度体系。具体来说，城乡二元制度是指在二元经济结构中为了加快城市工业化进程和限制劳动力等生产要素在城乡之间的自由流动而建立起来的城乡分割、城乡有别的制度体系。城乡二元制度几乎涉及所有的社会、经济、政治和文化领域，具体包括户籍制度、住宅制度、粮食供给制度、副食品与燃料供给制度、生产资料供给制度、教育制度、就业制度、医疗制度、养老保险制度、劳动保护制度、人才制度、兵役制度、婚姻制度、生育制度等14种制度。①

发展中国家由贫穷落后走向发达繁荣是一个长期曲折的过程，各个产业和地区也不可能同步平衡发展，必然有先后、快慢、优劣之分，新兴的、条件更优越的产业和地区的发展往往优先、更快、更好，因而出现二元经济结构是落后国家向发达国家演进过程中普遍存在的结构特征和必经的发展阶段。但是，为了片面加快工业化速度而试图阻止乡城人口流动，制定和实行城乡分割、城市偏向的城乡二元制度，则是违背经济发展规律的，至多是特定阶段的权宜之计。这是因为，城乡二元制度虽然可能实现短期快速工业化的目标，但是这种歧视性的制度安排极不公平合理，会扩大城乡差别、工农差别，甚至造成城乡对立，不仅进一步扩大工农差别和城乡差别，而且固化二元经济社会结构，减缓城镇化进程，最终可能抑制工业化任务的完成。

2. 城乡二元制度的基本特征

城乡二元制度是对城乡居民身份的认定，更是对利益关系的界定，它具有城乡二元性、城市偏向性和城乡分割性等基本特征。

（1）城乡二元性。城乡二元制度最突出的本质特征是二元性。城乡二元制度的二元性有三层含义：一是从城乡二元制度的内涵看，城乡二元制度规范的是城市与农村或市民与农民之间的经济社会关系，是关于城市与农村或市民与农民之间经济社会关系的制度体系；二是从城乡二元制度产生和存在的条件来看，城乡二元制度的产生和存在依赖于经济结构的二元性，二元经济结构是城乡二元制度产生和存在的前提条件；三是从城乡二元制度的影响来看，城乡二元制度一旦形成，不仅催生了另一个二元结构——二元社会结构，又

---

① 郭书田、刘纯彬等：《失衡的中国——城市化的过去、现在与未来（第一部）》，河北人民出版社，1991，第29～78页。

造成了二元经济结构中产值结构和就业结构的偏差，从而强化了经济结构的二元性。

（2）城市偏向性。二元性仅仅是城乡二元制度的表象，其本质特征在于城乡二元背后不同的权益规定。在城乡权益的规定上，城乡二元制度的显著特征是牺牲农村居民的利益，以保障城镇居民的利益，实行的是农业哺育工业、农村支持城市的发展战略，城乡二元制度就像抽水泵，源源不断地将农业剩余和农民的利益输送到城镇。这种城市偏向的城乡二元制度通过户籍制度、就业制度、社会保障和社会福利制度等具体制度，制造了农村居民和城镇居民在权益上的巨大差异（见表9-1），形成了两个权利、地位迥异的社会阶层。

表9-1 改革开放前城乡二元制度造成的农村居民和
城镇居民的待遇差异

待遇	农村居民	城镇居民
户籍身份	农村户口	城镇户口
就业方式	自然就业	统包统分
就业部门	农业或农村个体手工业和传统服务业	城镇正式部门或非正式部门
收入	较低	较高
所得税	农业税和各种提留	没有
社会保障	无	较完善
社会福利	无	较完善
住房	自建	福利分房
迁移方式	乡城迁移受限制，主要局限于农村内部	主要在城市内部迁移，但由城镇到乡村的迁移几乎没有限制

（3）城乡分割性。为了保证城市偏向的城乡二元的利益格局，必然要求在城乡二元制度的安排上限制某些生产要素在城乡之间自由流动，尤其是要严格限制农村居民向城镇居民转化，从而将农村和城镇分割开来。但是，这种分割就像是单向的、不可逆转的棘轮，它只允许农业剩余转移到城镇，却不允许城镇工业剩余转移到农村；

只允许城镇劳动力到农村就业，却限制农村劳动力到城镇就业、定居。因此，城乡二元制度的分割性是片面的、单向的分割，而不是将农村和城镇严格分割、封锁起来。

二　城乡二元制度的形成和演进

1. 城乡二元制度的形成

（1）城乡二元制度形成的原因。关于城乡二元制度形成的原因，目前学术界主要有三种不同的观点。

第一种观点是从国家实行重工业优先发展的赶超战略的目标和途径来解释的。这种观点认为，在重工业优先发展战略下，经济资源向城市重化工业集中，重化工业是资本密集型产业，不可能吸纳较多的农村剩余劳动力，因而人为压低农产品价格，把农业的剩余变为工业的积累，同时限制农村人口向城市流动。为此，政府实行了农产品统购统销政策、计划价格制度、人民公社制度和户籍制度等来实行城乡分割，保证重化工业所需的资金，严格控制乡城人口的流动。[①]

第二种观点认为，农民虽然人数众多，但因居住分散而导致的集体行动中存在过高的沟通成本，以及由于单个农民的产品只是农业产出的微小份额，造成免费搭车现象，因而缺乏政治力量。由此便形成农民人数众多而政治影响力微弱这种所谓的"数量悖论"。[②]

第三种观点认为，我国上级政府对下级政府的政绩考核方式导致了城市偏向的经济政策和城乡二元制度。由于中国上级政府通过GDP增长率来考核下一级地方政府的政绩，因此地方政府的首要目标就是发展当地的经济，而城镇地区的非农产业是经济增长的主要

---

① 林毅夫、蔡昉、李周：《中国的奇迹：发展战略与经济改革（增订版）》，上海三联书店、上海人民出版社，1999，第 38～49 页。

② Olson, M., *The Logic of Collective Action*, Cambridge, M. A.: Harvard University Press, 1965, pp. 53–65.

源泉，所以中国的地方政府往往采取了一些城市倾向的经济政策和城乡二元制度。①

以上三种观点分别从不同的侧面解释了城乡二元制度的成因，然而，城乡二元制度绝不是某一种因素独立作用的结果，而是由二元经济结构、赶超发展战略、计划经济体制、人口因素等多种因素共同作用形成的。

（2）城乡二元制度形成的阶段。城乡二元制度发端于 20 世纪50 年代初，经过逐步的扩展和固化，最终形成于 70 年代。从城乡二元制度形成的整个历史来看，可以将其划分为三个阶段。

第一阶段：城乡二元制度的萌生阶段（1949～1952 年）。

在这个阶段，由于国民经济正处于恢复阶段，国家的基本经济制度是新民主主义，经济政策是多种经济成分并存发展。当时起着临时宪法作用的《中国人民政治协商会议共同纲领》明确规定："中华人民共和国经济建设的根本方针是以公私兼顾、劳资两立，通过城乡互助的政策，达到发展生产，繁荣经济的目的。"这为城乡关系的走向及正常发展奠定了法律准则。在土地改革完成后的地区，由于政府允许富农经济和城乡私营工商业存在，生产要素可以相对自由地流动，土地可以买卖，允许雇工，借贷自由，农民不仅可以从事工商业，还可以进城寻找工作，生产要素的流动相对自由，因而从乡村迁入城市的人口也较多。同时，随着城市经济迅速恢复和工业化的启动，不仅安排了大量城市失业人口，而且使农村人口开始比较多地迁入城市，农村人口向城市的流动日益加强，迁移是比较自由的，城乡经济的双向联系性加强，出现城乡自由流动的状态。

但是，在正常的城乡关系背后却开始萌生了城乡二元性的制度安排的倾向。1951 年 7 月 16 日，经政务院批准公安部颁布实施的《城市户口管理暂行条例》，明文规定，在城市中一律实行户口登记，开始对城市居民依属地进行户口登记和管理。尽管该条例在其第一

---

① 陆铭、陈钊：《城市化、城市倾向的经济政策与城乡收入差距》，《经济研究》2004 年第 6 期。

条就明确声明是为了"保障人民之安全及居住、迁徙自由"而制定的，并无限制迁徙的条款内容，但它毕竟显现了城乡人口分别登记、分别管理的制度倾向。随着农村剩余劳动力的增加，1952 年 7 月，政务院召开的全国劳动就业会议专门讨论了农村剩余劳动力的出路问题，制定了《关于解决农村剩余劳动力问题的方针和办法（草案）》和《关于劳动就业问题的决定》，一方面认为城市与工业的发展，国家各方面建设的发展，将要从农村吸收整批的剩余劳动力；另一方面也强调城市与工业吸收农村剩余劳动力应该有计划有步骤地进行，同时还要靠发展多种经营，就地吸收转化，防止农村的剩余劳动力盲目流入城市，增加城市的负担。可以看出，城乡分割的意图已经显现。

第二阶段：城乡二元制度的初步形成阶段（1953～1957 年）。

1953 年，中国转入大规模经济建设后，许多农村青年被城市的收入和生活条件所吸引，纷纷涌入城市和工矿区，这不仅加剧了城市的失业问题，也增加了农副产品供给的紧张。为解决粮食问题，1953 年 10 月和 11 月，中央政治局和政务院分别通过了《中共中央关于粮食统购统销的决议》和《政务院关于实行粮食的计划收购和计划供应的命令》，开始对粮食实行计划收购、计划供应、强化市场管理和中央统一管理的体制。统购统销的实质是农村征购，城市配售，取消了农产品的自由流通。统购统销的真正作用是一手压低了农产品的收购价格，用变相的无偿形式将农业剩余收归国家所有；另一手则用低价农产品的配给保证了城市工业劳动力的低工资和农业原料的低成本。由此可见，统购统销是中国工业化初期"社会主义原始积累的转换器"。[①] 同时，为了解决农村人口的过多迁移造成的"盲流"问题，缓解其对城市稳定和工业化建设的冲击，中共中央和国务院一再发出指示，要求各级政府限制农民进入城市就业，城乡之间的劳动力流动应该有计划地进行。1955 年 3 月，内务部与

---

①　中国科学院国情分析研究小组：《城市与乡村——中国城乡矛盾与协调发展研究》，科学出版社，1996，第 47 页。

公安部联合下发《关于办理户口迁移注意事项的通知》，对人口流动作了一些限制，目的在于控制人口盲目流动对社会经济发展的影响，户籍制度开始趋向于以界定和区分家庭和个人身份，对公民进行分类控制为目标。而且，随着政府对粮食进行集中控制，粮食及日用品供应和分配与户口开始联系起来。这样，政府通过对农副产品统购统销，实行农业生产资料的社会主义改造，建立农业生产合作社，以及初步形成限制农民进城就业的户籍制度，政府对生产要素自由流动开始限制，形成了政府直接控制农村生产要素配置的体制，奠定了后来中国城乡分割、城乡分治的重要基础，城乡关系开始从开放到封闭，城乡二元制度初步形成。

第三阶段：城乡二元制度的最终形成和定型强化阶段（1958～1978 年）。

从 1958 年"大跃进"后，乡村开始出现饥荒，城市粮食供应也特别紧张。为了解决农村劳动力大量涌入城市给城市粮食供应、住房、交通以及社会服务造成的极大压力，中国开始逐步强化对乡城人口流动的限制。1958～1978 年 20 年间，中国逐渐形成了极为严格的户籍制度，逐步强化对乡城人口流动的限制，从农村到城市、小城市到大城市的户口迁徙都被严格禁止。但是，户籍制度只是城乡限制人口流动的表象。真正能够限制住城乡人口自由流动，或者说限制农民进城的关键，是单一的公有制和由此派生的就业和消费品计划供应制度。[①] 在这些制度的限制下，包括劳动力在内的农村生产要素不仅在城乡之间、产业之间不能自由流动，甚至在农业内部也不能自由流动；至于农民所从事的家庭副业和自留地生产，不仅是集体劳动之余的额外劳动，而且受资金和规模的限制，只是生活的补贴，谈不上是生产要素的流动。

由此可见，在这个阶段，由于建立了"政社合一"的人民公社和严格的城乡户籍制度，城乡之间的生产要素自由流动被完全禁止

①　武力：《1949—2006 年城乡关系演变的历史分析》，《中国经济史研究》2007 年第 1 期。

了，代之以政府的计划调拨和交换。不仅如此，农村内部、农业内部甚至农民家庭经营内部的生产要素配置，也受到国家行政手段和政策的严格控制。因此，1958～1978年20年间，国家通过严格的户籍管理、人民公社制度、农副产品统购统销和单一公有制下的计划招工，基本防止了城乡之间人口的自由流动，最终形成了城乡分割的二元制度。

2. 1978年以来城乡二元制度的改革和演进

自1978年以来，中国政府采取了许多政策措施，不断调整和改革城乡二元制度。尽管中间经历了反复和倒退，但是从总体趋势上看，城乡二元制度是朝着有利于改善城乡关系和促进农村劳动力转移的方向改革和演进的。[①] 这里主要根据城乡二元制度对农村劳动力转移和城镇化的限制和放开程度，将改革和演进过程划分为四个阶段，即初步放松流动限制阶段（1978～1984年）、限制流动和恢复城市偏向阶段（1985～1991年）、逐步放松流动限制和强化城市利益阶段（1992～2001年）、自由流动和城乡统筹兼顾阶段（2002年至今）。

（1）初步放松流动限制阶段（1978～1984年）。1978年发端的农村改革，因为家庭联产承包责任制的实行大大促进了农村劳动生产率的提高，这一方面使统购统销制度逐渐瓦解，另一方面也使实际上在人民公社时期就存在的农村剩余劳动力问题"显性化"。1984年，全国粮食生产的全面过剩导致推行了30年之久的农产品统购统销政策全面动摇。在农村土地制度改革的同时，还废除了人民公社制度，进一步放开了农村"大一统"的管理体制，农民获得了较大程度的自主权。随着家庭联产承包责任制的推行和人民公社制度的废除，乡镇企业蓬勃发展起来。家庭联产承包责任制的实行还为城市国有企业的改革提供了良好的制度示范效应。乡镇企业的蓬勃发展和城市经济的恢复以及"铁饭碗"式的就业体制的打破，为农村剩余劳动力向城镇的大规模转移提供了契机。在这种情况下，国家

_____

① 蓝海涛：《我国城乡二元结构演变的制度分析》，《宏观经济管理》2005年第3期。

除了继续对城镇人口增长实行严格控制外，户籍制度和人口流动政策开始出现初步的松动。比如，1980年对特殊人员实行"农转非"，1984年允许农民自理口粮到集镇落户并取得自理口粮户口。

（2）限制流动和恢复城市偏向阶段（1985～1991年）。在农村改革取得初步成功后，开始将改革重点由农村转移到城市。在城市经济体制改革的过程中，逐步形成了偏重城市的偏向型的改革。例如，国有企业改革中因产权软约束，职工的各种补贴、奖金等非工资收入膨胀，机关、事业单位的工资收入也不断增加。城市居民的各种价格补贴大大弥补了市民的通货膨胀损失，养老、医疗、失业等社会保障制度也都惠及市民。相反，农民除了向国家缴纳至少5%的农业税外，还要向村集体缴纳"三提"（三项村提留，包括公积金、公益金、管理费）、向乡镇政府缴纳"五统"（五项乡镇统筹，包括教育附加、计划生育费、民兵训练费、民政优抚费、民办交通费）；农村的教育补贴被取消，农民自己负担子女的教育费用，农民的医疗经费杯水车薪，农村的财政资金被削减，农民的利益再次被侵蚀。此阶段城乡二元制度的变迁，在一定程度上是以牺牲农民的利益来维护市民的利益，城乡二元制度的变化越来越不利于农民，维护城市利益在城乡二元制度变迁中重新占据主导地位。

（3）逐步放松流动限制和强化城市利益阶段（1992～2001年）。

一方面，自1992年以来，城乡二元制度关于人口流动的限制开始逐步松动。1992年8月，公安部发出通知，决定在小城镇、经济特区、经济开发区、高新技术产业开发区实行当地有效的城镇户口制度。从1994年以后，国家取消了户口按照商品粮为标准划分农业户口和非农业户口的"二元结构"划分法，开始以居住地和职业划分为农业和非农业人口，建立以常住户口、暂住户口、寄住户口三种管理形式为基础的登记制度。1996年7月1日，新常住人口登记表和居民户口簿正式启用，取消了"农业"和"非农业"两个户口类型，使户口登记能够如实地反映公民的居住和身份状况。1997年6月，《国务院批转公安部小城镇户籍管理制度改革试点方案和关于完善农村户籍管理制度意见的通知》出台，并在试点的基础上于 2001 年 3 月批准了《国务院批转公安部关于推进小城镇户籍管理制度改革意见的通知》，在这一政策的推动下，各地对小城镇户籍的开放速度也相应加快。截至 2001 年底，绝大多数小城镇的户籍已基本上对农民开放了。这一政策的出台也为接下来打破中等城市的户籍迁移限制寻找到了突破口。同年，正式取消了"市镇居民粮食供应转移证明"，终结了延续近 40 年的"户粮挂钩"政策，为人口流动排除了一个重大制度性障碍。

另一方面，城市利益却得到了进一步的强化。1993 ~ 1996 年，政府为实现经济软着陆，一方面大幅度提高粮棉等农产品收购价格，减轻农民负担；另一方面也照顾了城市居民的利益，如提高政府和企事业单位人员工资，减轻市民所得税负担，发放价格补贴，探索建立城市居民适应市场经济要求的新型养老、医疗和失业等社会保障制度等，城乡二元制度一度朝着有利于城乡平等的方向发展。但是，1997 ~ 2001 年，国民经济进入通货紧缩时期，国有经济实行战略性调整，下岗职工大幅增加，就业形势异常严峻，城乡二元制度再度向有利于城市的方向发展，主要是政府免费培训下岗工人、财政贴息的小额贷款支持下岗工人创业、提高市民最低生活保障标准、连续提高政府和事业单位人员工资等，城乡二元制度进一步强化了城市的利益。

（4）自由流动和城乡统筹兼顾阶段（2002 年至今）。2002 年后，中国正式履行世贸组织成员的义务，国内市场迅速开放，国家日益融入全球化的国际竞争之中，而且经过 20 多年的持续高速发展，收入差距扩大、发展成果分享不均、社会公共品供给不足、"三农"问题严重、城乡差别扩大、社会矛盾突出等问题显现，中国总体上已到了"工业反哺农业"的发展阶段。在此背景下，2002 年以来，中国明确提出科学发展观，形成包括统筹城乡发展在内的"五个统筹"的战略思路，改变歧视农民的城乡二元制度，实行以工促农、以城带乡、促进劳动力自由流动和统筹城乡发展、实现城乡一体化成为重要的方针。2002 年 12 月，经济较发达的江苏省开始取消农业户口和进城人口计划指标，实行户口迁移条件准入制，规定只要有合法固定住所或稳定职业，就可进城。2003 年 3 月，福建省宣布逐步打破当时社会保障城乡二元化的格局，把最低保障体系向农村延伸，并力争在三年内全面实现最低保障城乡一体化。2005 年 10 月，党的十六届五中全会提出了建立社会主义新农村的重大历史任务。同年 12 月，十届全国人大常委会第 19 次会议决定废止农业税。2006 年 3 月，十届全国人大四次会议审议并通过了《中华人民共和国国民经济和社会发展第十一个五年规划纲要》，要求在"十一五"期间，中央财政不仅免除农业税和每年拿出 1200 多亿元用于乡镇财政支出，还将从教育、基础设施、医疗卫生等方面加大对农村的投入。2008 年 10 月，《中共中央关于推进农村改革发展若干重大问题的决定》提出，统筹城乡社会管理，推进户籍制度改革，放宽中小城市落户条件，使在城镇稳定就业和居住的农民有序转变为城镇居民；加强农民工权益保护，逐步实现农民工劳动报酬、子女就学、公共卫生、住房租购等与城镇居民享有同等待遇。目前，全国已经取消了二元户口的划分，在各省份内统称为居民户口。2012 年，党的十八大要求加快完善城乡发展一体化体制机制，着力在城乡规划、基础设施、公共服务等方面推进一体化，促进城乡要素平等交换和公共资源均衡配置，形成以工促农、以城带乡、工农互惠、城乡一体的新型工农、城乡关系。2014 年，《国家新型城镇化规划（2014—2020 年）》要求全面放开建制镇和小城市落户限制，放宽大中城市落户条件，加快消除城乡二元结构的体制机制障碍，完善城乡发展一体化体制机制，推进城乡要素平等交换和公共资源均衡配置，加大统筹城乡发展力度，促进城镇化和新农村建设协调推进，推动城乡发展一体化。2017 年，党的十九大要求建立健全城乡融合发展体制机制和政策体系。2018 年，《乡村振兴战略规划（2018—2022 年）》对完善城乡融合发展政策体系做出制度安排，强调要顺应城乡融合发展趋势，重塑城乡关系，加快推进户籍制度改革，全面实行居住证制度，鼓励各地进一步放宽落户条件，除极少数超大城市外，允许农业转移人口在就业地落户，优先解决农村学生升学和参军进入城镇的人口、在城镇就业居住 5 年以上和举家迁徙的农业转移人口以及新生代农民工落户问题。2019 年，国家发改委发布《2019 年新型城镇化建设重点任务》，要求城区常住人口 100 万～300 万人的 II 型大城市全面取消落户限制、城区常住人口 300 万～500 万人的 I 型大城市全面放开放宽落户条件，等于彻底打开了 II 型和 I 型大城市的市民化通道。

尽管经过以上四个阶段的改革和演进，城乡二元制度发生了巨大的变革，尤其是在放松劳动力流动限制、加强农民和农民工社会保障方面取得了较大进步。但是，从整体上看，城乡分割、城市倾向、城乡二元的制度性特征并没有发生根本的改变。这些制度特征不仅使城乡收入差距出现扩大化的趋势，而且限制了农业剩余劳动力的彻底转移。因此，为了缩小城乡差距，促进农业剩余劳动力的彻底转移，推进城镇化进程，实现良性互动的和谐城乡关系，最终实现城乡一体化，还必须进一步改革城乡二元制度。

第二节　城乡二元制度对城镇化转型的制约

城乡二元制度严重制约着中国城镇化的进程，是阻碍中国城镇化转型发展和健康发展的主要制度因素，其不利影响主要包括以下几个方面。

一　妨碍农村剩余劳动力的转移，延缓城镇化进程

城镇化的过程是大部分农民就业非农化、大部分农村人口居住城镇化的过程，也就是农村剩余劳动力非农化和市民化的过程。城乡二元制度妨碍农村剩余劳动力的转移，主要表现是使中国农村剩余劳动力的转移分割为非农化和市民化两个过程，即必须经过先非

农化成为农民工、后城镇化成为市民的曲折过程，而且阻碍农民非农化，更阻碍农民市民化，从而使城镇化难以顺利有效推进。

从国际上的农业剩余劳动力转移来看，农业劳动力的非农化和人口城市化大体是同步的。例如，在工业化启动以前，美国农业劳动力占全部劳动力的份额在 70% 以上，城市人口份额不及 10%。发端于 18 世纪末 19 世纪初的工业化，同时也启动了美国农业劳动力转移的过程。工业化起步以后，随着工业扩展的加速，农业劳动力大规模向城市非农产业转移，农业劳动力比重迅速下降。在1840 ~ 1860 年短短 20 年里，美国农业劳动力份额就下降了 10 个百分点，平均下降幅度是 1820 ~ 1830 年的 5 倍。从 1910 年之后，美国农业剩余劳动力开始绝对减少，并呈不断加快的趋势。如表 9 - 2 所示，1960 ~ 1970 年农业劳动力减少的速度是 1910 ~ 1920 年的 31 倍，是1920 ~ 1930 年的近 6 倍。从相对量来看，美国农业劳动力比重在1960 年已降至 10% 以下，城市人口比重已上升到 70%。由此可见，美国农业劳动力的非农化是工业化的结果，也是与人口城市化大体同步的。

表 9 - 2　美国农业劳动力数量的变化速度

单位：%

时期	1910 ~ 1920 年	1920 ~ 1930 年	1930 ~ 1940 年	1940 ~ 1950 年	1950 ~ 1960 年	1960 ~ 1970 年	1970 ~ 1980 年
速度	1.5	8	9	25	37	46	15

资料来源：周叔莲、郭克莎：《中国城乡经济及社会协调发展研究》，经济管理出版社，1996，第 87 页。

然而，中国农业劳动力转移却呈现不同的特征。如图 9 - 1 所示，除个别年份外，随着工业化的推进，第二产业增加值占 GDP 的比重逐渐提高，由 1952 年的 20.9% 提高到 2007 年的 44.9%。与此同时，农业劳动力比重也随之下降，非农就业人口比重（非农化率）和城市人口比重也逐步提高。但是，城市人口比重一直低于非农化率，而且从总体态势上看城市人口比重提高的幅度更是低于农业劳动力比重下降的幅度和非农化率提高的幅度。1952 年，非农就业比率是 16.5%，城市人口比重是 12.46%，前者是后者的 1.32 倍。到了 1995 年，非农就业比率提高了 31.3 个百分点，达到 47.8%；而城市人口比重为 29.04%，仅提高了 16.58 个百分点，两者的偏差达到了 1.65 倍。从 1996 年之后，城镇化与非农化的差距才开始逐渐缩小，但直到 2005 年，二者的比率仍然高达 1.26。这种巨大的偏差向我们提出了一个问题：从农业部门转移出来数量庞大的劳动力却没有带来城市人口的相应增加，城镇化与非农化的巨大偏差到底意味着什么？其原因又为何呢？

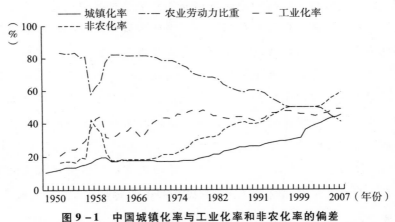

图 9-1　中国城镇化率与工业化率和非农化率的偏差

资料来源：国家统计局编《中国统计年鉴（1995）》，中国统计出版社，1995；国家统计局编《中国统计年鉴（2008）》，中国统计出版社，2008。

中国城镇化落后于农业劳动力比重下降速度和非农化率提高的速度表明，随着工业化的启动和推进，农业劳动力的非农化和人口城镇化发生了脱节，人口的非农化的农民没有同时实现城镇化，其主要原因就在于城乡二元制度。

城乡二元制度，尤其是二元户籍制度，先是把农民禁锢在农村，不仅不能向城镇流动，甚至也难以向非农产业转移、实现非农化。随着改革开放的深入，二元户籍制度开始有所松动，大量的农村剩余劳动力涌入乡镇企业和城镇，出现了大规模的非农化和"民工潮"。但是，二元户籍制度虽然不再对农民进城就业进行限制，却仍然不能给予进城农民以市民身份。非农化的农民受到城乡二元户籍制度、城乡二元就业制度、城乡二元社会保障制度、城乡二元教育制度等的制约，享受不到城镇居民拥有的各种权利和待遇，不能同时实现市民化，甚至很多被迫返回农村，从而在客观上具有明显的反城镇化效应①，极大地妨碍了城镇化的进程。

二　提高人口城镇化的门槛，降低农民城镇化的能力

如前所述，"门槛"是指事物发展过程中的一个界限、限度或临界值，跨越这个临界值，就意味着事物将发生质的变化。人口城镇化门槛是指农村人口在城镇化过程所遇到的各种障碍的总称。农村人口只有成功地跨越城镇化门槛，才能成为城镇人口。从城镇化门槛的内容来看，可以将城镇化门槛分为经济门槛和非经济门槛。经济门槛是指农村人口在城镇化过程所遇到的各种经济成本约束，主要包括农村人口城镇化的农村退出成本、城镇进入成本、融入成本等。非经济门槛是农村人口在城镇化过程所遇到的各种制度和法规的行政性约束的总称。在城乡二元制度下，农村人口的非经济门槛包括：城乡二元户籍制度对进城农民在城镇落户和身份转变的种种限制，城乡二元就业制度对进城农民在城镇的就业准入、就业服务、就业培训和就业待遇等方面地歧视和限制等。非经济门槛决定了进城农民在城镇的就业歧视程度和实际就业难度，从而降低了进城农民的就业概率、工资率和非工资性收入。

与城镇化门槛对应的概念是城镇化能力。城镇化能力是指农村人口跨越城镇化门槛的能力。非经济门槛是由制度、法规和政府决定的，因此组织程度很低的农民难以跨越，几乎缺乏完全依靠自己的跨越能力。跨越经济门槛的能力取决于进城农民的收入水平。城乡二元制度造成了劳动力市场分割和就业歧视，降低了农民工的预期收入和实际收入，弱化了农民工市民化的能力。所以，无论从跨

---

① 徐林清：《我国农村劳动力转移方式的特征及其反城市化效应》，《乡镇经济》2002年第9期。

越经济门槛的能力还是从跨越非经济门槛的能力来看，城乡二元制度都使农民的城镇化能力很弱，极不利于城镇化的推进。

在城乡二元制度环境中，为了便于城市人口管理，降低城市公共财政支出，保障城市常住人口就业，许多城市出台了地方性法规，限制外来人口就业种类，企业也纷纷制定针对进城农民的具有歧视性的雇用条件和福利待遇，从而形成了歧视性的就业政策，人为造成了劳动力市场的分割。在分割的劳动力市场中，大多数进城农民只能在工作条件差、劳动强度大、工资和福利待遇低的二级劳动力市场就业，只有极少数的进城农民在经历了多年的工作经验和人力资本积累后，才能进入专属于城镇户口的劳动力的一级劳动力市场。不同的劳动力市场存在较大的工资和福利待遇上的差异。这些差异，其中一部分是由进城农民和城镇职工在人力资本禀赋方面的差异造成的，但相当大的一部分则是由城乡二元制度的歧视造成的。表9-3列出了几个相关研究中进城农民和城镇职工之间的工资差异及其原因。虽然各项研究中所考察的工资类型不同，有的是年工资，有的是月工资，还有的是小时工资，但它们都表明了进城农民的工资收入明显低于城镇户口职工。表9-3表明，进城农民的工资占城镇户口职工工资的比例最低只有48.4%，最高的也只有82.8%。而且，在同一项研究中，小时工资差异要大于月工资差异。[1] 这表明，进城农民的劳动时间要长于城镇户口职工。即使到了2007年初，这种状况仍没有得到较大的改变。根据2007年初的调查，进城农民2007年初的月均工资仅相当于2005年11月全国城镇职工月工资的85.4%，而进城农民的小时工资仅为2005年全国城镇职工小时工资的62.8%。[2] 表9-3还表明，进城农民和城镇户口职工的工资差异中，进城农民和城镇职工的人力资本禀赋和相关个人特征差异只能

[1]　Meng, Xing, Junsen, Zhang, "The Two-tier Labor Market in Urban China", *Journal of Comparative Economics*, 2001, No. 29, pp. 485 – 504；姚先国、赖普清：《中国劳资关系的城乡户籍差异》，《经济研究》2004年第7期。

[2]　简新华、黄锟：《中国农民工最新情况调查报告》，《中国人口·资源与环境》2007年第6期。

解释一部分（被解释部分），其他差异（未被解释部分）主要就是由"户籍歧视"等造成的。由城乡二元制度歧视造成的工资差异最大占到全部差异的76%，最小也占到了全部差异的30%。由此可见，"户籍歧视"造成的进城农民和城镇职工工资差异还是非常显著的。在面临较高的城镇化"准入门槛"的情况下，进城农民只能望而却步了。

表9－3　进城农民和城镇职工的工资差异与城乡二元制度歧视

相关研究成果	进城农民工资（元）	城镇职工工资（元）	进城农民工资相当于城镇职工工资的比例（%）	被解释部分（%）	未被解释部分（%）
Knight et al. , "Chinese Rural Migrants in Urban Enterprises: Three Perspectives", *The Journal of Development Studies*, 1999, Vol. 35, No. 3, pp. 73 – 104 *	8120	10918	74. 4	56	44
Meng, Xing, Junsen, Zhang, "The Two-tier Labor Market in Urban China", *Journal of Comparative Economics*, 2001, No. 29, pp. 485 – 504 **	559	992	56. 4	51	49
Meng, Xing, Junsen, Zhang, "The Two-tier Labor Market in Urban China", *Journal of Comparative Economics*, 2001, No. 29, pp. 485 – 504 ***	2. 60	5. 37	48. 4		
王美艳：《转轨时期的工资差异：歧视的计量分析》，《数量经济技术经济研究》2003 年第 5 期 ***	2. 79	3. 37	82. 8	24	76
姚先国、赖普清：《中国劳资关系的城乡户籍差异》，《经济研究》2004 年第 7 期 **	982	1213	81. 0	70	30
姚先国、赖普清：《中国劳资关系的城乡户籍差异》，《经济研究》2004 年第 7 期 ***	4. 22	6. 10	69. 2		

注：* 表示年工资收入，** 表示月工资收入，*** 表示小时工资收入。

　　实际上，工资差异只代表了进城农民和城镇职工之间经济收入和福利差异中的一个方面，在是否享受养老、医疗、失业等社会保障方面，两类群体之间也存在巨大差异。表 9 - 4 列出了姚先国、赖普清对两类群体之间的非福利差异及分解的研究结果。

表 9 - 4　进城农民和城镇职工的非工资福利
差异和城乡二元制度歧视

单位：%

类别	进城农民参与率	城镇职工参与率	进城农民参与率相当于城镇职工参与率的比例	被解释部分	未被解释部分
养老保险	39	81	48.2	69	31
医疗保险	24	65	36.9	74	26
失业保险	8	52	15.4	79	21

资料来源：姚先国、赖普清：《中国劳资关系的城乡户籍差异》，《经济研究》2004 年第 7 期。

从表 9 - 4 可以看出，进城农民在三大社会保险方面受到了非常严重的歧视，进城农民参与三大保险的比率分别为城镇职工参与率的 48.2%、36.9% 和 15.4%，其中差异的 20% 以上都可归结于户籍制度对进城农民的歧视。而在控制了其他因素后，进城农民的社会保险参与率就更低了，平均降低了 11 个百分点以上。城乡二元制度歧视造成的进城农民和城镇职工之间在非工资福利上的差异进一步降低了农村人口城镇化的能力。

三　降低农村人口城镇化的动力和意愿

农村人口的城镇化意愿是农村人口城镇化的前提条件。如果农村人口在主观上不愿意成为城镇居民，他们就不会最终选择城镇作为长久居住地，进城打工只是权宜之计，更不用说他们会积极主动地创造条件成为市民了。农村人口城镇化的能力不足和成本过高不仅在实践中已经限制了农村人口城镇化的进程，而且降低了农民工市民化的预期和意愿。我们在 2007 年初的调查显示，在对"农民工不希望成为市民的主要原因"的回答中，分别有 14.6%、11.2%、3.0% 的农民工认为"城市房价太高，买不起住房""城市生活费用太高""城市教育费用太高"是"最主要的原因",三者合计占28.8%;分别有14.1%、21.6%、14.1%的农民工认为三者是"第二位的原因",共占49.8%;分别有15.7%、24.2%、12.9%的农民工认为三者是"第三位的原因",共占52.8%(见表9-5)。

表9-5 进城农民不希望成为市民的主要原因

单位:%

选项	最主要的原因	第二位的原因	第三位的原因	合计
城市压力大,不如农村生活舒适	22.7	10.1	11.8	44.6
城市就业风险大,害怕失业后生活没有保障	21.9	14.6	7.9	44.4
城市房价太高,买不起住房	14.6	14.1	15.7	44.4
城市生活费用太高	11.2	21.6	24.2	57.0
不愿意放弃土地承包权	8.6	10.6	10.1	29.3
在城市受歧视,融入城市难	5.6	6.5	7.9	20.0
城市教育费用太高	3.0	14.1	12.9	30.0
没有城市户口,享受不到市民待遇	1.7	5.5	8.4	15.6
其他原因	10.7	3.0	1.1	14.8

资料来源:简新华、黄锟:《中国农民工最新情况调查报告》,《中国人口·资源与环境》2007年第6期。

同时,进城农民对城市的认同感不高,也大大降低了他们的定居性迁移意愿。近几年,随着国家对农民工问题的重视,进城农民所从事的行业工种有了很大的改善,工资待遇有了较大幅度的提高,企业拖欠进城农民工资的问题也得到了较好的解决。[①] 但是,城乡二元制度使进城农民在享受教育、医疗、就业、社会保障等方面,与城市人口相比成为"二等公民"。他们在为城市建设、国民经济发展做出贡献的同时,虽然身在城市,却无法与城市居民一样平等享受

---

① 简新华、黄锟:《中国农民工最新情况调查报告》,《中国人口·资源与环境》2007年第6期。

城市的各种权利和社会福利。城乡二元制度造成的社会分层弱化了进城农民的城市认同感，降低了进城农民的城镇化意愿。2007 年初我们的调查显示，虽然进城农民对打工的企业和工种岗位的评价较好，满意度较高，但他们对城镇社会的满意度较低。65.7% 的进城农民认为其家庭经济状况在打工地居于中下等以下，47.6% 的进城农民认为他们的社会地位一般，20.3% 的被访者感觉社会地位不高，个人尊严方面曾受到过伤害，9.6% 的进城农民担心受城里人的歧视。[1]　而在"农民工不希望成为市民的主要原因"的调查中，分别有 7.3% 、12.0% 和 16.3% 的进城农民选择了"在城市受歧视，融入城市难"和"没有城市户口，享受不到市民待遇"作为他们不希望成为市民的"最主要原因""第二位的原因""第三位的原因"。由此可见，在打工地较低的社会地位和受到的歧视也是降低进城农民定居城镇动因和意愿的重要因素。

四　助长市民的歧视心理，形成不利于城镇化的社会环境

城乡二元制度人为地造成了进城农民和城市社会的对立，助长了城市居民对农民的歧视心理，形成了不利于农村人口城镇化的社会环境。

"农民工"这一称谓不仅是对进城农民身份与职业分离的形象描述，也包括了许多特定的含义，是一种歧视性称谓。"盲流"等对进城农民的称呼更是体现了城里人对进城农民的歧视。在城乡二元制度改革不彻底的情况下，城市居民和进城农民依然享受着不同的权利，城市居民和进城农民相比依然具有很强的优越感，他们对进城农民依然采取排斥的态度。虽然，随着进城农民在城市经济生活中扮演的角色越来越重要，城市市民和政府对进城农民的认识在逐步深化，由最初简单的排斥转为部分认同，但是城市社会对进城农民的排斥现象仍然存在。

---

[1]　简新华、黄锟：《中国农民工最新情况调查报告》，《中国人口·资源与环境》2007 年第 6 期。

目前，进城农民在城市社会生活中所受歧视可分两类：一类是公共歧视，即在公共场所遭受歧视，如在公交车上遭受司乘人员的歧视，在商店遭受店员的歧视，在其他公共场所遭受各类管理人员、执法人员的歧视、刁难；另一类是个体歧视，即进城农民在其就业的单位或家庭里面，遭受雇主的歧视，并以扣留其身份证的手段限制农民工的行动自由，强迫进城农民签订所谓工资结清手续凭证。歧视不仅表现在克扣报酬和态度轻慢上，有时候甚至出现用工单位或家庭成员打骂、羞辱、虐待进城农民的现象，家庭男主人对年轻女性进城农民的性骚扰和性侵害事件也时有发生。

在城市户籍和权利得不到保障、遭受歧视的社会环境中，进城农民日益形成"漂泊不定、低人一等"的"边缘人"的社会地位和"边缘人"的独特心态。"边缘人"的独特心态使进城农民与城市社会产生了很深的隔阂，人为地造成了进城农民和城市社会的对立，严重阻碍了农村人口的城镇化进程。第一，进城农民难以认同城市，难以形成正常市民应有的规范和法制观念，也难以融入城市。第二，进城农民在城市的生活工作中经常受挫，产生被歧视感，诱发不同程度的认同危机和心理危机，形成和加剧进城农民的逆反心理和对立情绪，甚至可能成为潜在的犯罪动因。第三，以上两个问题又反过来进一步强化了城市居民对进城农民的歧视，促使城市社会采取更高的进入"门槛"，放慢了户籍制度改革和配套改革步伐，抑制了农村人口的城镇化进程。

第三节　城乡二元制度的变革和创新

正是由于城乡二元制度存在各种问题，严重妨碍中国城镇化合理有效地推进，所以必须加快城乡二元制度改革和创新的步伐。

一　城乡二元制度变革的基本思路

在变革城乡二元制度方面，必须形成正确的变革思路。城乡二元制度变革的基本思路应该是：坚持一元化方向、实行整体性推进和分类型实施的渐进式改革，即在不损害城镇居民既得利益和现代化进程的前提下，根据实际情况，通过对城乡二元制度的改革，分阶段、有区别地逐步扭转和取消城乡分割、城市倾向的制度安排，最终形成有利于城乡良性互动、和谐发展的城乡一体化的制度体系，为城镇化提供必要的制度保障。

1. 一元化方向

促进城镇化就必然要从根本上改革城乡二元制度。从历史的角度看，城乡二元制度是中国在特殊的历史时期形成的特殊的制度安排，随着经济发展战略的转变、经济体制的转轨，城乡二元制度也将失去存在的理由和条件。从发展的观点来看，随着工业化、城市化的完成，中国二元经济社会结构也必将转化为一元结构。随着二元结构向一元结构的转化，城乡二元制度也必将随之解构。因此，从最终目标来看，城镇化的制度创新必然是实现城乡一体化的制度安排。城乡一体化的制度安排将消除城乡隔离、城市倾向的二元性制度，确立城市支持农村、工业反哺农业、城乡要素自由流动和城乡良性互动、和谐发展的城乡一体化的制度体系。

2. 渐近式改革

从过程上看，由于制度惯性、利益集团的阻碍，以及城市的财政承受能力等因素，农村劳动力转移很难一步到位，必然要经历从农民到农民工，再从农民工到市民这两个阶段；而农民工市民化也要经历从农民工到准市民的准市民化阶段，再从准市民到市民的完全市民化阶段。① 从时间上看，由于农村劳动力转移和农民工市民化不能一步到位，所以农村劳动力转移和农民工市民化不可能随主观愿望一蹴而就，而是在条件成熟的情况下才能实现，所以农村劳动力转移和农民工市民化必然要经历一个较长的过程。因此，城镇化

---

① 所谓准市民是指已经取得了市民身份或城镇户口，还不能与原市民享有完全相同的权利和待遇，但差距将逐步缩小；随着市民化条件完全成熟，准市民将逐步取得与原市民完全相同的权利和待遇，这时准市民将成为完全意义上的市民。

的制度创新也不可能一步到位，而必须采取渐进的方式。

3. 分类型实施

在渐近式改革中，还要区别情况，根据城市大小、地区经济发展程度，分类型实施制度变革和创新。

（1）根据城市大小，分类型实施。城市大小不同，人口压力、生活费用、对进城农民素质的要求都会存在很大差异，从而对农村劳动力转移的成本、意愿、能力都会产生很大的影响，并最终影响不同城市的城镇化进程。一般来说，大城市的人口压力大、生活费用高、农村劳动力转移和市民化成本高，对进城农民的素质和能力要求也高；中小城市的城市人口压力小、生活费用低、农村劳动力转移和市民化成本低，对进城农民的素质和能力要求也低。因此，针对大城市的城乡二元制度变革的阻力较大，针对中小城市的城乡二元制度变革的阻力较小，应该重点推进中小城市的城镇化进程，中小城市的城乡二元制度变革的进程也要相对快些。

（2）根据地区经济发展程度，分类型实施。地区经济发展程度不同，农民进城就业机会、就业稳定性、收入、企业和政府提供进城农民的市民待遇的能力就存在较大差异。一般来说，发达地区进城农民的就业机会多、就业较稳定、收入稳定而较高、企业和政府提供市民待遇的能力强；欠发达地区进城农民的就业机会少、就业稳定性差、收入不稳定且较低、企业和政府提供市民待遇的能力弱。因此，应该重点推进发达地区的城镇化进程，加快发达地区的城乡二元制度变革进程。

4. 整体性推进

由于城乡二元制度变革是一个复杂的社会系统工程，涉及各种利益集团、各个社会层面、各项社会制度。如果城乡二元制度创新采取单兵突进的方式，不注意其他制度的配合和协调，则必然会与其他社会制度产生冲突，也会受到其他利益集团的阻止。因此，在城乡二元制度变革过程中，必须注重各项制度改革的协调配合、整体推进。

整体推进有两层含义或两个层次：一是城乡二元制度自身的整体性制度变革，就是要加强城乡二元制度内部变革的协调和配合。二是其他配套性制度与城乡二元制度的整体性制度变革创新，就是要加强其他制度变革与城乡二元制度变革的协调和配合，在创新城乡二元制度的同时，还要同时推进配套改革，如完善经济体制、切实落实科学发展观、转变经济发展方式、优化经济结构、改革财政体制等。

二　城乡二元制度变革的政策选择

城乡二元制度的变革思路形成之后，还必须确定变革的内容和方式，即进行相应的政策选择。城乡二元制度涉及的制度很多，这里主要分析户籍、就业、社会保障三大基本制度变革的政策选择。

1. 城乡二元户籍制度变革的政策选择

在中国目前城乡差距日趋扩大、农民工问题亟须解决、城镇化进程加快、其他城乡二元制度与户籍制度镶嵌在一起的形势下，户籍制度改革的基本思路应该是：在中央的统一规划下，剥离户口所附着的福利功能，恢复户籍制度本身的功能，同时改革嵌入户籍制度之中的其他二元制度，整体推进。

目前整体推进户籍制度改革，其主要措施应该包括两个方面。

（1）剥离户籍制度的福利分配功能，恢复其本身的管理功能。户籍制度改革的本质和核心是要恢复户籍制度本身的管理功能，剥离户籍制度的福利分配功能。必须简化户籍制度的功能，使户籍制度从不堪承受之重中解脱出来，从而消除城镇既得利益者对户籍制度改革的阻力，为户籍制度改革提供前提条件。剥离户籍制度的福利分配功能，并不意味着要取消城镇居民原有的社会福利待遇；相反，它是要在保证城镇居民原有社会福利不减少的同时，使城镇原有居民和进城农民享有同样的社会福利。

一是要打破城乡分割的农业、非农业二元户口管理结构，废除由二元户口管理结构衍生的户口"农转非"政策及"蓝印"户口、自理口粮户口、地方城镇户口、农场商品粮户口等多种户口形式，建立城乡统一的户口制度。既不应该让城镇人口继续维持因为户籍身份而享有的特殊利益，也不应该要求进入城市的农民分享旧城市人的特殊利益，而是进一步剥离与户籍直接联系的福利，让户口只具有标志居住地、进行必要的居住和流动登记管理的意义，实现城乡人口的平等权利。在人口统计上，实行以居住地划分城市人口和农村人口，以职业区分农业人口和非农业人口，如实反映公民的居住状况、就业状况和城市化水平。

二是要强化户籍管理基础性的工作，完善户口登记制度。户籍制度的改革并不是要取消户籍制度，户籍登记能为国民经济和社会发展提供最基本的数据，户籍登记制度关系到公民民事权利能力和行为能力的认定及公民合法权益的维护。因此，要严格按照现行的户籍管理的各项法律规定，在城乡全面建立健全常住、暂住、出生、死亡、迁出、迁入、变更、更正七项户口登记制度，坚决纠正一些地方和部门放松甚至放弃户口登记的错误做法。同时，要加速社会保障号的编制实施工作，使这一公民的终身号码在经济、政治、文化教育、医疗卫生等涉及公民切身利益的各个方面发挥充分作用。

三是要积极调整人口迁移政策，逐步放宽人口迁移限制，引导人口的合理有序流动，最终实现迁徙自由的目标。鉴于我国目前城乡差别、地区差别还较为悬殊，且在今后相当长的时期内这些差别还将存在的现状，人口迁移政策的放宽，应采取梯度推进的方式，即小城镇、中小城市、大城市、特大城市依次放开。

四是要由现行的户籍登记逐步过渡到人口登记。传统的户籍制度所涉及的主要是户口登记，它是以家庭为单位、以户口簿为形式的一种登记，这是一种静态管理的方式，这种管理方式已经和人户分离率越来越高的事实不相适应，应该转变为以出生地为准的身份证管理制度，实行人口的动态管理。

五是要加快户籍管理立法步伐。户籍管理是一种调整社会关系、维持社会秩序的治国安邦的手段，是一项政策性很强的工作，没有法律支持，这项工作难免会出现无序、无度、无为的后果。现行的《中华人民共和国户口登记条例》中的部分内容已与新的刑法、刑事诉讼法相抵触，各地出台的户口迁移政策早已突破了该条例中的有关内容，因此很有必要制定新的户籍管理法规。

（2）建立健全深化户籍制度改革的配套制度。建立健全深化户籍制度改革的配套制度是户籍制度改革能否顺利推进并最终取得成功的必要的制度前提。户籍制度的功能无非就是户籍登记和管理，它本身并没有规定居民在身份、地位和权益、待遇等方面的差别。所以，如果抛开嵌入在户籍制度之中的其他二元制度，而仅就户籍制度本身的改革来说，这是相当简单的。但是，户籍制度改革又不可能完全撇开嵌入在其中的其他制度而单独进行。原因有两个：一是在其他二元制度嵌入二元户籍制度的情况下，如果仅仅改革户籍制度，使二元户籍转变为一元户籍，则嵌入在二元户籍制度之中的其他二元制度便会因失去嵌入载体而无处寄身，就会功能紊乱而失灵，所以在户籍制度由一元转变为二元的同时，为了防止这些制度的失灵，它们也需要由二元转变为一元。也就是说，配套改革是不可或缺的。二是户籍问题的关键不在嵌入性，而在于这种嵌入的不公平性。因为户籍制度本身并未规定社会保障制度、就业制度、教育培训制度等其他制度必须要以户籍制度为依据，必须按照农村和城市、农民（或农民工）和市民区别对待。而真正造成工农、城乡歧视性待遇的却是嵌入在户籍制度中的其他二元制度。所以，推进城镇化进程，还进城农民本应享有的市民待遇，让进城农民获得城市户籍不是最终目的，户籍制度只不过是使进城农民获得市民平等权利和待遇的途径或工具而已。或者说，户籍制度改革的关键并不是户籍制度本身，而是剥离嵌入在户籍制度之中的其他二元制度以及由此所带来的不平等待遇。所以，户籍制度改革的另一个方面不在于户籍制度本身，而在于剥离嵌入其中的其他二元制度安排，这才是户籍制度改革的难点所在。实践证明，单兵突进式的户籍改革羁绊过多，容易夭折。因此，当前户籍制度的创新，必须完善政府相关部门相应的配套改革措施，继续弱化直至最后消解城市户口的附加利益，使劳动就业、子女入学、住房分配、保险政策、社会福利等与户口完全脱钩，实行自谋职业、自理口粮、自行解决住房、平等升学的"待遇一体化"政策，逐步使户籍管理恢复到其本来只承担民事登记的社会管理功能。为此，在户籍制度变革过程中，必须同时解决土地制度、劳动就业制度、社会保障制度等的配套改革问题。

但是，也应清醒地看到，即使消除了城市户口与农村户口或农业户口与非农业户口的区别，建立了城乡统一的户籍制度，作为非正式制度的城市社会对进城农民的观念的改变仍是一个漫长的过程，进城农民对农村的依赖也不可能在短期内消除，对城市生活的适应和城市文明的接受也很难在短期内形成。所以，即使通过户籍制度改革，进城农民在名义上成为市民，但进城农民真正融入城市还将是一个长期的过程。

2. 城乡二元就业制度变革的政策选择

城乡二元就业制度变革的总体目标就是要通过建立城乡统一的劳动力市场，制定和完善城乡统一的就业准入制度、就业服务制度、就业培训制度，最终形成完善的、城乡统一的就业制度，以消除劳动力市场的分割和就业歧视，保障城乡劳动力的自由流动和平等就业，充分发挥劳动力市场的资源配置作用。

（1）建立城乡平等的就业准入制度。在市场经济条件下，要实现劳动力资源的优化配置，必须确立劳动者在劳动力市场的主体地位，实现劳动力的自由流动和平等竞争。当前，着重要降低农村劳动力进城就业的门槛，取消"先城镇，后农村""先本地，后外地"的歧视性规定，以及专门面向外出就业农村劳动力的各种不合理证卡和针对农村劳动力的不合理收费，一视同仁地对待农村劳动力进城就业和城镇职工就业。要实行城乡统一的就业登记制度，建立城乡统筹的用工管理制度，按照市场需求配置劳动力资源，坚持"面向社会、公开招聘、择优录用"的用工原则，保障城乡劳动者的平等地位和合法权益，真正实现就业准入条件上的平等。

（2）建立城乡统一的就业登记制度。建立城乡统一劳动力就业登记制度，是实现城乡统一就业的一项基础性制度安排。在失业率的统计上要用社会登记失业率逐步取代城镇登记失业率口径，通过对当地劳动力资源进行全面调查、登记造册，建档发证，并按季、年进行统计分析，实行动态管理，及时、准确地掌握城乡劳动力的基础数据和企业用工情况，尤其是失地无业农民失业和就业的基本情况，逐步建立城乡劳动就业服务网络及相关数据库。以此为政府决策和制定就业规划、进行就业管理和服务以及建立失业预警制度提供正确的依据。

（3）建立城乡平等的就业服务机制。主要包括建立并完善城乡一体化的劳动力市场和劳动保障服务机构；建立面向城乡所有用人单位和劳动者的劳动力市场网络，实现城乡就业资源信息共享；进一步完善城乡一体化的劳动力市场信息网络，广泛收集职业供求信息，建立信息数据库及网络中心，强化信息公开发布系统，进一步规范劳动力市场管理和服务，建立统一的劳动力市场服务流程，对用人单位招聘行为和城乡劳动者就业、失业状况进行规范化管理，逐步建立城乡统一开放、竞争有序的劳动力市场体系，充分发挥配置劳动力资源的基础性功能和作用，促进劳动力的合理流动。

（4）建立城乡平等的劳动保障机制。一是确立同工同酬制度。用工单位对城市居民和农民工在工资报酬上应一视同仁，并确保农村劳动力按时足额领取劳动报酬。二是建立统一的劳动保障制度。用工单位对城市居民和农民工在签订劳动合同时，应用相同的合同文本，适用相同的合同条文，在用工时间、应得报酬、工伤保险、医疗保险、养老保险等方面不能对农民采取歧视性的政策。要抓紧研究制定农村劳动力进城务工参加养老、医疗、工伤保险的管理办法。三是改善农村劳动力的工作条件。用人单位要加大投入，确保农村劳动力的工作环境要符合国家安全生产、职业卫生和环境保护的规定，彻底改变农村劳动力工作条件恶劣、安全得不到保障的状况。

（5）建立城乡平等的就业培训机制。一是要不断完善就业准入制度，逐步形成"先培训后就业"的就业培训制度，为农民进城就业培训提供有力的制度保障。二是要加大培训经费投入，完善就业培训投入机制。各级财政需根据农民工转移到城镇就业工作的需要，加大资金投入，确保农民工培训补助经费落实到位。省级财政要根据各地开展农民工职业技能培训的实绩、财政困难程度、财政投入情况、培训补助资金支出进度等因素给予地方适当补助。三是要开发多种培训途径，要发挥多种教育培训资源的作用，充分调动各行业和用人单位的积极性，多渠道、多层次、多样式地开展农民进城就业培训。除了企业培训（厂办各类培训实体以及学徒制培训）这种自我服务的培训机构和形式外，就业培训渠道还应该包括政府和民间提供的两类培训。四是要优化培训内容，要针对农民和农民工人力资源现状，做好劳动力市场需求预测，动态地调整培训内容。要根据国家职业标准和不同行业、不同工种、不同岗位对从业人员基本技能和技术操作规程的要求，安排培训内容，设置培训课程。同时，要注意区分层次，对不同教育和技术层次的农民工设置不同的培训内容。

（6）完善城乡一体化就业制度的配套措施。一是要从户籍身份上逐渐剥离城市劳动者的各种特权。要制定城乡统筹就业的发展规划，通过逐渐剥离城市劳动者的各种特权，实现就业对象身份上的一律平等，确立劳动者在劳动力市场上的主体地位，实现劳动力的自由流动和平等竞争，彻底取消农村劳动力进城就业的限制性政策，使城乡劳动者享有相同的就业服务和就业待遇。二是要逐步建立城乡统一的社会保障体系。要完善农民工社会保障制度，缩小城镇职工社会保障的差异，并在此基础上逐步统一农民工与城镇居民社会保障，形成城乡一元化的社会保障制度。三是要大力发展非政府组织，提高农民工的组织化程度，改善农民工在与企业博弈中的地位。四是要建立有利于农民工公平就业的公共财政体系。要按照公共财政职能的要求，重点支持劳动力市场调节机制及企业和农民工不能解决或解决不好的环节，建立有利于农民公平就业的公共财政体系。

　　3. 城乡二元社会保障制度变革的政策选择

　　城乡二元社会保障制度的变革要分两步走：首先是建立和完善农民（包括农民工）社会保障制度，并逐步缩小农民（包括农民工）与城镇职工社会保障的差异；其次是在条件成熟时统一农民与市民、农民工与城镇居民的社会保障，形成城乡一元化的社会保障制度。这里主要分析当前与城镇化联系更紧密的农民工的社会保障制度。

　　建立和完善农民工社会保障制度，一是要完善农民工社会保障体系。完整的社会保障体系包括社会保险体系、社会福利体系和社会救助体系。针对农民工社会保障体系的现状，应该继续完善农民工社会保险体系，逐步建立社会福利体系和社会救济体系，并最终形成全国统一的农民工社会保障体系。二是要健全农民工社会保障运行机制。包括完善管理机制，加快建立全国统一的农民工个人账户网络信息管理系统，实施一体化、网络化管理，实现规则和信息的全国化；完善异地转移衔接机制，最根本的一点是要尽快实现农民工社会保险全国统筹，即不分所有制、不分企业的隶属关系、不分职工的职业和岗位，实行统一的社会保险项目、统一的缴费标准、统一的待遇标准、基金统一调剂使用；完善资金筹措机制，除了继续完善传统的企业和农民工共同出资筹措社会保障资金的机制外，还要积极探索其他的资金筹措途径，如政府财政拨款、发行福利彩票、开征社会保障税，社会捐资、集资等；改善社会保障基金的管理，实现保值增值等。三是要完善农民工社会保障配套制度。包括建立农民工社会保障的财政转移支付制度；加强农民工社会保障制度法制建设和执法力度；同步推进户籍制度改革；深化就业制度改革，建立城乡一体化的劳动力市场；深化教育制度改革，实行进城农民子女教育"国民待遇"；深化改革住房制度，降低农民进城的"门槛"。

　　通过农民工社会保障制度的创新，农民工社会保障制度与城镇职工社会保障制度已经基本接轨或者至少差别已经不大，加之许多地方的农民工社会保障模式原本就是在城镇职工社会保障制度的基础上形成的，二者并轨的技术性难度并不大。因此，在条件成熟时，应积极推动建立城乡一元化的社会保障制度，为农村劳动力自由转移、定居提供必要的制度条件。建立城乡一元化的社会保障制度，需要按照统筹城乡社会发展的要求，着重要运用整合原理和方法，对保障项目、保障标准、保障资金和保障机构和法规建设进行全面而有效的整合①，尽快构建起有统有分的城乡一体化社会保障体系。一是要整合保障项目。将城乡最低生活保障、城乡生育保险、城乡社会养老保险、新型农村合作医疗与城镇医疗保险整合为一体，城乡社会保障项目基本一致。二是要整合保障标准。鉴于城乡之间、地区之间的经济发展水平存在较大差异，可以做出这样的制度安排，即设定国家保障和地方保障两个层次，实行城乡和地区"一套制度、两种（或多种）标准"。三是要整合保障资金。要通过征收社会保障税、发行国债和福利彩票、开展社会募捐、发展社会慈善事业，多渠道筹集城乡社会保障资金；要提高社会保障资金统筹层次和比例；要建立城乡统一的个人账户。四是要整合保障机构。将"有偿"项目或者说需要个人缴费的项目归并到劳动保障部门，将"无偿"项目或者说不需要个人缴费的项目归并到民政部门。五是要整合保障法规。要制定出台《社会保障法》，对城乡所有社会保障项目进行整合和规范。

---

　　①　周辉：《论构建城乡一体化的社会保障体系》，《湖湘论坛》2007 年第 3 期。

第十章

以人为本与中国特色的
新型城镇化道路

以人为本，是科学发展观的核心，是我们党的根本宗旨和执政理念的集中体现，也是新型城镇化健康发展的实质和根本保证。如何理解以人为本是新型城镇化的根本诉求？以人为本对新型城镇化的内在要求是什么？以人为本的缺失怎样造成了我国城镇化进程中的诸多问题？如何在新型城镇化进程中贯彻落实以人为本思想？这些问题对于走中国特色的新型城镇化道路、促进我国城镇化健康发展至关重要，需要深入研究。

第一节　以人为本是新型城镇化的
根本诉求

城市化（或城镇化）是一个涉及多方面内容的社会经济演进过程，不同学科从不同的角度给予了各自的解读。

人口学对城市化的定义强调农村人口向城市的转移和集中，及其带来的城市人口比重不断上升的过程。例如，赫茨勒指出，城市化就是人口从乡村地区流入大城市以及人口在城市的集中。① 威尔逊

---

① 〔美〕赫茨勒：《世界人口的危机》，何新译，商务印书馆，1963，第52页。

在《人口辞典》中的界定是："人口城市化即指居住在城市地区的人口比重上升的现象。"①

经济学对城市化定义强调的是农村经济向城市经济转化的过程。例如，沃纳·赫希认为，城市化是指从以人口稀疏并相当均匀遍布空间、劳动强度很大且个人分散为特征的农村经济，转变为具有基本对立特征的城市经济的变化过程。②

社会学意义上的城市化强调的是城市社会生活方式的产生、发展和扩散的过程。例如，著名美国社会学家沃思认为，城市化意味着乡村生活方式向城市生活方式发生质变的全过程。③ 美国学者索罗金认为，城市化就是变农村意识、行动方式和生活方式为城市意识、行动方式和生活方式的全部过程。日本社会学家矶村英一认为，城市化的概念应该包括社会结构和社会关系的特点，城市化应该分为形态的城市化、社会结构的城市化和思想感情的城市化三个方面。④

地理学的城市化定义强调的是人口、产业等由乡村地域景观向城市地域景观的转化和集中过程。日本著名地理学家山鹿城次指出："现代的城市化概念，据我看应该包括四个方面：（1）原有市街的再组织、再开发；（2）城市地域的扩大；（3）城市关系的形成与变化；（4）大城市地域的形成。"⑤

随着城市化实践的发展和各学科对城市化研究的逐步深入以及学科间的互相渗透，城市化的定义日趋综合化和层次化。例如，罗西在《社会科学词典》中采用了一种综合化的城市化定义，认为城市化一词有四个方面的含义：一是市中心对农村腹地影响的传播过程；二是全社会人口逐步接受城市文化的过程；三是人口集中的过

---

① Wilson, *The Dictionary of Demography*, Oxford: Basil Blackwell, 1986, p. 225.
② 〔美〕沃纳·赫希：《城市经济学》，刘世庆等译，中国社会科学出版社，1990，第22页。
③ Louis Wirth, "*Urbanism as a Way of Life*", *American Journal of Sociology*, 1989, Vol. 49, pp. 46 – 63.
④ 参见崔功豪等《城市地理学》，江苏教育出版社，1992，第68页。
⑤ 〔日〕山鹿城次：《城市地理学》，朱德泽译，湖北教育出版社，1986，第106页。

程，包括集中点的增加和每个集中点的扩大；四是城市人口占全社会人口比重提高的过程。① 美国学者弗里德曼（J. Friedman）将城市化区分为城市化Ⅰ和城市化Ⅱ。前者包括人口和非农业活动在规模不同的城市环境的地域集中的过程，非城市景观转化为城市景观的地域推进过程；后者包括城市文化、城市生活方式和价值观在农村的地域扩散的过程。②

尽管各学科对城镇化的界定差别很大，但都立足于"人"的视角，从满足人的需要、人的发展的视角界定城镇化内涵。因此，城镇化的实质是人的城镇化。当前，我国正在推进的新型城镇化更要立足于人，坚持以人为本，强调城镇化不但要为经济的快速发展创造条件、提供动力，也要为人的生存发展提供丰富的社会文化环境，更要高度关注资源合理利用和生态环境保护和治理等问题，满足人的全面发展的需求。

第二节　以人为本对新型城镇化的内在要求

在新型城镇化实践中，能否把人放在核心位置，实现"以人为本"、满足"以人为本"的要求，是新型城镇化能否健康发展的实质和根本诉求。具体说来，以人为本对新型城镇化的内在要求包括四个方面。

其一，新型城镇化要坚持以人的城镇化为核心，体现公平共享、包容发展的原则。新型城镇化的首要任务是推进农业转移人口市民化，实现城镇基本公共服务常住人口全覆盖。在以往的城镇化过程中，一些地方热衷于"盖高楼""造新城"，对农业转移人口市民化问题没有给予应有的重视，存在"见物不见人"的倾向。而一些地方因城镇建设和管理滞后，"城市病"已有显现，影响了城镇居民的

① 参见许学强等《现代城市地理学》，中国建筑工业出版社，1988，第47页。
② 参见康就升《中国城市化道路研究概述》，《学术界动态》1990年第6期。

工作和生活。人们来到城镇，是为了生活更美好，能在城镇工作和生活。以人为本，就是要坚持以人民为中心，推进城乡要素平等交换和公共资源均衡配置，努力破解城乡二元体制和城镇内部的二元结构，使城乡居民平等参与城镇化进程，共同分享城镇化发展成果，过上更加美好幸福的生活。

其二，新型城镇化要坚持"四化"同步，体现产业支撑、就业优先的原则。新型城镇化、信息化、城镇化、农业现代化同步发展，是党的十八大确立的明确要求。有了"四化"协同并举，城镇就有了吸纳就业的能力，就能够实现产城人三方面的融合。没有产业支撑的城镇化，难以提供就业岗位，就是"唱空城计"，就会出现"鬼城"，城镇建设和人相脱离，城镇化就没有任何意义。发达国家和一些东亚国家，较好地协调了"四化"同步，实现了现代化。而一些拉美国家由于"四化"不协调，就业问题突出，城市里出现了大量贫民窟，现代化进程严重受阻。因此，在新型城镇化发展中，我们必须补上服务业和农业现代化的短板。服务业是城镇创业和就业最大的容纳器，潜力很大，现状已经到了加快发展的阶段。农业现代化有利于提高农业生产力，有利于保障粮食和重要农产品供给安全。以人为本，就是要促进工业化和城镇化良性互动、信息化和城镇化深度融合、城镇化和农业现代化相互协调，为城乡居民提高充分就业机会，为城乡居民的生活和发展提供必要保障。

其三，新型城镇化要坚持科学布局，体现因地制宜、协调有序的原则。我国城镇化不能像有的国家那样，在城镇规模结构上过于偏重发展大城市或小城镇，在城镇空间布局上片面集中于某些地区。目前，出于各方面的原因，人口过度向少数特大城市集中，城市过度向东部集中的趋势越来越明显，造成大城市规模过大、小城市规模太小、地区差距日益扩大、城市布局不够合理。这不仅产生大量的经济问题，而且带来大量的社会、政治和生态问题，需要引起高度重视。由于中西部地区城市发育明显不足，导致人口长距离大规模流动、资源大跨度调运，极大地增加了经济社会运行和发展的成本，不仅不利于全面推进现代化建设，也不利于维护民族团结、保障国家安全。以人为本，就是要科学谋划，根据资源环境承载能力、发展基础和潜力，以城市群为主体形态、东中西地区因地制宜、大中小城市和小城镇协调发展，优化城镇化空间布局和城镇规模结构，逐步形成新的战略格局，满足不同层次、不同地域居民的需求。

其四，新型城镇化要坚持绿色发展，体现承载力强、集约高效的原则。世界发展历程表明，城镇化水平与资源环境问题高度同步。城镇化可以是资源环境问题的制造者，也可以成为生态建设的重要载体，关键是要看城镇化的发展方式。当前，我国出现的土地浪费、垃圾"围城"、十面"霾伏"、资源利用效率不高等问题，大大降低了城市的综合承载力和可持续发展能力。在未来相当长的一段时期内，我国处于工业化、城镇化和生态文明建设的叠加发展时期，城市综合承载能力备受考验，我们不能继续走高消耗、高排放、高污染的路子，必须本着对子孙后代高度负责的精神，以人为本，坚持绿色发展、循环发展、低碳发展，走集约高效的可持续发展之路，建设绿色、生态、宜居的城市，满足城镇居民的多种需求。

第三节 以人为本的缺失是造成城镇化问题的重要原因

以"以人为本"为标准，我国城镇化过程中，存在城市平均规模过小、集中度偏低，城镇化地区差异显著，"半城镇化"现象突出，盲目建造新城新区，城市病和贵族化倾向日趋严峻等问题。[1] 这些问题的存在，不仅影响人的整体福利水平的提高，导致福利水平的区域差距悬殊，还使得农民和城镇居民的各种需求无法得到比较均衡、全面的满足。造成城镇化进程中诸多问题的原因，除了对区位优势和特点、城镇化内在规律等客观因素缺乏科学、全

---

[1] 简新华等：《中国城镇化的质量问题和健康发展》，《当代财经》2013 年第 9 期。

面的认识之外，最重要的还是以人为本指导思想不够明确、落实不够到位，即以人为本思想的缺位。以人为本思想的缺位造成了城镇化制度设计、政策安排的偏差，具体表现在经济发展战略、城乡制度安排、城市规划、城市公共政策、城市管理等方面的以人为本的缺失。

一 发展战略的以人为本的缺失

人们就业、收入、生活水平提高和各种需求的满足离不开经济的发展，但是如果片面强调经济建设而忽视了经济建设与建设政治、文化建设、社会建设、生态建设的五位一体、协调同步发展，片面强调经济增长，忽视经济增长过程中的产业结构升级、城乡良性互动、区域协调发展和经济发展方式的及时转变，政府在实际工作中唯 GDP 马首是瞻，就很容易带来诸多问题。

许多地方在城镇化的过程中，往往把经济建设作为发展战略的核心内容和中心任务，把经济增长作为发展战略最为重要的目标和追求，这样就形成了以经济建设为中心，以经济增长为主要目标的经济型发展战略。经济型发展战略是片面的、以物为本，而非全面的、以人为本的发展战略。以以人为本来衡量，它存在两个根本的不足：一是以物为本，忽视社会、政治、文化、生态建设的同步协调，导致经济建设超前，社会、政治、文化、生态建设滞后，经济发展与社会、政治、文化、生态发展不同步，人的多种需求得不到满足，人和社会的全面发展不能实现；二是经济建设以经济增长为中心，割裂了经济增长与经济发展的辩证关系，造成实践中重眼前经济增长，重 GDP 数量指标，轻经济发展质量和人的长远根本利益的保障。

二 城乡制度安排的以人为本的缺失

在经济型发展战略下，为了保证重工业优先发展，各种资源优先向城市重化工业集中，政府实行户籍制度、农产品统购统销政策、人民公社制度等城乡二元制度，严格控制人口的流动，实行城乡分割。① 可见，经济型发展战略直接导致了城乡关系的制度安排，即城乡二元制度。城乡二元制度是对身份的认定，更是对利益关系的界定，它具有城乡二元性、城市偏向性和城乡分割性等特征。② 改革开放以来，我国曾采取许多政策措施，不断调整和改革城乡二元制度，但从整体上看，其制度性特征并没有发生根本的改变。

城乡二元制度是造成城镇化进程中以人为本缺失的制度因素。城乡二元制度造成的以人为本的缺失主要表现在三个方面：一是造成了城市和农村的二元结构。城乡二元制度以城市和农村二元结构的存在为前提，并规范和强化城市和农村二者之间的经济社会关系，造成人与人的城乡分离，违背人的自由全面发展要求。二是形成了城市倾向的利益分配格局。城乡二元结构只是城乡二元制度表面的后果，其实质在于城乡二元结构背后的二元权益规定，即牺牲农民利益，保障城镇居民的利益，采取的是农业哺育工业、农村支持城市的战略，城乡二元制度如同抽水泵，将农业剩余和农民的利益源源不断地输送到城镇。这种城市偏向的城乡二元制度通过户籍、就业、社会保障和社会福利等制度造成了农民和城镇居民权益的巨大差异，形成了两个权利、地位迥异的社会阶层。目前，尽管城乡这种权利、地位差异有了很大的改观，但城乡居民之间仍有 60 多种不平等福利。③ 三是制造了城市和农村的分割状态。为保证城乡二元结构存在及其背后城市偏向的利益格局，就必然要求在城乡二元制度设计上限制某些生产要素在城乡之间自由流动，尤其是要严格限制农村居民和劳动力向城镇居民转化，从而将农村和城市分割开来，城乡之间的平等、自由交换就成为奢望，城乡居民的公平而自由发

---

① 林毅夫、蔡昉、李周：《中国的奇迹：发展战略与经济改革（增订版）》，上海三联书店、上海人民出版社，1999，第 38~49 页。

② 黄锟：《城乡二元制度对农民工市民化影响的实证分析》，《中国人口·资源与环境》2011 年第 3 期。

③ 《全国人大常委辜胜阻：城乡户籍有 60 多种不平等福利》，《南方都市报》2013 年 2 月 27 日。

展被制度限制。

三　城市规划中的以人为本的缺失

城市的本质是使城市成为更加适合人们工作、学习、生活的地方，而城市规划是对城市工作、生活环境的预先安排。城市规划的本质任务就是合理、有效、公正地创造有序的城市生活空间环境。[①]也就是说，城市规划的根本目的就是为居民的工作、生活服务，实现人的全面发展，即以人为本。城市规划发展到今天，其目的已超越物质形态，不再仅仅是为了配置社会资源和优化城市空间布局，更重要的是为了协调各阶层利益，追求城市整体利益最大化，实现城市持续健康发展。在发达的市场经济国家，城市规划之所以成为一项具有很强的社会内涵的事务和高度政治化的活动，就是因为城市规划所具有的对社会利益在不同群体之间的分配和调节作用。但是，在我国，城市规划的确存在以人为本的缺失，城市规划本身应具有的利益分配和调节作用没有更好地发挥。

城市规划中存在的以人为本的缺失主要表现在以下三个方面：一是规划功能的技术定位。在计划经济时期，城市规划从属于经济计划，是经济计划的具体化，也是落实经济计划的技术手段。[②]规划功能的技术定位造成了城市规划中对人的全面需要的忽略，不可避免地使其沦为经济发展的工具，很难真正成为城镇化健康发展的具体指导方案。二是城市规划忽略社会因素。长期以来，尽管部分优秀的城市规划依然是以城市空间布局为主体，总是服务于经济或政治，对社会因素考虑不足。但是，离开了社会因素，纯粹从专业角度进行的城市规划，要么使城镇化要素的发展受到抑制，要么造成城市规划失效，使城市规划本身失去存在的意义。三是城市规划的行政导向。在现有体制下，城市规划都是在政府主持下制定的，城市规划完全受制于政府。当城市规划的最终决策权由城市政府掌握

---

① 李德华：《城市规划原理》，中国建筑工业出版社，2001，第504页。
② 陈峰：《转型时期的城市规划与城市规划的转型》，《规划研究》2004年第8期。

时，城市规划的科学性、权威性、严肃性就不可能得到保障，城镇化过程中就难免造成资源浪费，居民的根本利益和全面需求就难以实现，我国的城市化进程必将失败，城镇化就不可能真正地体现以人为本的要求。

四　城市公共政策的以人为本的缺失

公共政策是政府和公众意志的体现，是政府及其部门运用其职能规范和引导市场主体、社会和个人的行为，有效调动和利用社会经济资源，实现政府和公众整体利益的主张或决定。[①] 从博弈论的角度来看，公共政策的制定过程也是一种利益的交易过程，是利益相关者围绕利益问题进行博弈的过程。

公共政策作为城镇化的先导，其倾向性决定和制约着城镇化的发展方向。从我国城镇化的进程来看，与之相关的公共政策并未将以人为本放到足够的高度加以考虑和表现。公共政策的以人为本的缺失主要表现在以下四个方面：第一，公共政策缺乏公共性，在实现公众利益最大化、维护公共利益方面显得乏力。公共性缺乏主要表现为城镇根据户籍将城镇人口区分为城镇户籍人口和城镇非户籍人口，并根据户籍制定不同的公共政策。此外，公共政策缺乏公共性还表现在公共政策部门化。有些政策直接由与其利益有关的部门起草制定，具有强烈的部门利益倾向。还有一些公共政策索性成为部门获取利益的合法依据。第二，公共政策缺乏协调性，相互冲突，顾此失彼，不利于协调发展。主要有三种情况：一是政策制定中的冲突，如上下级政府之间的政策摩擦，同级政府部门之间的政策冲突；二是政策制定与政策执行之间的冲突，许多好的公共政策被延迟执行，甚至被曲解执行和消极执行；三是政策执行者与执行者之间的冲突，尤以中央与地方，以及条块之间的冲突最为突出。第三，公共政策缺乏责任性，无人为公共政策的不良后果承担责任。主要

---

① 〔美〕拉雷·N. 格斯顿：《公共政策的制定》，朱子文译，重庆出版社，2001，第52页。

表现在三个方面：一是缺少对公众负责。有些公共政策是政府或官员用来对上级负责，而不是对公众负责。二是缺乏对法律负责。有些公共政策政府在制定时，经常忽视法律的规范和依据，使政策与法律冲突，违法行政。三是缺乏对后果的负责。公共政策的实施给社会带来损失时，缺乏责任追究机制，没有人担责。第四，公共政策缺乏公开性，成为少数人暗箱操作的产物。公共政策的制定、执行、评估等环节不同程度地存在不透明、不民主，往往由某个部门或少数人暗箱操作，封闭运作，缺乏当事人及公众参与。有些公共政策还会因决策者的注意力和看法的改变而改变，或因决策者的变更而改变。

五　城市管理的以人为本的缺失

城市的复杂性决定了城市管理的复杂性。城市管理是通过政府、市场与社会的互动，围绕城市运行和发展进行的决策引导、规范协调、服务和经营行为。科学、规范、现代的城市管理对于提升城市发展空间，提高城市综合承载能力，满足人的各种需求，保障城镇化健康发展具有重要意义。可以说，城镇化规划和布局、城镇化速度和质量、城镇基础设施建设滞后和基本公共服务供给能力不足等城镇化过程中的问题，都与城市管理的以人为本的缺失密切相关。

城市管理的以人为本的缺失主要表现在以下三个方面：一是以政府为本。以政府为本，就是从政府需要出发，根据长官意志决定，由政府做出决策，而不是从群众需要出发，在公众广泛参与的基础上做出决策。结果，在城市管理中，一些城市政府大搞形象工程、政绩工程，攀高比大，重表轻里，追求表面繁荣，但真正满足人们生活需要的城市地下管网、道路公交、绿地公园等基础设施建设和关系群众生活的基本公共服务建设严重滞后，群众的基本需要得不到满足。二是公众参与严重不足。目前，官本位观念还没有完全转变，公众参与城市管理在我国法律中还处于原则性概念阶段，缺乏细则规定，这在客观上导致了公众参与的不足和参与的随意性和不规范不合理等问题，大多数城市管理几乎与公众分离，往往是政府意志的体现和专家论证的结果。三是以少数群体为本。由于政府决策的局限性和公众参与的严重不足，政府在城市管理中就很难以最广大人民群众为本，而往往是以少数群体为本。目前，这方面的问题比较突出。例如，在城市基本公共服务问题上，强弱势分化表现突出，高房价、高医疗费、高学费让弱势群体难以承受，导致了新的社会矛盾；在城市交通问题上，过分强调主干路、快速路、高架路和立交桥等满足机动车通行的道路设施建设，但为行人和非机动车通行提供的设施则相对滞后，人行道被乱停车侵占的现象较为普遍，等等。

第四节　促进以人为本的新型城镇化的保障措施

一　转变发展战略，完善城市功能

中国特色社会主义建设总体布局经历了从二位一体到三位一体，再到四位一体的历史性转变，反映到城镇化建设的转型发展上，就是要由增长型向发展型转变和由经济型向民生型转变。①

首先，城镇化要由增长型向发展型转变。发展型城镇化强调的是城镇的生产功能。以人为本的新型城镇化同样离不开人口、产业、资金、技术等要素的集聚，并非否认和取消城镇化的要素集聚和生产功能，但面对我国跨越中等收入陷阱和经济转型升级的新形势、新要求，将更加强调要素的高效、集约使用，强调城镇化对调结构、转方式的重要作用，要求城镇化由增长型向发展型转变。这就需要在保持一定发展速度的同时，尤其重视生产要素的合理配置和使用效率，科学规划，合理布局，遵循城镇化自身发展规律，处理好市

---

① 张占斌主编《中国新型城镇化健康发展报告（2014）》，社会科学文献出版社，2014，第7～10页。

场和政府的关系，既坚持使市场在资源配置中起决定性作用，又更好发挥政府在创造制度环境、编制发展规划、建设基础设施、提供公共服务、加强社会治理等方面的职能，根据经济社会转型发展需要，全面深化改革，积极推进户籍制度、土地制度、城乡基本社会保障制度、利率市场化等方面的改革，最大化地释放改革红利，在城镇化转型发展中实现保增长、调结构、转方式、惠民生的发展目标。

其次，城镇化要由经济型向民生型转型。以人为本的新型城镇化是民生型城镇化，强调城镇的消费、生活功能。人的城镇化是新型城镇化的实质和根本要求，是检验城镇化健康状况的重要标准，也是城镇化科学发展的根本保证。发展问题固然是新型城镇化的重要目标，但绝不是唯一重要的目标。满足城镇居民需要、提高居民生活质量，才是新型城镇化的终极目标。城镇化由经济型向民生型转型，就要以人的城镇化为核心，合理引导人口流动，有序推进农业转移人口市民化，努力实现就业、教育、医疗卫生、社会保障等基本公共服务均等化；要加强城镇"五位一体"建设，实现城镇经济、社会、政治、文化、生态等领域的均衡发展，优先解决城镇人口的就业、安居、教育、医疗、交通等问题，提高城镇居民生活质量，建设和谐宜居的现代城市；要适当降低城镇门槛，消除歧视性制度障碍，实现城镇居民发展权利的同质均等性，使广大居民共享发展成果和城市文明，建设开放、公平、共享的包容性城市。

二　变革城乡二元制度，促进农民工市民化

农民工市民化是以人为本的新型城镇化的首要任务和最大难题。城乡二元制度是阻碍农民工市民化的制度性因素，也是城乡良性互动、和谐发展的重要障碍。2013 年中央农村工作会议提出，到 2020 年要实现 1 亿已经进城的农民工市民化和中西部 1 亿农民就地就近城镇化。实现 2 亿人口市民化任务十分艰巨，必须加快变革城乡二元制度，找准着力点，明确重点和基本思路，不断释放改革红利。

根据武汉大学农民工课题组的调查数据，农民工市民化的意愿、能力和进程的比率分别为 68.3%、32.7% 和 6.7%，呈明显递减的趋势。[①] 这说明，农民工具有较强烈的市民化愿望，但由于受到市民化门槛和市民化能力的约束，绝大多数农民工无法转化为市民。因此，降低市民化门槛、提高农民工市民化能力就成为促进农民工市民化的关键，也是城乡二元制度改革的着力点。

在许多文献中，户籍制度成为众矢之的，好像农民工市民化受阻都是户籍制度造成的，所以城乡二元制度的改革自然就应该以户籍制度改革为重点。但是，也有实证分析发现，户籍因素对农民工市民化意愿、市民化能力和市民化进程的影响都不显著，嵌入户籍制度中的社会保障、土地、就业、教育等福利性制度，才是影响农民工市民化的主要因素。[②] 这说明，与 2005 年以前相比，随着户籍制度对人口流动的逐步放开，阻碍农民工市民化的主要因素已经从形式上的户籍制度转变为对农民工市民化的预期和收入具有实质性影响的制度，如土地制度、社会保障制度等。所以，城乡二元制度改革的重点就不能再继续停留在形式上的户籍制度层面，而必须尽快转换到对农民工的预期和收入具有实质性影响的土地、就业、社会保障等制度上来。例如，户籍制度的创新应该是尽快将就业、社会保障等福利性制度从户籍制度中剥离出来，恢复迁徙自由和落户自由；改革和完善农村土地产权制度、征地制度和流转制度，增加农民和农民工的土地承包、土地补偿和土地流转等收入，从而提高农民工市民化的能力；尽快形成全国城乡统一的劳动力市场，强化劳动保护，消除就业歧视，加强就业服务，提高农民工的收入水平；尽快建立城乡统一的或适合农民工的社会保障体系，逐步缩小与城镇职工的差距，为农民工市民化解除后顾之忧。此外，加强农村教育，尤其是发展农村职业教育，重视农民工职业技能培训和多种形

---

① 黄锟：《城乡二元制度对农民工市民化影响的实证分析》，《中国人口·资源与环境》2011 年第 3 期。

② 黄锟：《中国农民工市民化制度分析》，中国人民大学出版社，2011，第 103 页。

式的成人教育，提高农民工的教育程度。

三　优化城市规划，强化顶层设计

走以人为本的新型城镇化道路，必须发挥规划的定位设计作用。通过提高规划水平和改善规划管理消除"城市病"，满足人的各种需求。

城镇化规划要体现以人为本的理念，一要鼓励公众参与。公众是城市规划的直接受益者，也是城市规划制定事实的监督者。应该大胆借鉴国外理念，采取听证制度、公众评议制度、公示制度，以多种形式为公众参与创造条件，提高全民规划意识，切实完善公众参与机制。二要科学制定区域人口转移规划。不少城镇化规划只考虑到城镇人口自然增长和政策范围内的人口机械增长，完全没有估计到更长时期内城镇人口大量增加的趋势。此外，要以人口城镇化为核心，做好人口规模、产业布局、城市功能分工的系统规划，设计好基础设施和公共活动空间，最大限度地满足城镇居民的各种需求。

四　科学制定公共政策，促进公平正义

人的城镇化的终极目标，是为了实现"人的无差别发展"。正确的政策取向是城镇化走向公平正义所必需的社会制度环境。许多公共政策都可以作为政府引导城镇化走向公平正义，实现以人为本的工具。国家对城镇化的一系列政策和城市政府制定的户籍政策、社会保障政策、土地政策、就业政策、城乡一体化发展政策、资源利用政策、环境保护政策等，都是城镇化过程中实现公平正义的政策工具。这些政策的目标、性质、内容、具体措施等，都必然影响城镇化发展是否符合公平正义。

首先，必须调整和完善公共政策制定机制。在制定公共政策的过程中要改变目前政府主导过多的特点，注重平衡和兼顾各种主体的利益，加强公众参与，建立完善扩大公众参与机制，是公共政策

实现公平正义的制度基础。建立完善公众参与机制，需要建立公众参与的规则体系，用立法的方式确立公众参与的必要性、参与方式与程序，为公众参与提供制度化的准则和可操作性的途径，包括公众参与的具体内容、方式、途径、程序、手段等。

其次，必须建立公正的政策执行机制。包括建立科学的政府绩效评价体系，转变地方政府的城镇化职能，使地方政府压减经济建设职能，强化社会生态管理和公共服务职能。能否解决地方政府执行城镇化公共政策过程中存在的"上有政策，下有对策"等执行不力问题，提高政策执行力，是促进新型城镇化健康发展的关键。媒体舆论、网上论坛、人民信访、市长信箱等，都是公众对公共政策进行评估的重要途径。各种研究机构、行业协会等的项目研究和政策实施效果评估，也是重要的外部评估形式。

五 转变城市管理理念，优先满足人的各种需求

虽然我国城市管理存在不少问题，但只要按照以人为本的要求，把人的需求作为城市管理的出发点和归宿，许多问题就能迎刃而解。从价值的角度来讲，以人为本的城市管理，就是要充分尊重人的价值，满足人的需求，使城市发展的成果惠及所有城市建设者。

第一，要强化民生理念，关注民生、立足民生、服务民生，满足群众的多种需求。一是要重视公共设施建设，满足群众的基本公共需求。更加重视城市道路建设维护，积极发展公共交通系统；积极建设安全高效便利的生活服务和市政公用设施网络体系，统筹电力、通信、给排水、供热、燃气等地下管网建设。二是要重视城市环境保护，改善人居环境。要进一步转变思路，使城市管理重点由整治脏乱差转向营造优美环境、提高环境质量，城市管理范围由城区转向城乡联动整体推进。三是要做好信访投诉工作，把群众利益诉求纳入制度化、规范化、法制化的轨道，及时妥善解决群众反映强烈的热点难点问题。

第二，要强化民主理念，提高公众参与城市管理的积极性和主

动性。要保障群众的知情权，扩大听证范围，科学遴选听证代表，积极采纳听证中提出的意见和建议。要保障公众的参与权，逐步实现评议工作的科学化、规范化、制度化。要保障公众的表达权，增强公众民主政治意识。要保障公众的监督权，有效克服随意性和盲目性，增强合法性和科学性。

第三，要强化品质理念，努力实现彰显特色、集约发展和产业支撑。一个城市是否有特色、有魅力，在于它能否融自然生态、历史文化和时代气息于一体，造就出独特的人文景观和建筑精品。一要坚持生态优先，将生态文明理念融入城镇化全过程，构建城市绿色生产方式、生活方式和消费方式。二要坚持效益优先，建立科学完善的城市管理标准，做到管理标准的科学化、国际化、体系化，以及管理系统的数字化。三要坚持服务优先，建立健全责权清晰的城市管理运行机制、城市管理综合执法的司法保障机制和市容管理的差别化、精细化机制，加强城市管理的服务职能。

第四，要强化创新理念、模式和体制，促进城市管理的全面、协调、可持续发展。一是要创新城市管理理念。牢固树立管理就是服务、精细管理、柔性执法、管理前置等先进管理理念。二是要创新城市管理模式。尽快形成统一管理、多家经营、有序竞争的运行机制，加快引入现代科技手段，进一步提升城市的管理能力和服务水平。三是要创新城市管理体制。要推动管理重心下移，实行分层管理，调动各方面的积极性；要加快建立城市管理高位机构，进行综合性的指挥、协调，以保证城市管理科学、高效、有序；要继续理顺执法体制，充分发挥城管执法在城市发展中的保障作用。

参考文献

（一）中文著作

成德宁：《城市化与经济发展——理论、模式与政策》，科学出版社，2004。

迟福林：《第二次转型——处在十字路口的发展方式转变》，中国经济出版社出版，2010。

丁泽霁：《国外农业经济》，中国人民大学出版社，1987。

郭书田、刘纯彬等：《失衡的中国——城市化的过去、现在与未来（第一部）》，河北人民出版社，1991。

简新华、何志扬、黄锟：《中国城镇化和特色城镇化道路》，山东人民出版社，2010。

简新华、黄锟等：《中国工业化和城市化过程中的农民工问题研究》，人民出版社，2008。

厉以宁：《中国经济双重转型之路》，中国人民大学出版社，2013。

林毅夫、蔡昉、李周：《中国的奇迹：发展战略与经济改革（增订版）》，上海三联书店、上海人民出版社，1999。

刘传江：《中国城市化的制度安排和创新》，武汉大学出版社，1999。

罗震东：《中国都市区发展：从分权化到多中心治》，中国建筑工业出版社，2006。

倪鹏飞主编《中国城市竞争力报告 NO.5》，社会科学文献出版社，2009。

王茂林：《新中国城市经济 50 年》，经济管理出版社，2000。

张占斌主编《中国新型城镇化健康发展报告（2014）》，社会科学文献出版社，2014。

张占斌主编《中国新型城镇化健康发展报告（2016）》，社会科学文献出版社，2016。

张占斌、丁德章、黄锟主编《城镇化进程中农民工市民化研究》，河北人民出版社，2013。

张占斌、黄锟主编《以人为本的新型城镇化建设》，国家行政学院出版社，2013。

张占斌等：《中国新型城镇化建设方略》，湖南人民出版社，2013。

（二）译著

〔美〕埃弗里特·M. 罗吉斯等：《乡村社会变迁》，王晓毅、王地宁译，浙江人民出版社，1988。

〔美〕赫茨勒：《世界人口的危机》，何新译，商务印书馆，1963。

〔美〕霍利斯·钱纳里等：《发展的型式：1950—1970》，李新华等译，经济科学出版社，1988。

〔美〕科佩尔·S. 平森：《德国近现代史》，范德一译，商务印书馆，1987。

〔美〕拉雷·N. 格斯顿：《公共政策的制定》，朱子文译，重庆出版社，2001。

〔美〕理查德·瑞吉斯特：《生态城市－建设与自然平衡的人居环境》，王如松、于占杰译，社会科学文献出版社，2002。

〔美〕刘易斯·芒福德：《城市发展史》，倪文彦等译，中国建筑工业出版社，1989。

〔美〕迈克尔·波特：《国家竞争优势》，李明轩、邱如美译，华夏出版社，2002。

〔美〕米尔斯：《城市经济学》，郝寿义等译，经济科学出版社，2001。

〔美〕乔尔·科特金：《全球城市史》，王旭等译，社会科学文献出
　　版社，2006。

〔美〕威廉·奥弗霍尔特：《中国的崛起：经济改革正在如何造就一
　　个新的超级强国》，达洲译，中央编译出版社，1996。

〔美〕沃纳·赫希：《城市经济学》，刘世庆等译，中国社会科学出
　　版社，1990。

〔英〕K. J. 巴顿：《城市经济学》，上海社会科学院部门经济研究所
　　城市经济研究室译，商务印书馆，1984。

〔英〕莫瓦特：《新编剑桥世界近代史》第 12 卷，中国社会科学院
　　世界历史研究所组译，中国社会科学出版社，1991。

（三）报刊论文

白南生：《关于中国的城市化》，《中国城市经济》2003 年第 10 期。

蔡昉：《如何转向全要素生产率驱动型》，《中国社会科学》2013 年
　　第 1 期。

蔡昉：《加快城市化，培养新的消费群体》，《领导决策信息》2000
　　年第 43 期。

蔡继明等：《解决"三农"问题的根本途径是加快城市化进程》，
　　《经济纵横》2007 年第 7 期。

曾磊、雷军、鲁奇：《我国城乡关联度评价指标体系构建及区域比较
　　分析》，《地理研究》2002 年第 6 期。

陈峰：《转型时期的城市规划与城市规划的转型》，《规划研究》
　　2004 年第 8 期。

邓宇鹏：《中国的隐性超城市化》，《当代财经》1999 年第 6 期。

杜鹰：《我国的城镇化战略及相关政策研究》，《中国农村经济》
　　2001 年第 9 期。

段炳德：《中国经济发展新阶段的特点、目标与战略需求》，《人民
　　日报》2013 年 8 月 5 日。

范剑勇、邵挺：《房价水平、差异化产品区位分布与城市体系》，《经

济研究》2011 年第 2 期。

方创琳等：《中国城市群紧凑度的综合测度分析》，《地理学报》
　　2008 年第 10 期。

方创琳、王德利：《中国城市化发展质量的综合测度与提升路径》，
　　《地理研究》2011 年第 11 期。

高佩义：《中国城市化的特点和趋势》，《中国农村观察》1991 年第
　　2 期。

国家计委宏观经济研究院课题组：《关于"十五"时期实施城市化
　　战略的几个问题》，《宏观经济管理》2000 年第 4 期。

胡鞍钢：《论新时期的"十大关系"》，《清华大学学报》2012 年第
　　2 期。

胡鞍钢：《中国如何跨越"中等收入陷阱"》，《当代经济》2010 年 8
　　月（上）。

黄锟、楚瑞：《新型城镇化的人本诉求和保障措施》，《经济研究参
　　考》2015 年第 22 期。

纪睿坤：《跨越"中等收入陷阱"的关键：人口城镇化改革亟待破
　　题》，《21 世纪经济报道》2013 年 2 月 22 日。

简新华等：《中国城镇化的质量问题和健康发展》，《当代财经》
　　2013 年第 9 期。简新华、黄锟：《中国城镇化水平和速度的实证
　　分析和前景预测》，《经济研究》2010 年第 3 期。

焦秀琦：《世界城市化发展的 S 型曲线》，《城市规划》1987 年第
　　2 期。

蓝海涛：《我国城乡二元结构演变的制度分析》，《宏观经济管理》
　　2005 年第 3 期。

李骏、顾燕峰：《中国城市劳动力市场中的户籍分层》，《社会学研
　　究》2011 年第 2 期。

李扬：《中国经济发展将进入一个新阶段》，《经济参考报》2013 年
　　1 月 4 日。

李月、周密：《跨越中等收入陷阱研究的文献综述》，《经济理论与

经济管理》2012 年第 9 期。

廖跃文：《英国维多利亚时期城市化的发展特征》，《世界历史》1997 年第 5 期。

刘伟：《突破"中等收入陷阱"的关键在于转变发展方式》，《上海行政学院学报》2011 年第 1 期。

刘世锦：《中国经济进入增长阶段转换期》，《中国经济时报》2013 年 3 月 24 日。

刘树成：《中国经济进入中高速增长阶段》，《人民日报》2013 年 10 月 14 日。

刘志彪：《以城市化推动产业转型升级》，《学术月刊》2010 年第 10 期。

陆大道等：《中国城镇化发展模式：如何走向科学发展之路》，《苏州大学学报》（哲学社会科学版）2007 年第 3 期。

陆铭、向宽虎、陈钊：《中国的城市化和城市体系调整：基于文献的评论》，《世界经济》2011 年第 6 期。

舒圣祥：《农民岂能"被城市化"》，《中国产经新闻报》2010 年 9 月 16 日。

〔日〕山田佐武郎：《农业和非农业之间的不平等》，《农业经济译丛》1986 年第 2 期。

孙永正：《城市化滞后的八大弊端》，《城市问题》1999 年第 6 期。

田雪原：《"中等收入陷阱"的人口城市化视角》，《人民日报》2011 年 5 月 5 日。

童驭：《我国城市管理中违背人本理念的现象分析》，《芜湖职业技术学院学报》2011 年第 2 期。

王如松：《转型期城市生态学前沿研究进展》，《生态学报》2000 年第 5 期。

王小鲁：《中国城市化路径与城市规模的经济学分析》，《经济研究》2010 年第 10 期。

王小鲁、夏小林：《优化城市规模，推动经济增长》，《经济研究》

1999 年第 9 期。

魏后凯:《中国城镇化进程中两极化倾向与规模格局重构》,《中国工业经济》2014 年第 3 期。

夏小林、王小鲁:《中国的城市化进程分析——兼评"城市化"方针》,《改革》2000 年第 2 期。

郑秉文:《转型发展中警惕中等收入陷阱》,《杭州》2012 年第 8 期。

周家来:《"城市病"的界定、规律与防治》,《中国城市经济》2004 第 2 期。

周一星:《城镇化速度不是越快越好》,《科学决策》2005 年第 8 期。

朱蓓倩、高向东、陶树果:《新型户籍制度下特大城市人口调控的博弈研究——以上海为例》,《浙江工商大学学报》2016 年第 2 期。

朱守银:《中国农村城镇化进程中的改革问题研究》,《经济研究参考》2001 年第 6 期。

朱铁臻:《城市化是新世纪中国经济高增长的强大动力》,《经济界》2000 年第 1 期。

邹一南:《城镇化的双重失衡与户籍制度改革》,《经济理论与经济管理》2014 年第 2 期。

(四) 外文文献

Au, C. and V. Henderson, "Are Chinese Cities too Small?", *Review of Economic Studies*, Vol. 73, No. 2, 2006.

Banister, Judith and Jeffrey R. Taylor, *China: Surplus Labor and Migration*, paper presented at the General Conference of the International Union for the Scientific Study of Population, New Delhi, September, 1989.

B. R. Mitchell, P. Deane, *Abstract of British Historical Statistics*, Cambridge University press, 1962.

Braudel et al. , *Labrousse. Histoire Economique et Sociale de la France*, Vol. 4, Paris: Presses Universitaires de France, 1977.

Capello, R. , "Recent Theoretical Paradigms in Urban Growth", *European Planning Studies*, Vol. 21 , No. 3 , 2013.

Capello, R. , Camagni, R. , "Beyond Optimal City Size: An Evaluation of Alternative Urban Growth Patterns", *Urban Studies*, Vol. 37 , No. 9 , 2000.

Capello, Roberta and Camagni, Roberto, "Beyond Optimal City Size: An Evaluation of Alternative Urban Growth Patterns", *Urban Studies*, No. 9 , 2000.

Champion, A. , *Counterurbanization: The Changing Pace and Nature of Population Decentration*, London: Edward Amold, 1989.

C. H. C. Bae and H. W. Richardson, *Urban Sprawl in Western European and the United States*, London: Ashgate. 2004.

Christian Ambrosi, *La France 1870 – 1981*, Paris: Editions Masson, 1981.

Davin, Delia, *Migrants and the Media: Concerns about Rural Migration in the Chinese Press*, Paper presented at the International Conference on the Flow of Rural Labor, June, 1996.

David Ward, *Cities and Immigrants: A Geography of Change in Nineteenth-Century America*, Oxford University Press, 1977.

Desmet, K. , E. Rossi-Hansberg, "Urban Accounting and Welfare", *American Economic Review*, Vol. 103 , No. 6 , 2013.

Evans, A. W. , "A Pure Theory of City Size in an Industrial Economy", *Urban Studies*, Vol. 9 , 1972.

Fujita, M. , *Urban Economic Theory: Land Use and City Size*, Cambridge University Press, 1989.

Geddes P. , *City in Evolution*, N. Y. : Howard Forting, 1915.

Gilbert, J. and M. Mikić, "Imperfect Labor Mobility and Unemployment in LDCs: Comment", *Southern Economic Journal*, No. 65 , 1998.

Ginsburg, N. , B. Koppel and T. McGee, *The Extended Metropolis: Settlement Transition in Asia*, University of Hawaii Press, 1991.

Gugler, Josef, *The Urban Transformation of the Developing World*, Oxford University Press, 1996.

G. Kaushal, *Economic History of India, 1757 - 1966*, New Delhi: Kalyani Publishers, 1979.

Glaeser, E. , *Triumph of the City*, London: Macmillan, 2011.

Harris, J. R. and M. P. Todaro, "Migration, Unemployment and Development: A Two-Sector Analysi", *American Economic Review*, No. 60, 1970.

Henderson, J. V. , "The Sizes and Types of Cities", *American Economic Review*, Vol. 64, 1974.

Hezri, A. A. , Dovers, S. R. , "Sustainability Indicators, Policy and Governance: Issues for Ecological Economics", *Ecological Economics*, Vol. 60, No. 1, 2006.

Hymer, S. H. , *The International Operations of National Firms: A Study of Direct Foreign Investment*, Cambridge, MA: MIT Press, 1960.

Johnson, D. Gale, *China's Rural and Agricultural Reforms: Successes and Failures*, Bateman Lecture, University of Western Australia, February, 1996.

Jones, Gavin W. and Pravin Visavin, *Urbanization in Large Developing Countries: China, Indonesia, Brazil and India*, Oxford University Press, 1997.

James Walvin, *English Urban Life, 1776 - 1851*. London: Routledge Ltd. , 1984.

Jian Xinhua, Huang Kun, "An Empirical Analysis and Forecast of the Level and Speed of Urbanization in China", *Studies on Socialism with Chinese Characteristic*, Vol. 2, No. 2, 2011.

John and Muriel Lough, *An Introduction to 19th Century France*, London: Longman, 1978.

Jones, G. W. and P. Visaria, *Urbanization in Large Developing Countries*,

Clarendon Press, 1997.

Jones, H. , *Population Geography*, London: Paul Chapman Publishing Ltd, 1990.

Kanemoto, Y. , T. Ohkawara, T. , "Suzuki. Agglomeration Economies and a Test for Optimal City Sizes in Japan", *Journal of the Japanese and International Economies*, Vol. 10, No. 4, 1996.

Karmeshu, "Demographic models of urbanization", *Environment and Planning B: Planning and Design*, Vol. 15, No. 1, 1988.

Ke, Shanzi, "Agglomeration, Productivity, and Spatial Spillovers across Chinese Cities", *The Annals of Regional Science*, Vol. 45, No. 1, 2010.

Kirkby, R. J. , *Urbanization in China: Town and Country in a Developing Economy 1949 – 2000*, Columbia University Press, 1985.

Krugman, P. , "On the Number and Location of Cities", *European Economic Review*, Vol. 37, 1993.

Larson, Donald and Yair Mundlak, "On the Intersectoral Migration of Agricultural Labor", *Economic Development and Cultural Change*, Vol. 45, No. 2, 1997.

Lincoln, H. and Ma Xia, *Migration and Urbanization in China*, Armonk, N. Y. : M. E. Sharp, Inc, 1994.

Louis Wirth, "Urbanism as a Way of Life", *American Journal of Sociology*, Vol. 49, 1989.

McGee, T. G. , *The Emergence of Desakota Regions in Asia: Expanding a Hypothesis*, University of Hawaii, 1991.

M. Lipton, *Why Poor People Stay Poor: Urban Bias in World Development*, Harvard University Press, 1977.

Mills, E. S. , "An Aggregative Model of Resource Allocation in a Metropolitan Area", *American Economic Review*, Vol. 57, No. 2, 1967.

Mills, E. S. , *Urban Economics*, Glenview: Scott Foresman and Co, 1972.

M. W. Flinn, *An Economic and Social History of Britain Since 1700*, Mac-

Millan Press, 1973.

Mulligan G. F., "Logistic Population Growth in the World's Largest Cities", *Geographical Analysis*, Vol 1, 2006.

Northam, R. M., *Urban Geography*, New York: John Wiley & Sons, 1979.

Pan Maoxing, Berry B. J. L., "Under Urbanization Policies Assessed: China, 1949 – 1986", *Urban Geography*, Vol. 10, No. 2, 1989.

Paul Cheshire, Gianni Carbonaro Dennis Hayl, "Problems of Urban Decline and Growth in EEC Countries: Or Measuring Degrees of Elephantness", *Urban Studies*, Vol. 23, No. 2, 1998.

Phyllis Deane, W. A. Cole, *British Economic Growth*, *1688 – 1957*, Cambridge University Press, 1964.

Potter, R. B. and Tim Unwin, *The Geography of Urban-Rural Interaction in Developing Countries*, London and New York, 1989.

Ray M. Northam, *Urban Geography*, New York: John Wiley & Sons, 1975.

Raymond A. Mohl, *The New city: Urban America in the Industrial Age 1860 – 1920*, Arlington, 1985.

Richardson, H. W., "Optimality in City Size, Systems of Cities and Urban Policy: a Sceptic's View", *Urban Studies*, Vol. 9, No. 1, 1972.

Roger Price, *A Social History of Nineteenth-Century France*, London: Hutchinson Education, 1987.

R. Pressat, C. Wilson, *The Dictionary of Demography*, Blackwell Publishers, 1987.

Shen J. and N. A. Spence, "Modelling Regional Population Growth in China", *Mathematical Population Studies*, No. 6, 1996.

Simon Kuznets, *Modern Economic Growth: Rate, Structure and Spread*, New Haven and London: Yale University Press, 1966.

Skeldon, R., "Urbanization and Migration in the ESCAP Regin", *Asia-Pacific Population Journal*, No. 13, 1998.

Smith, D., *Third World Cities in Global Perspective: The Political Econo-*

my of Uneven Urbanization, Westview Press, 1996.

Stark O. , Levhari D. , "On Migration and Risk in Less Development Countries", *Economic Development and Cultural Change*, Vol. 31, No. 1, 1982 .

Stark O. , Taylor J. E. , "Relative Deprivation and International Migration", *Demography*, Vol. 26, No. 1, 1989.

Theodore Zeldin, *France, 1848 – 1945: Politics and Anger*, Oxford University Press, 1979.

Thomas, I. , "City-size Distribution and the Size of Urban Systems", *Environment and Planning*, No. 17, 1985.

Todaro M. P. , "A Model of Labor Migration and Urban Unemployment in Less Developed Countries ", *The American Economic Review*, Vol. 59, No. 1, 1969.

United Nations, *World Urbanization Prospects: The 2005 Revision*, World Bank, World Development Indicators 2007.

United Nations, *World Urbanization Prospects*, New York, 1995.

UN Population Division, *World Urbanization Perspects: The 2003 Revision*, New York: ST/ESA/SER, 2004.

Wheaton, W. , "Monocentric Models of Urban Land Use: Contributions and Criticisms ", in Mieszkowski, P. and M. Straszheim, eds. , *Current Issues in Urban Economics* London: The Johns Hopkins University Press, 1979.

Yang, X. , "Development, Structural Changes and Urbanization", *Journal of Development Economics*, Vol. 34, 1990.

Yang, X. , Hogbin, G. , "The Optimum Hierarchy", *China Economic Review*, No. 2, 1990.

索　引

图书在版编目（CIP）数据

新时代中国特色新型城镇化道路／黄锟著. -- 北京：
社会科学文献出版社，2019.9
（中共中央党校（国家行政学院）马克思主义理论研
究丛书）
ISBN 978 - 7 - 5201 - 5342 - 3

Ⅰ.①新… Ⅱ.①黄… Ⅲ.①城市化 - 研究 - 中国
Ⅳ.①F299.21

中国版本图书馆 CIP 数据核字（2019）第 171997 号

中共中央党校（国家行政学院）马克思主义理论研究丛书
新时代中国特色新型城镇化道路

著　　者／黄　锟

出 版 人／谢寿光
责任编辑／曹义恒
文稿编辑／陈　静

出　　版／社会科学文献出版社·社会政法分社（010）59367156
　　　　　地址：北京市北三环中路甲 29 号院华龙大厦　邮编：100029
　　　　　网址：www.ssap.com.cn
发　　行／市场营销中心（010）59367081　59367083
印　　装／三河市尚艺印装有限公司

规　　格／开　本：787mm × 1092mm　1/16
　　　　　印　张：16　字　数：220 千字
版　　次／2019 年 9 月第 1 版　2019 年 9 月第 1 次印刷
书　　号／ISBN 978 - 7 - 5201 - 5342 - 3
定　　价／98.00 元